KB036392

한국학의 즐거움

한국학의 즐거움

한국의 대표지식인 스물두 명이 말하는 한국, 한국인, 한국적인 것

주영하 외 지음

Humanist

책머리에

한국학과 한국적인 것에 대해 다룬 책은 기왕에 많이 출판되었다. 처음에는 한국인이 한국인을 계몽하기 위해서 쓴 책이 주류를 이루었다. 이들은 한국인 스스로 자부심을 가지게 하는 데 목적이 있었다. 이른바 자찬(自讚)을 통해서 내부적으로 자신감을 갖도록 했다. 그 다음에 나온 책은 거꾸로 한국인과 한국 문화를 비판하는 경향이 강했다. 하지만 그 내면에는 한국인 스스로 한국 사회의 전근대성을 개명하려는 의지를 담고 있었다. 아울러 고대로부터 시작해서 변하지 않은 한국인의 심성을 밝히고, 그것이 오늘날 한국 사회에서도 지속되어야 하는 덕목임을 강조했다.

최근 수많은 블로그와 트위터에 한국에 사는 외국인들이 쓴 한국 문화 혹은 한국 사회에 대한 평가가 올라온다. 그들의 글마다 붙는 한국인의 댓글을 살펴보면, 극단적인 긍정과 극단적인 부정의 양 갈래로 나뉜다. 여전히 호불호(好不好)가 한국적인 것에 대한 평가의 기준으로 작동한다. 이런 현상은 한국학 연구에도 적용된다. '한국학'이라고 하면 한국에 대해 연구하는 모든 학술적 실천을 포괄하지만, 거기에도 마찬가지로 '호불호'의 잣대가 개입한다. 한국에 대한 좋은 이야기만이 한국학의 방향일까? 아니면 한국에 대한 무조건적인 비판만이 한국학을 더욱 학문적으로 만들까?

이 책은 2009년 겨울부터 교육과학기술부 산하의 한국학진흥사업단에서 제기된 한국학 개념 규정의 필요성에 대한 논의에서 출발했다. 사실 '한국학(Korean Studies)'이라는 말은 최근 10년 사이 국내외에서 매우 자연스럽게 쓰는 용어가 되었다. 학자나 일반 국민이나 한국학이란 용어에 상당히 익숙해져 있다. 하지만 구체적으로 한국학이 무엇이냐고 물으면 명료하게 대답하는 학자가 그다지 많지 않다. 왜 그럴까? 학문 분과별로 생각하는 한국학이 다르고, 학자들마다 사고하는 한국학이 다르기 때문이다. 그만큼 '한국학'은 아직도 국내외 학계가 논의를 더 진전시켜야 하는 분야일 것이다.

연구책임자로서 이 과제를 받고서 휴머니스트출판그룹의 편집자들과 같이 일하기를 원했다. 다행히 김학원 대표와 선완규 주간이 선뜻 나의 제안에 동의해 주었다. 우리는 수십 차례의 모임을 통해서 출판기획을 하였다. 이 과정에서 한국학이 무엇이라고 규정하기에 앞서서, 먼저 해야 할 작업이 있다는 생각을 했다. 그것은 바로 '가장 한국적인 것이 무엇인가?'란 질문을 각 분야의 전문가들에게 던지고, 그들이 답하는 방식으로 글을 모으는 작업이었다. 그 답변은 굳이 계몽적일 필요도 없다고 보았다. 오로지 현세대가 수용하고 이해할 수 있는 답이면 된다고 여겼다. 다만 지구촌 시대에 한국 사회와 그 문화가 오로지 한국과 한국인만을 위한 것이 아니라, 세계인도 함께 할 수 있다는 가능성을 보여준다면 금상첨화라고 생각했다.

다행히 국내의 각 분야에서 왕성한 집필활동을 펼치고 있는 스물두 명의 필자로부터 원고 집필의 응낙을 받을 수 있었다. 별도로 출판기획 자문위원회(임미선 전북대 교수, 김동택 동아시아학술원 교수, 김종명 한국학중앙연구원 교수, 박영률 커뮤니케이션북스 대표, 오영교 연세대 교수)도 구성하여 좋은 의견을 여러 차례 청취했다. 그 결과가 이 책이다. 여기서는 한국의 전통문화는 물론이고 현대 문화, 철학, 종교, 과학, 의학, 경제 등 '가장 한국적인 것'을 다양한 주제로 다루었다. 매우 오래된 질문에 대해 생각지도 않았던 시각에서 답을 제시한 글도 많다. 그만큼 21세기에 들어와서 한국학계는 한국적인 것을 바라보는 다양한 시선을 가지게 되었음을 알 수 있다.

앞서 밝혔듯이, 이 책은 '한국학이 무엇인가'에 대한 해답을 제공하지는 않는다. 하지만 여기의 스물두 가지 글은 대중적인 차원에서 한국학의 다양한 주제에 일정한 견해를 제시하고 있다. 이러한 시도가 밑거름이 되어서 앞으로 한국학이 무엇인지를 규정하는 작업이 더욱 활발해지기를 기대한다. 21세기의 초입에서 한국학은 한국인, 나아가 세계인이 향유하고 고민하는 학문이 되었다. 이 책을 통해서 한국학을 공부하다 보면, 과거에서 오늘날까지 한반도를 둘러싸고 진행되는 여러 가지 문화적 사건들이 커다란 지구사적 맥락 속에서 전개되어 왔음을 확인할 수 있을 것이다.

2011년 8월

연구책임자 주영하

차례

■ 이 책은 2009년도 정부재원(교육과학기술부 학술연구지원사업비)으로 한국학중앙연구원의 지원에 의하여 연구되었음(AKS-2009-DD-2004).

한국학의 즐거움

1

한국인의 마음

멍든 가슴의 한(恨)

장석주 시인

마음, 그 생명의 소리

미국인에게는 노린내가 나고 한국인에게는 김치 냄새가 나듯, 미국인에게는 미국인의 마음이 있고, 한국인에게는 한국인의 마음이라는 게 있다. 한국인의 마음이란 이 김치 냄새와 같은 것이다. 김치 냄새가 김치를 늘 먹어온 오랜 식습관에서 자신도 모르게 몸에 배어들어 한국인을 한국인으로 식별되게 하는 후각적 기호가 되었듯이, 한국인의 마음은 한국인 하나하나의 생활과 삶 속으로 스며들어 얼이 되고 정신이 되어 미국인의 그것과 다르게 분별되는 그 무엇일 것이다.

한국인의 마음이란 오랜 세월 속에서 한국인의 삶을 일구고 행동을 낳은, 내면에서 구성적이고 구조화된 힘의 질서를 뜻한다. 마음은 정태적인 무엇이 아니라 동적인 힘을 품고 움직이며, 필요에 따라 어느 때든지 물질적 에너지로 전환할 수 있는, 주체를 끌고 나가는 생명력으로 충만한 실재다. 마음 없는 말이나 몸은 없고, 말이나 몸 없이 이루어지는 삶은 없다. 마음은 나날이 이루어지는 생활의 바탕이다. 따라서 한국인의 마음은 정과 한과 흥에서 솟구쳐 일어서고, 말-살이와 몸-살이로 이루어지는 저마다의 생활양식으로 구체화하는 바탕이요 엄연한 실재다.

김소월이 민족시인으로 높은 평가를 받는 것은 그의 시들이 한국인의 정한으로 사무친 마음을 잘 끄집어낸 까닭이다.

나 보기가 역겨워

가실 때에는
말없이 고이 보내드리우리다

영변에 약산
진달래꽃
아름 따다 가실 길에 뿌리우리다

가시는 걸음걸음
놓인 그 꽃을
사뿐히 즈려밟고 가시옵소서

나 보기가 역겨워
가실 때에는
죽어도 아니 눈물 흘리우리다

— 김소월, 〈진달래꽃〉

〈진달래꽃〉은 한국인의 무의식에 형성된 집합적 마음을 잘 표현한 시다. 원치 않는 이별을 하는 상황에서 떠나는 임의 발 앞에 고운 꽃잎을 뿌리며 "죽어도 아니 눈물 흘리"겠다고 입술을 깨무는 태도는 한국인의 고유한 마음에서 비롯된 것이다. 연인과 헤어지는 쓰라림을 안으로 삭이고, 슬픔을 끝끝내 눌러 눈물 한 방울 비치지 않고, 독하게 떠나는 임의 발아래 꽃잎을 뿌리는, 피학적으로 되갚는 행동양식은 미국 사람이나 독일 사람이라면 이해하기 어려울 수도 있다. 그들은 한국인의 마음-생명이 발현하는 방식을 모르기 때문이다.

떠나는 자를 가로막고 자근거리거나 행짜를 부려도 모자랄 판국에 "사뿐히 즈려밟고" 가라니! '나'와 어긋나 떠나는 타자에게 분풀이하기보다는 "사뿐히 즈려밟고" 가도록 마른 길을 진달래 꽃잎 깔린 융단 길로 바꿔놓겠다는 이 바보스럽고 지독한 피학은, 떠나는 타자로 하여금 스스로가 얼마나 나쁜 사람인가를 돌아보게 하기보다는, 오히려 가학의 타자에게 은혜를 베풂으로써 찢긴 '나'의 마음을 감싸고자 꾀하는 수동적인 되갚음이다. 그리하여 이 눈물겨운 피학은 오묘하게도 어여쁜 가학으로 변한다.

〈진달래꽃〉은 여리되 여림을 넘어서는 마음의 유장함을 읽어냈다는 것, 죽을 만한 비극을 대면하여 살아남을 보였다는 것, 그 안에서 한국인의 무르고 여리고 말랑말랑함 안에 숨은 굳고 질기고 뻣센 마음을, 그 한국인 '다움'을 만들어내는 바탕을 콕 집어 통찰해냈다는 데서 놀라운 시편이다. 보이지 않는 것을 적확하게 헤아리고 끄집어내는 데서 오는 이 놀라움은 한국인의 내면에 집단적 정서로 구조화된 슬픔과 정한의 세계와 구체적 생활감정을 하나로 꿰어 깊이 보는 데서 나온 감탄일 것이다.

말할 것도 없이 한국인이 부르는 모든 노래, 즉 〈아리랑〉 같은 민요나 판소리, 그리고 근대 가요는 한국인의 마음이라는 기초 교양 위에서 성립한다. 그 마음 바탕에서 항상적으로 출렁이며 시시각각으로 사람과 사람 사이에서 작동하는 게 바로 정과 한이다. 정은 한마디로 따뜻한 마음이다. 저보다 작고 약한 것, 사정이 딱한 이녁을 향해 측은지심을 베푸는 게 정이다. 한국인은 정이 많다고 하는데, 이 정은 나누면서 커지고 깊어지며 인간관계를 끈끈하게 잇는다. 느리게 늘어지는 노래들의 켜들에 스미고 적신 정과 한에서 한국인의 마음을 만나는 것이다. 노래의 가락에는 마음에서 우러나온 온기와 슬픔과 낙담이 짙게 스민다. 눌리고 빼앗기며 아프고 슬픈 마음을 진양조의 장단에 실어 달래보는 것이다.

—

한국인의 마음이 변하고 있다

지난 한 세기 동안 한국인의 마음은 피동성에서 능동성으로 빠르게 바뀌고 있다. 이것은 개항 이후 격동과 파란으로 출렁이는 험한 세상에서 살아남기 위해 불가피한 선택의 결과이다. 은둔의 나라, 조용한 아침의 나라로 알려져 있던 조선은 아무 준비 없이 세계열강의 강압적 요구에 의해 나라를 연 뒤 외세의 피침과 역사의 높은 격랑을 견뎌내야만 했다. 눌리고 찢기고 빼앗긴 기나긴 역사 속에서 한국인은 마음에 깊은 멍이 들고, 이것은 한이라는 독특한 정서를 만들었다. 한국인들은 한이 많다고 한다. 사회적 약자로 살면서 형성된 내면의 한은 한국인의 마음에서 특화된 정서다. 한은 눌리고 빼앗기며 생겨난 마음의 울혈이다. 이 한이 품고 있는 것은 슬픔과 분노다. 외부로 뻗쳐나가야 할 마음의 기세가 꺾여 그 내부에 앙금으로 쌓인 것이다.

한이라는 감정의 중추적 정서인 슬픔을 표현하는 한국어는 얼마나 풍부한가! 구슬프다, 애달프다, 애잔하다, 서럽다, 섭섭하다, 서운하다…… 따위가 다 슬픔을 표현하는 어휘들이다. 그만큼 슬픔이라는 감정은 한국인의 마음에 많이 쌓인 정서적 재화다. 한국인의 마음에 깃든 이 슬픔은 자기소모적 애상과는 다르다. 오히려 역동성을 가진 마음의 에너지로 보아야 한다. 그래서 역사를 살펴보면 한국인은 역경 속에서 더 강해지고 거듭 밟히면서도 일어선다.

피침의 역사를 견디고, 전쟁과 분단을 겪고, 독재정권과 싸우면서 한국인들은 경제성장과 민주화라는 두 마리 토끼를 거머쥐었다. 나라의 기운이 크고 강해지면서 이 한은 차츰 열어지고 한의 동력이 전환하여 나타난 것이 흥이다. 해방 이후 반세기는 가난과 헐벗음에서 벗어나려고 '잘 살아보자'는 구호에 마음을 보태고 힘을 합쳐서 옛것은 몰아내고 새것을 받아들이며 '빨리빨리' 짓고 세우고 헐며 죽을 둥 살 둥 일에 매달려 다들 굶지 않을 만큼 살림을 일구고 살아온 세월이다.

그 덕분에 주눅은 떨치고 자신감은 충만하고 흥은 많아졌다. 2002년 한일 월드컵 때 거리와 광장으로 몰려나와 붉은색 유니폼 일색으로 응원에 나선 수백만의 한국인들을 보고 세계는 깜짝 놀랐다. 세계인들은 '붉은 악마'라고 불리는 한국 응원단이 보여준 그 열정, 그 역동성, 그 함성에서 솟구치는 한국인의 마음을 보았다. 그들은 남녀, 세대, 신분의 차이를 넘어서서 하나로 뭉쳐 축구 축제를 온몸으로 만끽한다. 이어령은 2002년 한일 월드컵 때 "한국의 신바람 문화와 축구의 그 폭발력"이 화학적으로 융합하여 "탈문명적인 다이내믹한" 축제를 연출했다고 평가한다.[1]

외세의 피침, 전쟁과 분단, 군사독재, 외환위기를 넘어서서 세계로

1 이어령, 《이어령의 문화코드》, 문학사상사, 2006.

뻗어가는 '다이내믹 코리아(Dynamic Korea)'를 떠받치는 것은 바로 이 흥의 기운이다. 이 흥이 북돋운 것은 진취적 기상이다. 확실히 한국인의 '빨리빨리'의 성취지향적인 행동은 바로 마음에 깃든 이 진취적 기상이 부추긴 결과다. 문제는 이게 너무 지나치게 되는 지점에서 터진다. 기세의 넘침은 필경 흥청거림으로 번진다. 흥청거리는 것은 재산이나 권세 따위를 마구 쓰며 제멋에 겨워 거들먹거린다는 뜻이다.

확실히 한국인들은 예전에 비해 더 많이 마음이 들떠 있고 흥청거림이 잦아졌다. 이 필요 이상으로 뻣뻣한 힘과 넘치는 기세가 마음에 헛바람이 들게 한 탓이다. 이 바람의 현실태는 피상성, 허세, 들뜸, 몰염치로 드러난다. 저보다 덜 가진 사람 앞에서 거들먹거리고 큰소리치는 사람이 있다면, 이 사람은 마음에 헛바람이 든 것이다. 이런 경우 대개는 마음과 행동이 어긋나 여러 사람을 실망시키고 낭패를 보게 한다. 한국인의 마음에는 아직도 "권위주의, 연고주의, 획일주의, 순응주의, 반지성주의, 경제성장 제일주의, 공사구분 미비, 이중규범"[2] 따위에 감염된 그림자들이 도사리고 있다. 살림 형편은 예전보다 나아졌지만 더 치열한 생존경쟁으로 내몰리면서 한국인의 마음은 더 삭막해지고 강퍅해졌다.

한국인 마음의 숨은 실체들

'마음'은 그 실체가 모호하다. 그 모호함 때문에 '마음'은 뇌 안의 유령

2 정수복, 《한국인의 문화적 문법》, 생각의나무, 2007.

과 같은 그 무엇으로 여겨지기도 한다. 마음은 뇌의 고등 기능이면서 그것을 넘어서는 그 무엇이다. 그것은 많은 부분이 감춰져 있다. 그래서 보이지 않고 만질 수 없는 추상인 마음에 대한 이해는 어렵고 중구난방이다. 그것은 정신이나 영혼과 비슷한 것이면서 다르다. 정신이 생각을 낳고 영혼이 영성을 낳는다면, 마음은 갖가지 감정을 낳는다. 사회학자 김홍중은 마음이 "형이상학적 실체(心, 魂, 靈)가 아니며, 심리학적 기관도 아니며, 인식론적 능력으로서의 '마인드'가 아니다."[3]라고 말한다. 그것은 개체의 내면을 채운 집합표상이고, 정념이고, 에토스이고, 정서구조 그 모두의 합이고,[4] "사회적 현실에 물질적으로 육화되어 있으며, 구조화되어 개체에 선재하는 집합적이고 시대적인 감응의 양식이자 도덕적 판단의 체계로서, 주체를 그 마음의 주파수에 조정하게 하는 사회적 강제력을 갖는다."[5]고 말한다. 무릇 마음이 우리의 행동과 의지를 낳고 가두는 감응의 양식이라는 것은 공감하는 바다.

마음은 보거나 만질 수 없고, 오로지 느낄 수만 있다. 감정은 우리가 보고 느낄 수 있는 마음의 언어다. 마음의 언어인 감정과 정서의 표현물들을 통해 이루어진 것들로 한국인의 마음을 들여다보고, 그 생태학을 살펴볼 수 있다. 한국인의 정서를 머금은 민요, 노래, 시가, 그림, 춤, 연희 따위는 한국인의 마음을 들여다볼 수 있는 자료다. 예를 들면 〈아리랑〉은 오래도록 한국인의 심금을 울리며 구술과 암송으로 전해져 내려온 노래인데. 이 바탕에 가라앉아 앙금 진 수심과 응어리진 한은

3 김홍중, 《마음의 사회학》, 문학동네, 2009.
4 김홍중, 위의 책.
5 김홍중, 위의 책.

우리의 정서, 마음의 원형이다. 향가, 시조, 판소리, 가사, 속요, 설화, 민담, 그리고 김소월, 백석, 서정주의 시편들, 고려의 〈처용가〉에서 이미자의 〈동백 아가씨〉까지, 이것들은 모두 살아 있는 한국인의 마음을 읽어볼 수 있는 중요한 보고들이다. 이것들을 두루 구해 포개보면 어떤 공통분모를 볼 수 있다. 그 공통분모가 바로 한국인의 마음에 깃든 어떤 원형(archetype)들이다. 자, 그 마음의 원형들을 찾아보자.

〈아리랑〉의 경우

먼저 널리 불리는 민요를 보자. 〈아리랑〉은 그 본질에서 해원(解寃)과 해한(解恨)의 노래다. '나'를 버리고 떠난 임을 원망하면서 이 노래를 부르며 한풀이를 하는 것이다. 민속학자들은 강원도를 아리랑의 발원지로 꼽는데, 그 지역에서만 500여 종의 아리랑이 전승한다고 말한다. 이렇듯 다양한 가사의 변주를 통해 연정의 달고 씁쁠만이 아니라, 망국의 한을 담거나 항일의 뜻을 담아낸다.

> 아리랑 아리랑 아라리요
> 아리랑 고개를 넘어간다
> 나를 버리고 가시는 임은
> 십 리도 못 가서 발병 난다
>
> —민요, 〈아리랑〉

〈아리랑〉은 3박자의 리듬으로 이루어진 애조 띤 가락의 노래다. 후렴구로 불리는 "아리랑 아리랑 아라리요"는 "조율성과 흥을 돋우기 위한"[6]

뜻 없는 소리라는 게 정설이다. 지방마다 가사가 다른 〈아리랑〉이 있는 것도 특이한 일이다. 강원도아리랑, 정선아리랑, 밀양아리랑, 진도아리랑, 긴아리랑 등이 대표적으로 알려지고 불리는 노래다.

이 노래는 율격과 가사의 단조로움 속에서도 '나'를 버리고 떠난 임에 대한 원망과 애절함을 잘 담고 있다. 이 원망은 붙잡아두고 싶으나 끝내 붙잡을 수 없는 현실에 대한 원망과 겹쳐진다. 임은 '나'를 버리고 "고개"를 넘어 딴 세상으로 간다. "고개" 너머의 세상은 여기보다 더 살기 좋은 대처(大處)일 수도 있고, 이승 너머 저승일 수도 있다. '나'는 이곳에 '나'를 혼자 두고 떠난 임을 원망한다. '나'는 떠난 임을 원망하고, 그런 현실을 원망한다. 임과 현실에 대한 두 겹의 원망이다. '나'를 버리고 가시니, 앞날이 평탄할 수 없다. 원망은 "발병"이 날 것이란 저주로 바뀐다. 그러나 저를 버렸다고 강샘을 내거나 암상궂은 행동을 하는 것은 아니다. 그저 가다가 나쁜 형편을 만나 멀리 못 갔으면, 즉 동티가 나서 "십 리" 밖으로는 못 갔으면 하는 간절한 마음을 드러낼 뿐이다. 이 주문은 그 아래에 다시 돌아오라는 '나'의 바람을 숨기고 있다. 동티가 났으니 가던 길을 멈추고 다시 돌아오라는 뜻이다.

이 노래가 사랑을 받는 까닭은 슬픔의 공감력 때문이다. 그러나 수동적 슬픔이 아니다. 임이 가던 발길을 돌려 다시 돌아오기를 소망하는 마음의 능동성이 이 슬픔에는 섞여 있다. 이 슬픔은 주저앉아 신세한탄이나 하는 피동적인 슬픔이 아니라 질투, 배신, 절망, 아픔, 복수 등을 다 끌어안고 꿋꿋하게 일어서는 능동적인 슬픔이다. 한국인들의 마음

6 정호완, 《우리말의 상상력》, 정신세계사, 1991.

자리에 들어앉은 슬픔은 자기소모적인 슬픔이 아니라 그것을 극기하고 행동으로 나가는 생산적 슬픔이다. 〈아리랑〉은 한민족의 혼과 마음이 가장 잘 드러난 정서물이요, 초역사적 마음의 노래임이 분명하다.

"가난하고 외롭고 높고 쓸쓸하니"의 경우

자, 일제강점기에 쓰인 시를 보자. 백석은 1930년대의 시인이다. 평안북도 정주에서 태어나고 오산중학을 다녔다. 나중에 일본 도쿄 아오야마 학원을 졸업하고 한때 조선일보사에서 일했다.

처음 백석의 시집을 접했을 때 모국어의 원형을 만난 듯싶었다. 백석의 시에 나오는 평안북도와 평안남도를 아우르는 풍부한 서북 방언들, 웅숭깊은 정서, "가난하고 외롭고 높고 쓸쓸"한 삶의 깊은 데를 꿰어보고 나오는 그 내성의 목소리에 흠뻑 빠져들었다. 백석의 시는 표준어가 도무지 가 닿을 수 없는 아스라한 경지에 다다른다. 백석의 시는 소리 내어 읽어보면 국어의 맑은 울림소리에 단박에 매혹당할 수밖에 없다. "더러 나줏손에 쌀랑쌀랑 싸락눈이 와서 문창을 치기도 하는 때도 있는데,/나는 이런 저녁에는 화로를 더욱 다가 끼며, 무릎을 꿇어보며,/어니 먼 산 뒷옆에 바우섶에 따로 외로이 서서,/어두워 오는데 하이야니 눈을 맞을, 그 마른 잎새에는,/쌀랑쌀랑 소리도 나며 눈을 맞을,/그 드물다는 굳고 정한 갈매나무라는 나무를 생각하는 것이었다."(백석, 〈남신의주 유동 박시봉방〉)라는 구절을 가만히 소리 내서 읽어보라. 그 활달한 소릿값과 소박한 뜻이 하나로 포개져서 전달되는 절묘함에 무릎을 칠 수밖에 없다.

국어의 맑은 울림소리에 실어 보내는 시적 전언들은 우리 감각의 갱신을 요구한다. 백석의 시들은 시각, 청각, 후각, 촉각, 미각을 비비고 두드려 깨운다. 그 오감의 흥겨움 속에서 시 읽기의 즐거움은 한껏 드높아진다. 우리 가난한 마음의 맑은 푯대로 삼을 만한 "그 드물다는 굳고 정한 갈매나무"의 이미지는, 미당이 적어낸 이 어둡고 우중충한 세상을 단박에 화창하게 만드는 "우리 조카딸년들이나 그 조카딸년들의 친구들의 웃음판"(서정주, 〈상리과원(上里果園)〉)의 이미지와 견줘도 한 치도 빠지지 않을 만큼 어여쁘고 빼어나다. 〈흰 바람벽이 있어〉는 백석이 만주를 떠돌 당시에 쓴 것이다.

오늘 저녁 이 좁다란 방의 흰 바람벽에
어쩐지 쓸쓸한 것만이 오고 간다
이 흰 바람벽에
희미한 십오 촉 전등이 지치운 불빛을 내어던지고
때글은 다 낡은 무명 샤쯔가 어두운 그림자를 쉬이고
그리고 또 달디단 따끈한 감주나 한잔 먹고 싶다고 생각하는 내 가지가지 외로운 생각이 헤매인다
그런데 이것은 또 어인 일인가
이 흰 바람벽에
내 가난한 늙은 어머니가 있다
내 가난한 늙은 어머니가
이렇게 시퍼러둥둥하니 추운 날인데 차디찬 물에 손은 담그고 무이며 배추를 씻고 있다
또 내 사랑하는 사람이 있다

내 사랑하는 어여쁜 사람이
어늬 먼 앒대 조용한 개포가의 나지막한 집에서
그의 지아비와 마조 앉어 대구국을 끓여놓고 저녁을 먹는다
벌서 어린것도 생겨서 옆에 끼고 저녁을 먹는다
그런데 또 이즈막하야 어느 사이엔가
이 흰 바람벽엔
내 쓸쓸한 얼골을 쳐다보며
이러한 글자들이 지나간다
—나는 이 세상에서 가난하고 외롭고 높고 쓸쓸하니 살아가도록 태어났다
그리고 이 세상을 살아가는데
내 가슴은 너무도 많이 뜨거운 것으로 호젓한 것으로 사랑으로 슬픔으로 가득 찬다
그리고 이번에는 나를 위로하는 듯이 나를 울력하는 듯이
눈질을 하며 주먹질을 하며 이런 글자들이 지나간다
—하눌이 이 세상을 내일 적에 그가 가장 귀해하고 사랑하는 것들은 모두 가난하고 외롭고 높고 쓸쓸하니 그리고 언제나 넘치는 사랑과 슬픔 속에 살도록 만드신 것이다
초생달과 바구지꽃과 짝새와 당나귀가 그러하듯이
그리고 또 '프랑시쓰 쨈'과 '도연명'과 '라이넬 마리아 릴케'가 그러하듯이

— 백석, 〈흰 바람벽이 있어〉

이 시의 화자가 드러내는 정서는 곧 한국인의 원형적 심상이다. "나

는 이 세상에서 가난하고 외롭고 높고 쓸쓸하니 살아가도록 태어났다/그리고 이 세상을 살아가는데/내 가슴은 너무도 많이 뜨거운 것으로 호젓한 것으로 사랑으로 슬픔으로 가득 찬다"라는 대목이 특히 그러하다. 여기서 "가난하고", "외롭고", "높고", "쓸쓸하니"는 다 마음을 수식하는 어휘들이다. 그것들은 다 마음의 어룽진 슬픔 문하에서 번성하는 어휘들이다.

"가난하다"는 것은 마음의 헐벗음을 말한다. 이 헐벗음은 현실적 조건의 결핍만이 아니라 마음의 공허까지를 끌어안는다. 이로 인해 욕망하는 바나 뜻하는 것을 제대로 이룰 수 없다. "외롭다"는 것은 공허의 피동성에서 벗어나 이미 활발하게 움직이는 상태를 암시한다. 외로움의 본질은 짝이나 벗과 떨어져 홀로 있음이다. 외로우니까 짝이나 벗을 향하는 마음이 행동을 일으킨다. 그렇지 않다면 그저 공허하다고 했을 것이다. 외로움은 공허보다 훨씬 더 동적인 마음의 상태를 드러낸다. "높고"는 마음이 품은 이상의 청고함을 보여준다. 헐벗고 고달프지만 마음이 품은 뜻과 이상은 드높다. "쓸쓸하니"는 세상과 격리된 마음의 지향할 바가 없음을 드러낸다. 외롭다는 말과 겹쳐지지만 약간의 차이를 드러내는데, 외롭다는 게 마음 안쪽을 사정을 보여준다면, 이 말은 마음의 정황보다는 마음이 처한 바깥의 사정을 더 지시한다. 어쨌든 백석은 식민지시대에 태어나 제 뜻을 맘껏 펼치지 못한 채 이국을 떠도는 자의 마음으로 한국인의 원형적 심상을 이끌어낸다.

〈동백 아가씨〉의 경우

해방 뒤에 가장 널리 불린 가요를 보자.

헤일 수 없이 수많은 밤을
내 가슴 도려내는 아픔에 겨워
얼마나 울었던가 동백 아가씨
그리움에 지쳐서 울다 지쳐서
꽃잎은 빨갛게 멍이 들었소

동백 꽃잎에 새겨진 사연
말 못할 그 사연을 가슴에 안고
오늘도 기다리는 동백 아가씨
가신 임은 그 언제 그 어느 날에
외로운 동백꽃 찾아오려나

—이미자 노래, 〈동백 아가씨〉

〈동백 아가씨〉는 1964년에 백영호가 작곡하고, 한산도가 노랫말을 짓고, 이미자가 불러 널리 알려진 노래다. 여자의 마음에 맺힌 한과 애상을 드러내는 가사가 이미자의 애조 섞인 목소리와 만나 절묘한 조화를 이룬 노래다. 아마 이 노래만큼 우리 가요 중에서 널리 사랑받은 노래도 드물 것이다. 부르면 부를수록 다감하게 우리 심금을 파고들어 깊이 울리는 노래다. 아픔, 멍, 그리움들은 다 마음을 수식한다. 그것들은 "가슴 도려내는" 아픔이고, "울다가" 지칠 만큼 깊은 그리움이고, "빨갛게" 든 멍이다. 마음이 감내하기 어려운 극한에 가까운 시련과 고통임을 강조한다.

물론 가사가 표면적으로 내세우는 것은 사랑하다가 떠난 임을 그리워하는 여자의 마음이지만, 이것의 수용자들은 노래의 애상에 제 마음의 갖가지 시름과 괴로움, 그리고 아픔과 설움을 얹는다. 전후의 폐허를 딛고, 아직은 가난의 대물림에서 벗어나지 못해 끼니를 건너뛰며 '보릿고개'를 넘고, 허리띠를 죄고 '자력갱생'을 위한 증산·수출·건설에 나서느라 몸과 마음은 다같이 "빨갛게" 멍이 들었던 것이다. 아마도 〈동백 아가씨〉의 가사와 가락에 얹힌 슬픔이 이렇게 더 세진 노동의 강도와 옥죄는 국가, 약육강식과 이전투구의 벌거벗은 현실에 내몰리며 눌리고 찢기고 다친 마음에 스며 시름을 덜고 아픔은 보듬어주었을 것이다. 이 노래를 즐겨 듣고 부르며 팍팍한 세월을 견딜 위로를 얻고 제 슬픔의 고통과 무게를 덜어내며 마음을 달랬으니 〈동백 아가씨〉가 당대 최고의 노래의 반열에 우뚝 올라선 것은 당연한 일이다.

그러나 〈동백 아가씨〉의 운명은 생뚱스러웠다. 1966년 초에 느닷없이 이 노래가 '왜색가요'라는 혐의를 뒤집어쓰고 금지곡이 되었다. 이 노래가 금지곡으로 묶인 사정이야 대중의 사랑을 듬뿍 받는 노래에까지 '금지'의 권력을 휘두른 사람이 잘 알겠지만, 그만큼 대중의 마음에 미치는 영향력이 크다는 반증이 되었다. 어쨌든 중요한 것은 개발독재의 시대에 "헤일 수 없이 수많은 밤"마다 몸과 마음이 지치고, "말 못할 (저마다의) 사연을 가슴에 안고" 고된 삶을 이어가던 사람들이 이 노래에서 카타르시스를 느끼고 제 마음을 의탁해 탕진된 정서적 활력을 충전했다는 사실이다.

"풍자 아니면 해탈"의 경우

시와 노래는 현실을 반영하면서 동시에 현실에 반향한다. 1961년 8월,

4·19혁명이 5·16군사정변을 일으킨 군인들의 군홧발에 짓밟힌 뒤, 김수영은 "누이야/풍자가 아니면 해탈이다"(김수영, 〈누이야 장하고나!〉)라고 노래했다. 시인의 직감과 예지로 우리 앞에 펼쳐질 강고한 현실을 꿰뚫어보았다. 그것에 맞서기 위해 필요한 마음은 두 가지다. 즉 풍자이거나 해탈이다.

풍자는 강자와 맞서려는 약자의 수사적 전략이다. 이때 약자는 반드시 강자에 비해 도덕적으로 우월적 가치를 갖고 있어야 한다. 촌철살인의 풍자를 통해 강자의 어긋나 있는 겉과 속을 꿰뚫어보고 그 실상을 폭로해버린다. 그 풍자로 인해 거짓을 참이라고 우기는 강자의 검은 속셈은 단박에 발가벗겨지고 우스갯거리로 전락한다. 풍자는 그 대상의 정체를 까발려 일러바치고 대상을 조롱거리로 끌어내린다. 세속의 오욕으로 그 오욕을 넘어서는 수법이 풍자의 방식이다. 그것은 대상의 권력이 엄연한 당대에 효과적으로 쓸 수 있는 전략이다. 반면에 해탈은 속됨을 부정하고 거리를 두는 수법이다. 그래서 당대 현실에 대해 초연한 태도를 취한다. 이것과 저것, 옳음과 그름, 검은 것과 흰 것을 구태여 가리지 않고 무심에 이르는 것이다. 좋게 말하면 초탈이요, 나쁘게 말하면 도피다. 아주 투박하게 정리하자면.

풍자는 현세를 향하고, 해탈은 극락을 겨냥한다. 박정희 권력이 지배하는 유신시대에 지식인들은 풍자로 가거나 해탈로 나갔다. 풍자로 나간 것은 체제비판형의 지식인들이고 해탈로 나간 것은 현실도피형 지식인들이었다. 전자가 군부 독재세력과 탐욕스런 독점 자본가를 향해 풍자의 칼날을 휘두른다면(김지하의 〈오적(五賊)〉이 좋은 예다), 후자는 영원과 무의미라는 추상을 향해 달려간다(영원을 제 탈현실의 구실로 삼은 것은 서정주이고, 무의미를 탈현실의 구실로 삼은 것은 김춘수다). 김수영은 소시민의 비겁성에 갇힌 제 마음을 들여다보고 "우스워라 나의 영(靈)은 죽어 있는 것이 아니냐"(김수영, 〈사령(死靈)〉)라고 직설을 내뱉는다.

마음은 늘 '됨'과 '되어짐' 사이에서 유동한다. 지금까지 이야기한 한국인의 마음은 '됨'의 마음이고, 앞으로의 그것은 '되어짐'의 마음일 것이다. '됨'을 잇고 새로이 '되어질' 그 마음이 한국인이 갖게 될 미래의 마음이다. 지난 독재정권 시절 풍자로 나갔든 해탈로 나갔든 한국인의 마음은 다 상처받았다. 그러나 한국인만의 원융성(圓融性)으로 그것을 품어 안고 일어섰다. 서울올림픽과 월드컵 경기를 치러내고 민주화를 쟁취한 뒤 한국인의 마음 안에 있는 역동성과 활력은 밖으로 분출하기 시작한다. 김수영은 그런 날이 올 것을 믿어 의심치 않았다. 그래서 "복사씨와 살구씨가/한번은 이렇게/사랑에 미쳐 날뛸 날이 올 거다!"(김수영, 〈사랑의 변주곡〉)라고 예언을 했다. 복사씨와 살구씨 같은 다중(多衆)의 마음이 하나가 되어 사랑에 미쳐 날뛸 날은 언제인가? 아무래도 갈라진 남과 북이 하나가 되는 그날이다. 그러나 아직 그 날은 오지 않았다.

장석주 1955년 충남 논산에서 태어났고, 1975년 《월간문학》 신인상에 시가 당선되어 등단한다. 도서출판 고려원 편집장을 거쳐 도서출판 청하를 설립해 13년간을 편집발행인으로 일한다. 시인·비평가로 서른 해를 넘겨 살면서 60여 권의 저서를 내고, 한편으로 동덕여자대학교, 경희사이버대학교, 명지전문대학교에서 강의를 하고, 국악방송에서 '문화사랑방', '행복한 문학' 등의 진행자로 활동한다. 지금은 전업 작가로 시골에서 소박한 삶을 꾸리는데, 지난해 한 잡지는 그를 이렇게 소개했다. "소장한 책만 2만 3,000여 권에 달하는 독서광 장석주는 대한민국 독서광들의 우상이다. 하지만 많이 읽고 많이 쓴다고 해서 안으로만 침잠하는 그런 유의 사람은 아니다. 스무 살에 시인으로 등단한 후 15년을 출판기획자로 살았지만 더는 머리로 이해할 수 없는 세상이 되자 업을 접고 문학비평가와 북칼럼니스트로 활동해왔다. 급변하는 세상과 거리를 둠으로써 보다 잘 소통하고 교감하고 싶었기 때문이다. 안성에 있는 호숫가 옆 '수졸재'에 2만 권의 책을 모셔두고 닷새는 서울에 기거하며 방송 진행과 원고 작업에 몰두하고, 주말이면 안식을 취하는 그는 다양성의 시대에 만개하기 시작한 '마이너리티'들의 롤모델이다."

2

한국의 사랑

'자야'라고 불렸던 어느 여인의 사랑

강신주 철학자

강박증자는 "타인을 위해서라면 무엇이든지 하겠다."고 말한다. 바로 이것이 그가 하는 일이다. 왜냐하면 타인을 파괴하는 영원한 현기증 속에서, 그는 타인이 계속해서 존재할 것이라고 확신할 수 있을 만큼 충분히 그렇게 할 수 없기 때문이다.

— 라캉, 《세미나 VIII》

사랑의 원형

헤겔이 말했던가? 자기의식은 타자에 대한 의식을 수반한다고 말이다. 헤겔 변증법의 동력이 자신과 타자 사이의 긴장관계에 있게 된 것도 이런 이유에서다. 물론 혼자서도 "나는 이런 사람이야."라고 의식할 수는 있다. 그렇지만 타자와 직면하면 상황은 완전히 돌변한다. 내가 생각하고 있던 나의 모습은 혼자만의 착각에 지나지 않는다는 사실에 직면하기 쉬우니까. 압도적인 공권력에 맞설 수밖에 없다고 하자. 정의를 위해 목숨이라도 걸 수 있다고 생각했던 자신은 어느 사이엔가 사라지고, 한시라도 빨리 이 위험한 순간을 모면하려는 나약한 자신이 드러날 수도 있다. 그만큼 우리는 자신에 대한 진정한 이해에 도달하기 어려운 법이다. 어쩌면 우리는 대부분의 삶을 스스로 속이며 살고 있는지도 모른다. 불행도 이런 불행은 없다. 허위로 가득 차 있는 삶을 살아내는 인생처럼 불행한 일이 또 있을까.

무의식적으로나마 우리가 타자를 꺼려하는 이유도 이제야 분명해진다. 타자는 우리에게 "너 자신을 알라!"고 강제하는 힘을 가지고 있기 때문이다. 그래도 우리는 타자를 피할 수도 없고, 동시에 피하려고 하지도 않는다. 그건 우리가 유한자이기 때문이기도 하고, 그만큼 외롭기 때문이다. 인간은 홀로 자신의 삶을 영위할 수 없을 뿐만 아니라, 그렇게 할 수 있다고 해도 외로움을 경감시킬 수 없는 고독한 존재다. 그래서 우리는 나의 허위를 깰 수 있는 귀찮은 존재이기도 한 타자와 관계하는 것이다. 나의 진면목을 발견하고 품어줄 수 있기를 기대하면서 말이다. 우리가 수많은 실패와 좌절에도 사랑에 목말라하는 이유가 바로 여기에 있다. 하긴 험난한 여정이 없이 어떻게 우리가 자신에게 이를 수 있다는 말인가? 자신에게 이르는 가장 힘들고 먼 여정에 동반자가 있다는 것은 얼마나 위로가 되는 일인가?

한국인의 내면을 이해하려면 한국인의 사랑을 이해하는 것이 가장 좋은 방법이 아닐까? "우리 한국인은 이런 사람들이야."라는 상상(the imaginary)이 아니라, 타자와 만났을 때 드러나는 우리 한국인의 실제(the real) 말이다. 타자를 만나 기쁨을 느끼며 동시에 그 소중한 기쁨을 유지하려고 끈덕지게 노력하는 과정에서 우리는 자신을 가장 잘 이해할 수 있는 법이다. 그래서 우리는 한 여인의 애절한 사랑, 20세기를 치열하게 살다가 떠나간 김영한(金英韓, 1916~1999)이란 여성의 사랑과 그 내면을 잠시 훔쳐보려고 한다. 서양문명으로부터 강한 충격을 받았던 최초의 시절, 그녀가 겪어냈던 사랑은 아마 지금 우리 시대 사랑의 원형을 보여주기에 충분할 것이다. 그렇다. 지금 우리는 그녀를 통해 확인하고 싶다. 한국인의 사랑이 가진 단독성(singularity)과 그 보편성(universality)을 말이다. 운이 좋다면 우리는 한국인의 내면 깊숙한 '옹심이'를 몇 개 건질지도 모를 일이다.

조선권번의 기생 김영한, 백석을 만나다

1916년 경성 관철동에서 태어난 김영한은 1932년 열일곱 살의 나이로 조선권번(朝鮮券番)에 들어간다. 지금의 을지로가 황금정(黃金町)이라고 불릴 정도로 당시 조선은 금광 열풍에 휩쓸려 있었다. 그 분위기에 현혹되었던지 그녀의 아버지는 친척에게 사기를 당해 파산하게 된다. 이것이 그녀가 기생의 길을 걷게 된 중요한 이유였다. 다행히도 조선권번에서 그녀는 훌륭한 스승 한 분을 만나게 된다. 조선 말기에서부터 경성시대까지 우리 국악의 전통을 이어왔던 금하(琴下) 하규일(河圭一)이 바로 그녀의 스승이다. 진안 군수를 지낼 정도로 주목을 받았던 하규일은 국권피탈 이후 모든 관직을 그만두고 우리 음악에만 전념하게 된다. 권력의 향배는 어쩔 수 없지만, 우리 정서를 보존하여 해방의 날을 대비하고자 하는 정신에서였을 것이다. 1911년 그는 조선정악전습소(朝鮮正樂傳習所)의 학감(學監)을 지내며, 이것을 계기로 1912년에는 대정권번(大正券番)을, 그리고 이어서 1924년에는 조선권번을 창립했던 것이다.

탁월한 예술적 재능을 갖추고 있던 김영한은 완숙한 스승으로부터 여창가곡(女唱歌曲)과 궁중무(宮中舞)를 배우게 된다. 그녀는 점점 조선 정악의 명인으로 유명해졌다. 빼어난 미모를 자랑하던 그녀의 가무는 기방에서 탁월한 매력을 뽐냈나 보다. 조선어학회를 주도했던 신현모(申鉉謨)도 그녀에게 매료된 수많은 남성 중 한 사람이었다. 더군다나 그녀는 당시 유명 문예지였던 《삼천리》에 글을 기고할 정도로 글쓰기 재능도 갖추고 있었다. 한마디로 그녀는 무엇 하나 빠지는 곳이 없는 신여성이었다. 신현모는 그녀가 기생이 아니라 조선의 앞날을 책임질 여성으로 자라기를 원했고, 마침내 그녀에게 일본 유학길을 주선했다. 1936년 가을 신현모는 일본 경찰에 의해 구속되어 함경남도 홍원에 있던 교도소에 수감된다. 자신의 유학 경비를 대주던 신현모가 수감되자, 그녀는 일본에서 돌아와 함경남도 함흥에 머물게 된다. 신현모를 면회하고 그의 옥바라지를 하기 위해서였다.

만일 신현모가 함경도에서 수형생활을 하지 않았다면 김영한은 전혀 다른 운명의 삶을 살았을지도 모를 일이다. 신현모를 면회하는 것은 무척 힘들었다. 그래서 그녀는 함흥권번에 스스로 들어가 그렇게도 싫어했던 기생 생활을 다시 시작하게 된다. 기생집에 드나드는 고위 법조인들을 만나 신현모 면회를 청탁하려는 생각에서였다. 그러던 와중 그녀에게 마침내 운명의 시간이 찾아오게 된다. 함흥권번 출신 기생으로 함흥의 요릿집인 함흥관에 나갔던 날이다. 함흥에 있던 영생고보(永生高普) 선생님들이 이곳에서 회식 자리를 마련했다. 동료 선생님의 송별회였다. 이곳에서 김영한은 미남 선생님 한 사람을 만나게 된다. 누가 먼저랄 것도 없이 그녀는 그에게, 그리고 그는 그녀에게 매료된다. 스물한 살의 김영한이 만난 사람은 누구인가? 경성에서 조선일보 기자 생활을 접고 영생고보 영어 교사로 교편을 잡고 있던 스물네 살의 미청년, 백기행(白夔行, 1912~1995)이었다. 백기행, 그가 바로 나중에 필명으로 더 유명해진 백석(白石) 시인이다.

첫 대면에서부터 백석은 그녀를 자기 옆에 앉히고 술잔을 주고받았다. 그녀의 회고에 따르면 어느 정도 술에 취하자 술기운을 빌려서인지 백석은 그녀에게 사랑을 고백하기 시작했다. "오늘부터 당신은 나의 영원한 마누라야. 죽기 전엔 우리 사이에 이별은 없어요." 처음 만난 여자에게 이렇게 당돌한 프러포즈를 하다니. 그렇지만 그에게 매료된 그녀는 프러포즈를 받아들인다. 마침내 그날 두 남녀는 서로 몸을 맡기게 된다. 당시 하숙생활을 하던 김영한과 백석의 연애는 이렇게 시작된다. 어느 학부형 집에서 하숙을 하던 백석은 수업이 끝나기가 무섭게 김영한의 하숙집으로 찾아들었다. 그리고 마침내 시인답게 백석은 그녀에게 둘만이 아는 이름을 새롭게 지어주게 된다. '자야(子夜)'라는 이름이다. 중국 동진시대 군대에 간 남편을 기다리며 혼란한 시대를 탄식하던 여인이 있었는데, 그 여인의 이름이 바로 자야였다. 백석은 자신이 김영한에게 안겨줄 기다림의 비극을 예상이라도 했던 것일까?

"오늘부터 당신은 나의 영원한 마누라야"

자야와 백석! 두 사람의 사랑은 절절하고 애달프게 이루어질 수밖에 없었다. 기생과 연애는 가능해도 결혼은 불가능한 법이기 때문이다. 흥미로운 것은 백석이 비극적 숙명을 부정하려고 했다면, 자야는 그것을 분명하게 의식하고 있었다는 점이다. 어느 날 자야는 말한다. "우리의 참신하고 지고지순한 사랑은 바로 우리 두 영혼이 이 지상에서 아낌없이 영원히, 그리고 정성껏 피워갈 천혜의 꽃이어요. 하지만 이 세상에서는 무정하고 야속하고 거센 바람, 삭풍과 질풍에 시달리고 부대끼다가 급기야는 서글프디 서글프고, 시든 갈대의 신세가 되고 말겠지요. 이런 일은 실제로 예나 지금이나 예술세계에서는 아주 흔한 일이어요. 하지만 저는 불행 중 다행이지요. 이런 불행에 대한 마음의 준비가 완벽히 되어 있으니 제 염려는 추호도 하지 마셔요. 아무쪼록 당신은 사회에서나 가정에서나 남들에게 인정받는 성실한 가정을 이루도록 하셔요. 그리고 티 없이 옥 같은 군자로서 이 나라 문단에 큰 버팀목이 되어주시기를 다만 축원할 뿐이어요." 그녀의 회고록 《내 사랑 백석》(문학동네, 1995년)에 나오는 한 대목이다.

자신의 고뇌를 찔렀던 것일까, 백석은 불같이 화를 낸다. 흥분을 가라앉히고 백석은 그녀의 등을 토닥거리며 달랬다고 한다. "우리 나아갈 길은 모두 나에게만 맡기고 우리 함께 영리하게 마음 편히 삽시다. 아무려면 이 넓은 천지에서 우리 둘만이 살아갈 길이 없을까? 사람은 각자 나름대로 살아가는 방편이란 게 있는 법이오." 그렇지만 백석은 자신의 약속을 어기고 아버지에게 붙잡혀 경성에서 강제로 결혼하고 만다. 물론 자야를 사랑했던 백석은 가정을 버리고 얼마 지나지 않아 자야에게 돌아온다. 그만큼 자야에 대한 백석의 사랑은 깊었던 것이다. 그렇지만 백석은 우유부단한 남자였다. 아버지에게 사랑하는 사람이 있다고 말도 못 건넬 정도였다. 그저 어린아이처럼 강제로 맺어진 부인을 버리고 자야에게로 돌아가는 것, 언제 어디서든지 자야를 그리워하며 그녀의 마음을 읽으려고 했던 것, 그것이 백석이 할 수 있는 전부였다.

1938년 3월 《여성》이라는 잡지에 실린 백석의 시, 〈나와 나타샤와 흰 당나귀〉는 당시 그의 심정을 가장 잘 보여주는 시라고 할 수 있다.

가난한 내가
아름다운 나타샤를 사랑해서
오늘밤은 푹푹 눈이 나린다

나타샤를 사랑은 하고
눈은 푹푹 날리고
나는 혼자 쓸쓸히 앉어 소주를 마신다
소주를 마시며 생각한다

나타샤와 나는
눈이 푹푹 쌓이는 밤 흰 당나귀 타고
산골로 가자 출출이 우는 깊은 산골로 가 마가리에 살자

눈은 푹푹 나리고
나는 나타샤를 생각하고
나타샤가 아니 올 리 없다
언제 벌써 내 속에 고조곤히 와 이야기한다
산골로 가는 것은 세상한테 지는 것이 아니다
세상 같은 건 더러워 버리는 것이다

눈은 푹푹 나리고
아름다운 나타샤는 나를 사랑하고
어데서 흰 당나귀도 오늘밤이 좋아서 응앙응앙 울을 것이다.

산골로 가는 것은 세상한테 지는 것이 아니라, 세상 같은 것은 더러워 버리는 것이라는 백석의 말이 애달프기만 하다. 그가 얼마만큼 부모로 상징되는 세상을 무서워하고 있었는지를 암시하고 있기 때문이다. 부모의 뜻을 어기지 못하자, 백석은 자야에게 몇 차례나 만주로 도망가서 살자고 제안한다. 그렇지만 자야는 아주 잘 알고 있다. 한글로 사유하고 글을 썼을 때 가장 빛을 발하는 시인이 만주에 가서 무엇을 할 수 있다는 말인가? 비록 자신이 술집을 차려 봉양을 할 수 있다고 할지라도, 백석은 날개를 잃은 새처럼 시들어갈 것이다. 자야에게는 만주에서 백석이 어떤 모습을 하게 될지 눈에 선하게 들어왔던 것이다. 그렇지만 백석은 자야와 만주행을 포기할 생각이 없었다. "오늘부터 당신은 나의 영원한 마누라야."라는 약속, 그 맹세를 백석은 지키고 싶었던 것이다.

기다리는 여자, 떠나는 남자

죽기 5년 전, 그러니까 1995년에 집필된 회고록 《내 사랑 백석》을 보면, 자야는 백석이 항상 자신을 욕망했다고 확신하고 있다. 그러나 과연 자야가 믿고 있는 것처럼, 백석은 자야만 욕망했던 것일까? 혹시 이것은 자야만의 상상 아닐까? 〈나와 나타샤와 흰 당나귀〉를 다시 읽어보자. 여기서 나, 즉 백석의 욕망 대상은 분열된 채로 등장한다. 하나는 나타샤이고, 다른 하나는 흰 당나귀다. 이것은 백석에게 자야는 분열된 존재로 보였다는 것을 말해준다. 나타샤가 일본 유학을 다녀왔으며 글쓰기 재주까지 갖춘 지적인 여성을 상징한다면, 흰 당나귀는 성적 매력을 풍기는 관능적인 여성을 상징한다. 이렇게 분열된 의식 속에서 온전한 사랑이 가능할 리 만무하다. 결국 백석은 있는 그대로의 자야가 아니라 상상 속의 자야를 사랑하고 있었다고 할 수 있다. 더군다나 〈나와 나타샤와 흰 당나귀〉는 관능적인 분위기를 띠고 있다는 점에서, 백석에게 있어 자야는 나타샤의 측면보다 기생의 측면으로 더 강하게 인식되고 있었던 것으로 보인다.

여기서 우리는 자크 라캉의 교훈 하나를 떠올릴 필요가 있다. 그에 따르면 남성 대부분이 강박증(obsessional neurosis)에 지배되고 있다면, 여성 대부분은 히스테리(hysteria)에 시달리고 있다. 가부장적 사회구조 속에서 남성은 여성보다 더 좋은 대접을 받으며 성장할 수밖에 없다. 그렇기 때문에 남자아이는 여자아이보다 더 당당하게 자신의 욕망을 피력할 수 있다. 반면 여자아이는 부모에게 관심과 애정을 받기 위해서 부모가 욕망하는 대상이 되려고 노력한다. 이런 과정 속에서 남자아이는 강박증적 정신구조를, 반대로 여자아이는 히스테리적 정신구조를 갖추게 된다. 강박증 환자에게 중요한 것은 자신의 욕망뿐이다. 당연히 그의 시선에는 타자의 욕망이 들어올 여지가 없고, 타자는 단지 자신의 욕망을 충족시켜줄 수단에 지나지 않는다. 그래서 남성은 타자가 자신도 고유한 욕망이 있다는 것을 표현할 때 당혹감을 느끼기 마련이다. 겉으로 여성적인 섬세함을 발휘하고 있다고 할지라도, 가부장적 사회구조에서 성장한 백석은 강박증에서 자유로울 수가 없었다. 만주행 제안을 자야가 거부했을 때, 백석은 당혹감을 느낄 수밖에 없었을 것이다. 자신이 원하면 항상 "나타샤는 아니 올 리 없다."는 백석의 강박증적 확신이 좌절된 것이기 때문이다. 자야는 백석의 기대와는 달리 자기

나름의 사유와 욕망을 가지고 있는 주체였던 셈이다.

반면 히스테리 환자, 즉 여성은 타자의 욕망에만 신경을 집중한다. 타자의 욕망을 읽어서, 그가 원하는 대상이 되려는 것, 이것이야말로 그녀가 원하는 유일한 것이기 때문이다. 사실 자야가 백석의 만주행 제안을 거부했던 이유도 만주에서는 그가 더는 자신을 욕망하지 않을까 두려워했기 때문이다. "우리가 자칫 잘못하여 낙오의 유랑자가 되어버리면, 두 사람 모두 사회의 죄인으로서 파멸이자 패망일진대 마땅히 재삼 깊이 생각하고 신중히 결정할 일이었다. 나 같은 미천한 여자로 말미암아 앞길이 양양한 당신의 입신과 출세를 가로막고, 드디어는 지울 수 없는 깊은 흠집을 남기게 되는 것은 아닌가." 이처럼 백석에 대한 자야의 사랑은 헌신적이었다. 그렇지만 이것은 표면적인 인상 아닐까? 오히려 자야의 속내는 다른 데 있었던 것이 아닐까? 만신창이가 되어도 백석이 여전히 자신을 사랑할 수 있을지 자야는 확신할 수 없었다. 자신이 망가진 원인을 나와의 사랑, 나아가 나 자신에게서 찾는다면, 백석이 지금처럼 자신을 사랑해줄 것 같지 않았던 것이다.

열정적인 작가는 자신의 욕망과 감정을 적극적으로 표현한다. 반면 애독자는 작가의 속내를 읽어내어 작가가 원할 만한 사람이 되려고 노력한다. 백석은 틈틈이 자신의 사랑을 노래한 시를 지었고, 그것을 자야에게 보여주었다. 문예지 《여성》에 기고한 〈바다〉와 같은 시가 그 대표적인 사례라고 하겠다. "바닷가는/개지꽃 개지 아니 나오고/고기비늘에 하이얀 햇볕만 쇠리쇠리하야/어쩐지 쓸쓸만 하구려 섧기만 하구려"로 끝나는 시다. 백석은 시로 자신의 내면을 보여주었고, 그를 통해 자야는 백석의 욕망을 읽고 그가 원할 만한 연인이 되고자 하였다. 작가와 독자, 혹은 강박증과 히스테리, 그리고 남자와 여자가 교묘하게 맞물려 들어가는 대목이라고 할 수 있다. 표면적으로 만주행을 제안한 것은 백석이고 그것을 거부한 것은 자야다. 하지만 두 사람의 복잡한 정신구조를 보았을 때, 사실 만주행을 거부한 것은 백석이고 그것을 따른 것이 자야라고 해야 하지 않을까?

나타샤와 흰 당나귀, 반복되는 비극적 사랑

현재의 어정쩡한 상태를 유지해도 백석은 불행하고, 만주로 동행한다고 해도 백석은 불행할 수밖에 없었다. "오늘부터 당신은 나의 영원한 마누라야."라는 자기 약속을 지키려는 백석에게, 어느 강박증적 시인에게 자신의 약속을 스스로 어겼다는 죄의식을 남겨줄 수는 없는 법이다. 만약 그를 사랑한다면, 혹은 그의 욕망 대상이 되고자 한다면 말이다. 그래서 자야는 사랑 약속을 깨는 죄를 자신이 떠안은 것이다. 자신이 묶은 족쇄를 스스로 풀지 못하는 백석 대신 자신이 그 고통을 감내한 것이다. 그것이 조금이라도 내 사랑 백석을 편안하게 만드는 방법이라고, 그래서 조금이라도 백석이 욕망하는 대상으로 남아 있을 수 있는 방법이기도 하다고 확신했기 때문이다. 이것이 바로 자야의 히스테리적인 사랑 방식이었다. 뒤에 자야가 보살(菩薩, bodhisattva)의 길을 걸어가게 된 것도 다 이유가 있었던 셈이다. 보살이란 타인의 고통을 나의 고통으로 떠안고 가는 구도자이기 때문이다.

백석과의 예정된 이별, 그리고 이어지는 분단을 통해 그와의 만남이 완전히 단절된 뒤, 김영한은 자야라는 이름을 가슴에 묻고 길상화(吉祥華)라는 법명을 가지며 보살로서 살아가게 된다. 그녀가 보여준 보살행의 화룡점정은 1996년에 자신이 운영하던 대원각이란 요정을 길상사로 바꾸어 법정(法頂)에게 기증한 사건이라고 할 수 있다. 잊지 말아야 할 것은 1996년은 김영한이 백석에 대한 자신의 사랑을 책으로 묶은 그다음 해라는 점이다.

《내 사랑 백석》의 서문을 읽어보면 자야는 노년의 김영한 내면에 그대로 살아 있었다는 것을 알 수 있다. "노년의 시간이 정말 한가롭고 무료하고 심심해서, 그 옛날 정다웠던 시인 백석 선생의 시전집이나 뒤져보는 것이 그동안 저의 유일한 낙이었습니다. 그분의 시작품 가운데는 꽃답고 영롱한 두 청춘의 그림자가 고스란히 살아 있고, 청순한 순정과 격렬한 열정의 너그러운 미소가 변함없이 남아 있습니다. 저는 잠시 나이조차 잊고서 그 시절 청춘으로 되돌아갑니다. 정들었던 사람과 이마를 맞대고 곧장 사랑의 이야기에 꽃을 피우니 그 원통하고 가슴 아프던 이별조차도 잊었습니다. 당신이 계신 별의 나라, 이별을 모르는 나라에서 우리 두 사람은 불로주에 취한 듯 그 꿈을 깨지 말 것을 서로 기원합니다."

백석과 자야의 사랑, 그것은 동양과 서양, 혹은 과거와 현재에도 유사하게 반복되는 사랑의 비극을 상징한다. 가부장적 제도 속에 만들어지는 남성의 강박증적 정신구조와 여성의 히스테리적 정신구조가 존재한다면, 백석과 자야의 사랑은 아마 미래에도 그대로 반복될 것이다. 특히나 겉으로는 개인주의가 정착한 것 같아 보이지만, 여전히 공동체주의적인 성격이 강한 우리 사회에서 가슴 속에서만 사랑을 품을 수밖에 없는 제2, 제3의 자야가 당분간 반복적으로 등장하게 될 것이다. 우리가 아직도 백석의 시와 자야의 슬픈 사랑 이야기에 마음이 움직이는 것도 이런 이유 때문인지도 모른다.

물론 강력한 가부장적 유습만 탓하면서 절망할 일도 아니다. 백석과 자야의 사랑 이야기는 간접적이나마 우리에게 가부장제에 포섭되지 않는 사랑의 가능성을 시사하고 있기 때문이다. 나타샤와 흰 당나귀로 분열된 채로 자야를 보았던 백석은 자야 자체에 직면하여 사랑해야만 한다. 동시에 백석의 욕망 대상이 되려고만 했던 자야는 당당하게 자신의 욕망을 표현하는 주체로 성장해야만 한다. 오직 이럴 때에만 우리는 백석과 자야 사이에 반복되는 비극적인 사랑을 먼 과거 이야기로 가슴 한편에 영원히 묻어둘 수 있지 않을까?

강신주 1967년 경남 함양에서 태어난 철학자다. 그는 강단 철학에서 벗어나, 책과 대중 아카데미 강연을 통해 자신의 철학적 소통과 사유를 가능한 많은 사람과 나누고자 한다. 우리 삶의 핵심적인 사건과 철학적 주제를 연결시켜 포괄적으로 풀어간 《철학, 삶을 만나다》, 장자의 철학을 '소통'과 '연대'의 사유로 재해석한 《장자, 차이를 횡단하는 즐거운 모험》, 원치 않는 욕망에 사로잡히게 만드는 자본주의 메커니즘을 해부한 《상처받지 않을 권리》, 우리 시에 비친 현대 철학의 풍경을 담은 《철학적 시 읽기의 즐거움》, 기존의 연대기적 서술을 지양하고 56개의 주제로 라이벌 구도를 형성하는 철학자들을 대비시킨 방대한 철학사 《철학 vs 철학》, 고전이란 텍스트로 우리 삶을 조명하고, 우리 삶이란 텍스트로 고전을 다시 독해하는 《철학이 필요한 시간》 등을 펴냈다.

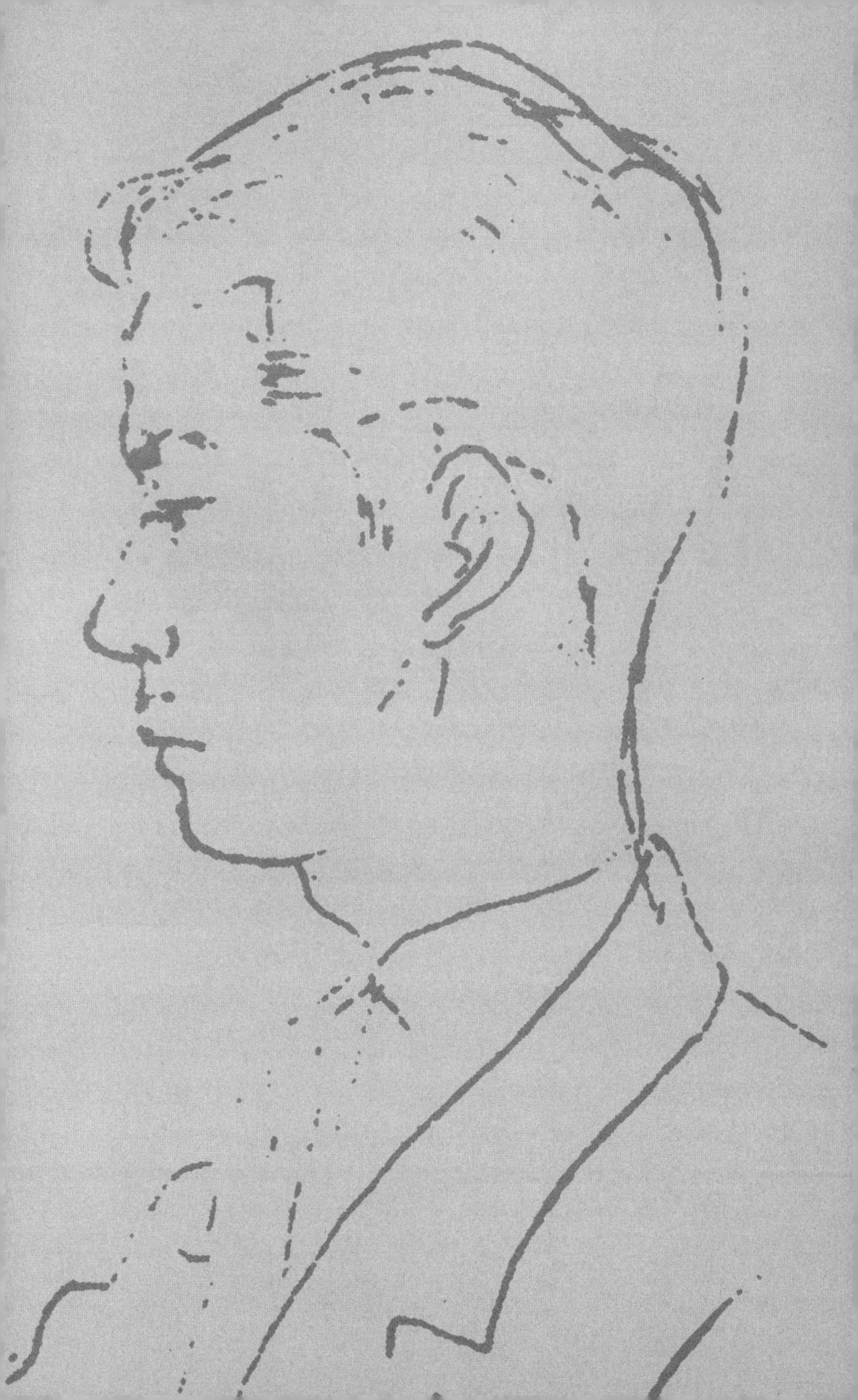

3

한국의 음식

밥을 아니 먹으면 굶은 것이다

● 주영하 한국학중앙연구원 교수

◉ 한국인은 무엇을 어떻게 먹고 살아갈까? 최근 한국 드라마와 영화가 외국에서도 인기를 얻으면서 한국인의 음식에 대한 외국인의 관심이 어느 때보다도 강하다. 물론 국내 학계에서도 음식의 역사와 문화를 살펴서 한국 문화의 보편성과 특수성을 밝히려는 노력이 늘어나고 있다. 20세기 이래 세계가 근대국민국가로 구분되면서 음식문화는 국가나 민족을 상징하는 아이콘이 되기 시작했다. 특히 21세기에 들어와서 온라인과 오프라인, 그리고 각종 영상자료를 통해서 국가 사이의 교류가 활발하게 이루어지면서 매우 일상적인 행위로만 여겨지던 음식문화가 문화적 상징으로 이해되고 있다. 한국인의 음식을 통해서 한국의 역사와 문화를 이해하는 일 역시 충분히 가능하다.

한국 음식의 핵심, 쌀밥

지금으로부터 거의 120년 전에 찍은 사진 한 장이 있다. 도포를 입고 머리에는 갓을 쓴 남자가 숟가락을 들고 밥을 먹고 있는 중이다. 밥상에 놓인 음식을 보니, 밥도 있고 국도 있고 반찬도 몇 가지 놓였다. 마침 사진을 찍으면서 숟가락에 밥을 담아 오른손으로 쥐고 있다. 유기로 만든 숟가락이다. 젓가락은 국 대접 옆에 놓였다. 사진을 얼핏 보면 요사이 한국인이 밥을 먹는 모습과는 비슷한 듯하지만, 자세히 보면 반드시 그렇지만은 않다.

밥과 국을 비롯한 여러 가지 반찬이 올려진 밥상은 보통 개다리소반

1890년대 주막의 개다리소반 점심식사

이라고 불린다. 밥상의 다리가 마치 개의 다리처럼 생겼다고 해서 붙여진 이름이다. 밥상의 크기도 무척 작다. 너비는 32센티미터 정도, 높이는 24센티미터 정도밖에 되지 않는다. 한 사람이 혼자서 밥을 먹을 때 적당한 크기의 밥상이다. 밥상 위에는 모두 여덟 개의 그릇이 놓여 있다. 남자의 몸에서 가장 가까운 그릇이 제일 크다. 오른손으로 숟가락을 들고 있는 남자의 왼쪽에는 밥그릇, 오른쪽에는 국그릇이 놓였다. 밥그릇 앞에 김치를 담은 보시기, 간장을 담은 종지, 그리고 장아찌를 담은 보시기가 보인다. 가장 바깥에는 콩자반을 담은 접시, 찌개를 담은 대접, 그리고 나물을 담은 접시 따위가 놓였다.

그런데 여덟 개의 그릇 중에서 가장 큰 것은 밥그릇과 국그릇이다. 보통 사발이라고 부르는 밥그릇은 요사이 한국인이 사용하는 밥그릇과는 완전히 다르다. 높이가 거의 9센티미터, 입의 지름이 거의 13센티미터에 이른다. 여기에 밥을 담으면 요사이 한국인이 거의 세 끼니에 걸쳐서 먹을 수 있는 밥이 담길 듯하다. 밥그릇보다 더 큰 것이 국그릇이다. 높이는 밥그릇과 비슷하여 거의 9센티미터에 가깝다. 입의 지름은 15센티미터가 넘을 듯하다. 그야말로 지금과 비교가 되지 않는 큰 밥그릇과 국그릇이다.

조선시대 여러 문헌에는 당시 사람들이 밥을 많이 먹었다는 기록이 자주 보인다. 임진왜란 기간 동안 피난을 다니면서 쓴 일기인 오희문(吳希文, 1539~1613)의 《쇄미록(瑣尾錄)》에서는 전쟁 시기인데도 한 끼에 7홉의 쌀로 밥을 지어먹었다고 한다. 당시의 7홉이라면 지금의 420그램에 버금가는 양이다. 오늘날 한국인이 한 끼에 약 140그램의 쌀을 먹는다고 하면 거의 세 배에 이르는 쌀밥을 먹었다고 할 수 있다.

이익(李瀷, 1681~1763)은 당시 일부 계층에서 음식을 지나치게 소비하는 것을 두고 먹기를 적게 해야 한다는 주장을 중국 고전에 나오는 문구인 '식소(食少)'를 제목으로 하여 남겼다. 그런데 그 내용 중에 다음과 같은 글도 들어 있다.

우리나라 사람들이 다식(多食)에 힘쓰는 것은 천하에서 으뜸이다. 최근 표류되어 유구(琉球, 현재의 오키나와)에 간 자가 있었는데, 그 나라의 백성이 "너희의 풍속은 항상 큰 사발과 쇠숟가락으로 밥을 떠서 실컷 먹으니 어찌 가난하지 않겠는가." 하고 비웃었다고 한다. 대개 그들은 전에 이미 우리나라에 표류되어 와서 사정을 잘 알고 있었던 사람들이다.

다식은 바로 조선시대 사람들의 일상적인 습관이었다. 앞의 사진과 비슷한 시기에 한반도에 왔던 프랑스 선교사 역시 당시 조선 사람을 두고 '아시아의 대식가'라고 불렀다.

왜 조선시대 사람들은 밥을 다식했을까? 사실 그 이유를 밝히기는 매우 어렵다. 다만 유구 사람들이 언급한 것을 거꾸로 생각해보면 가난했기 때문에 밥을 많이 먹었다고 할 수 있다. 조선 사회가 절대 빈곤의 시대를 살았기 때문에 전근대 시기에 가난하다는 것은 먹을거리가 풍부하지 않다는 말과 통한다. 그래서 조금이라도 먹을 것이 생기면 물불 가리지 않고 먹었다. 《조선교회사》를 출간한 가톨릭 신부 달레(Claude Charles Dallet)는 조선 사람들의 대식과 식탐은 빈부와 귀천을 가리지 않고 나타나는 현상이라고 보았다.

하지만 앞에서 소개한 오희문의 기록처럼 전쟁 시기에도 쌀을 7홉이나 먹었다고 하니 밥을 대식(大食)해야 한다는 생각은 평소에도 가졌던 것이라 여겨진다. 먹을거리가 눈앞에 보이면 아무리 폭식을 했다고 해도, 결국 쌀밥을 많이 먹는 데 목숨을 걸었을 가능성이 많다. 그래서 대식의 쌀밥을 위해서 나라에서도 곡물 생산에만 집중하였다. 그로 인해서 쌀 생산에만 온 정성을 다 들이다 보니, 다른 먹을거리를 제대로 생산하지 않아서 가난하다는 말은 유구 사람들의 비웃음 속에서도 드러난다.

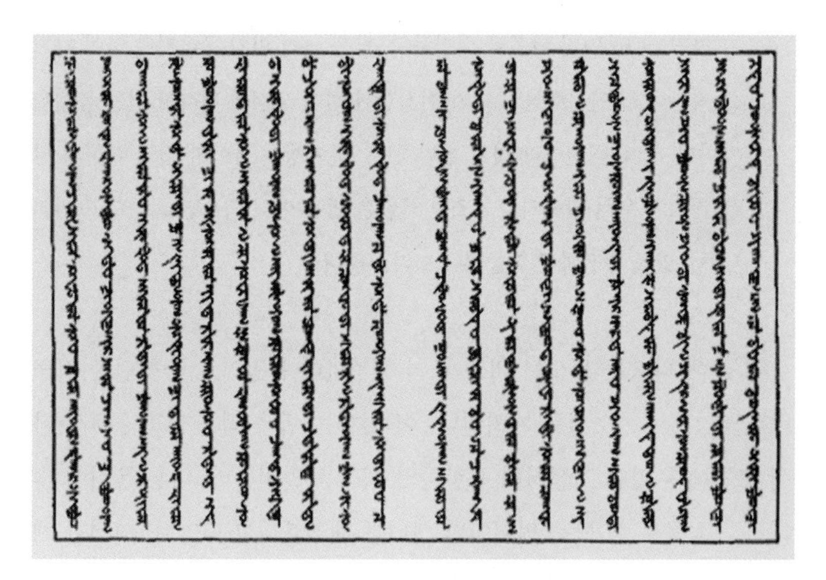

《무오연행록》 제4권 해당 부분, 한국고전번역원 한국고전종합DB

오로지 쌀을 비롯한 곡물로 지은 밥을 먹어야 식사를 했다고 여겼던 조선 사람들의 습관은 조선 정조 때 서유문(徐有聞, 1762~1822)이 한글로 지은 중국 기행문집인 《무오연행록(戊午燕行錄)》 제4권에도 나온다.

> 월사 이 상공이 명국에 사신으로 들어왔을 때에 한 재상이 날을 기약하여 집으로 찾아오라 하였더니, 기약한 날 그 재상이 공무가 있어 궐내에 들어가고 집안 식구에게 이 상공을 모셔서 그 재상이 궐에서 나오기를 기다리라 하였는데, 월사가 식전에 그 집에 가니 집안사람들이 그 재상의 말을 전하고 술과 안주로 대접하더니, 날이 늦으니 식전이라 하고 돌아가고

> 자 하거늘, 또 떡과 과일로 대접하되, 밥을 아직 먹지 못한지라 군이 가기를 청하니, 집안사람들이 그가 시장할까 하여 오전에 네다섯 번을 음식을 먹이되, 끝내 식전이라 하고 돌아가니, 그 재상이 돌아와 집안 식구의 말을 듣고 뉘우쳐 말하기를, "조선 사람은 밥을 아니 먹으면 굶는다고 여기니, 내 밥을 대접하란 말을 잊었노라." 하더라.

이 글에 나오는 월사는 바로 조선 중기 4대 문장가로 꼽혔던 이정구(李廷龜, 1564~1653)를 가리킨다. 이 일화는 밥을 먹을거리 중에서 가장 으뜸에 두었던 조선시대 사람들의 생각을 알려준다. 다른 음식이 많더라도 곡물로 된 밥을 먹어야만 끼니를 해결했다고 믿었다. 그러한 생각은 21세기를 살아가는 한국인에게도 마찬가지다. 먹을거리가 한가득 놓인 뷔페식당에서도 밥과 국을 먹어야 비로소 식사가 마무리된다. 1960년대부터 개발된 '한정식(韓定食)'이란 코스 요리에서도 마지막에 밥 혹은 누룽지와 함께 된장찌개나 국이 나와서 손님들의 가득 찬 배에 밥을 보태준다. 그런데 온갖 요리를 잔뜩 먹고도 이 밥을 먹지 않으면 끼니를 해결한 것이 아니라고 한국인은 생각한다.

이러한 생각은 조상 제사를 지낼 때 밥을 으뜸에 두는 이유이기도 하다. 살아생전에 잡수시던 그대로 제사상을 차리는 격식은 중국의 주희(朱熹, 1130~1200)가 편찬했다고 알려지는 《가례(家禮)》에서도 강조한 바이다. 하지만 송나라 때 중국의 한족들은 곡물로 지은 밥과 함께 밀가루로 만든 면(麵)도 먹었다. 당연히 주자의 《가례》에서도 조상 제사에 올리는 중요한 제물 중에서 주식으로 반(飯)과 면을 꼽았다. 그런데 문제는 한반도에서는 밀농사가 잘 되지 않는다는 데 있었다. 밀은 여름

기후가 20도 이상이 되면 자라지 않는다. 품종개량을 하지 않았던 19세기 이전까지 한반도의 중남부 지역 대부분에서는 밀농사가 잘 되지 않았다. 결국 밥의 재료 중에서 쌀에 집중된 농사가 주로 이루어졌다.

쌀에 대한 절대적 믿음은 급여나 세금으로 쌀이 쓰이도록 만들었다. 곧 쌀이 화폐를 대신하였다. 그것의 결정판이 바로 대동법의 시행이었다. 죽은 조상의 혼령을 저승으로 보내는 천도굿인 지노귀굿이나 새남굿에서도 조상 혼령에게는 반드시 쌀밥을 올린다. 집안을 지켜주는 성주신령에게도 햅쌀이 나오면 그것으로 신체(神體)를 만들어서 대들보에 매달아둔다. 쌀은 조상이면서 동시에 산 사람의 생명이었다. 그래서 일제강점기에 고향을 떠나 만주로 갔던 사람들의 짐 속에도 볍씨는 들어 있었고, 그것이 오늘날 중국 동북지역에서도 쌀농사가 가능하도록 만들었다. 쌀농사에 대한 집중은 오히려 다른 먹을거리를 균형 있게 확보하지 못하는 결과를 가져왔다. 결국 쌀만 있으면 된다는 믿음으로 인해서 절대적 가난이 1970년대까지 지속된 것은 아닐까?

쌀에서 나온 음식들

한반도에 사는 모든 사람이 쌀밥을 매일같이 먹게 된 때는 그다지 오래되지 않았다. 대한민국의 제3공화국을 시작한 대통령 박정희는 쌀로는 밥만 짓도록 하기 위해 양곡관리법이란 것을 만들었다. 그 이전까지 쌀은 밥의 주재료였을 뿐만 아니라, 떡·술·식혜와 같은 음식의 재료로 쓰였다. 특히 탁주·청주·소주와 같은 한국의 오래된 술의 재료로는 쌀이 주로 사용되었다. 이 문제를 해결하면 더 많은 국민이 쌀밥을 먹을 수 있다고 정부는 판단을 했다. 더욱이 식민지 시기 이후 보편화된 일본 품종의 쌀은 맛은 좋지만 수확량이 적고 각종 병충해에도 약한 단점을 지니고 있었다. 그래서 수확량이 많으면서 잘 자라는 벼 품종을 개발할 필요성이 생겼다. 이른바 '통일벼'로 불렸던 벼 품종은 농촌진흥청에서 1965년부터 1971년 사이에 여러 차례 실험 재배를 통해 개발했다.

이 통일벼의 재배 면적이 증가하면서, 1989년에 한국인은 하루에 평균 650그램이 넘는 쌀밥을 먹게 되었다. 보통 전래의 밥그릇 하나에 들어가는 밥의 양은 210그램이다. 결국 하루 세 끼의 식사에 모두 쌀밥을 먹은 셈이다. 그러나 1989년 이후에는 쌀밥의 소비량이 점점 줄어드는 현상이 생겨났다. 그 이유는 쌀밥 부족을 해결하기 위해서 1960년대 이후에 정부가 강제로 시행했던 잡곡밥과 분식을 많이 먹자는 혼분식 장려 운동의 결과이기도 했다.

쌀밥의 자급자족이 이루어지면서 다른 문제점도 나타났다. 벼 재배 면적을 증가시키면서 각종 잡곡의 재배지가 줄어든 것이다. 특히 콩의 재배가 줄어들면서 외국에서 수입하는 지경에 이르렀다. 2007년의 자료에 의하면, 한국의 곡물 자급률은 쌀만 100퍼센트이고, 나머지 잡곡과 합치면 겨우 25퍼센트에 지나지 않는다. 일본이 40퍼센트, 터키가 100퍼센트 이상, 프랑스가 329퍼센트, 멕시코가 63퍼센트, 영국이 125퍼센트, 미국이 125퍼센트, 독일이 147퍼센트임에 비하면 턱없이 부족한 상태이다. 결국 1970년대 이전에는 매우 저급한 밥으로 여겨졌던 보리밥이 쌀밥보다 더 비싸게 되었다.

한국인이 오랫동안 먹어온 밥의 종류는 매우 많다. 보리밥·콩밥·팥

밥·조밥·차조밥·율무밥·수수밥·옥수수밥과 같은 밥은 이름 앞에 붙은 재료로만 짓든지, 아니면 쌀과 섞어서 짓는다. 이 중 보리밥은 1960년대 초반까지 비축해둔 쌀이 거의 없어지는 봄에서 여름에 주로 먹었다. 보리밥만 먹었던 이 시기를 두고 '보릿고개'란 말이 한때 유행했다. 보리밥으로 생명을 이어갔던 당시의 어려움을 '고개'라는 말을 덧붙여서 표현한 것이다. 아울러 가을에도 쌀이 부족하면 쌀에 보리를 섞어서 보리밥을 지었다. 쌀에 섞어서 밥을 지을 때 사용하는 보리는 도정하면서 절구에서 납작하게 찧어 만든다. 또는 아예 2등분을 하여 마치 쌀처럼 희게 만든 할맥(割麥)이란 보리와 쌀을 섞어 밥을 지으면 얼핏 쌀밥처럼 보이기도 한다.

보리밥을 짓는 방법은 쌀밥과 약간 다르다. 통보리를 사용할 경우에는 물에 잘 씻은 다음 미리 별도로 푹 삶는다. 쌀을 씻어 일어 건진 후에 미리 삶아둔 보리를 섞어서 보통 밥을 지을 때보다 물을 조금 적게 붓는다. 삶은 보리에 이미 물이 있기 때문이다. 그다음 단계는 쌀밥을 지을 때와 같다. 다만 뜸을 오래 들여야 보리가 잘 익는다.

밤밥·오곡밥·고구마밥·감자밥과 같은 밥은 쌀이나 보리와 함께 이름 앞에 붙은 재료를 섞어서 짓는다. 이 중에서 밤밥 짓는 방법을 살펴보자. 밤을 속껍질까지 깨끗이 벗겨 반으로 자른 다음, 색이 변하지 않도록 물에 담가둔다. 쌀을 씻어 건지고, 준비해둔 밤을 섞어서 솥에 안친다. 이때 소금을 조금 넣는다. 그러면 밤에 남아 있는 떫은맛을 없앨 수 있다. 처음에는 센 불에서 끓인 후 한소끔 끓어오르면 중간불로 끓이고, 쌀알이 퍼지면 불을 약하게 하여 뜸을 들인다. 밤은 솥 안에서 일어나는 김으로 익기 때문에 쌀밥을 지을 때와 그 방법이 같다.

이에 비해서 나물밥·무밥·산나물밥·죽순밥·콩나물밥·김치밥 따위는 밥에 채소를 함께 넣어서 지은 밥이다. 그중에서 무밥 짓는 방법을 알아보자. 가을철에 좋은 무로 무밥을 지으면 별미가 된다. 무는 굵직하게 채를 썬다. 쌀을 씻어 일어 건져서 채로 썰어놓은 무와 함께 섞는다. 무에서 물이 나오기 때문에 밥물의 양은 쌀밥 지을 때보다 적게 해야 한다. 간장에 참기름·고춧가루·후춧가루 등을 섞어서 양념장을 만들어 이것을 무밥 위에 뿌려서 간을 맞춘다. 밥에 채소를 넣은 이와 같은 밥은 다른 밥과 달리 별도로 반찬이 없어도 먹을 수 있다.

국물 많은 국과 짜고 매운 반찬의 비밀

한국인은 밥을 먹을 때, 밥을 다 먹은 후 반찬을 먹고 그다음에 국물을 먹지 않는다. 하지만 각각의 음식을 하나하나 별도로 입에서 씹는 습관을 가진 서유럽 사람들이나 중국인들은 한국 음식 역시 각각 먹는다. 이로 인해서 한국에서 오랫동안 한국 음식을 먹어온 외국인들 중에는 위장이 좋지 않은 경우가 있다. 밥을 맛있게 먹기 위해서 반찬이 마련된 것이고, 짜고 매운 반찬을 밥과 함께 입 속에 넣고 먹어야 제대로 맛이 나는데, 외국인들은 반찬을 별도로 먹으니 당연히 음식의 맛도 모를 뿐만 아니라, 한국 음식으로 인해서 건강을 해치기도 하는 것이다.

1990년대부터 짜고 매운 맛의 대표적인 반찬인 김치를 먹는 양이 줄어들었다. 쌀밥을 먹는 양이 줄어들기 시작하면서 반찬의 간도 바뀌기 시작했다. 더욱이 쌀밥 외에도 먹을거리가 풍족해지면서 밥상의 모습 역시 쌀밥 중심에서 다른 반찬들 중심으로 옮겨갔다. 가령 불고기나 삼겹살구이와 같은 메인 메뉴가 나오면 쌀밥은 아예 밥상에 오르지 않는 경우도 있다. 이들 음식도 상추에 밥과 된장, 그리고 김치를 함께 올려서 입에 넣고 씹으면 맛이 아주 좋지만, 그로 인해서 비만 문제도 발생하기 때문에 사람들이 조심을 하는 편이다. 하지만 한국 음식의 진짜 맛은 입 속에서 밥과 반찬을 비벼 먹는 데 있다. 비빔밥이 외국인들에게 인기를 누리는 이유 역시 쌀밥과 각종 반찬을 미리 비벼두었기 때문이다.

20세기 중반까지만 해도 가정에서 이루어지는 식사에서 가장 기본이 되는 음식은 밥, 국, 그리고 김치와 간장이었다. 이 음식들이 한국인이 밥을 먹을 때 반드시 갖추어야 하는 기본이었다. 비록 요사이는 간장이 상 위에 오르지 않지만, 그래도 밥·국·김치는 학교의 급식에서도 반드시 마련될 정도로 기본적인 음식임에 틀림없다. 그중에서 국은 국물이 있는 음식을 가리킨다. 한자로 탕(湯)이라고 적는 이유는 따뜻하게 끓여서 내놓기 때문이다. 한국어로는 '뜨거운 국물'이라고 부른다. 옛날에는 탕을 '갱(羹)'이라고도 불렀다. 갱이란 양고기로 끓인 맛있는 음식이란 뜻인데, 5,000년 전 중국 북부에 살던 사람들이 양고기로 끓인 국이 가장 맛이 좋다고 생각했기 때문에 생긴 글자이다.

한국인이 가장 즐겨먹는 국으로는 미역국·콩나물국·북엇국 등이 있다. 이 중에서 미역국은 생일에 반드시 먹는 음식으로 여겨진다. 이미 고려시대부터 미역국을 즐겨먹는 모습을 두고 중국인들이 '고려국'이라고 기록에 남기기도 했다. 국을 만들 때 가장 중요한 재료는 간장이다. 양조간장은 단맛이 많아서 국을 끓일 때 사용하기에 적절하지 않다. 이에 비해서 '조선간장'이라고 불리는 재래식 간장은 짠맛이 위주이기 때문에 국물을 만드는 데 가장 알맞다. 이 조선간장으로 만든 국물을 '맑은 장국'이라고 부른다. 국물의 색이 투명하기 때문에 맑다는 말이 붙었고, 간장으로 만든 국이라서 장국이란 말이 붙었다. 간장을 푼 물에 고기를 넣고 푹 곤 다음에 위에 떠오른 맑은 국물을 이용하는 방법과 살코기를 가늘게 썰어서 간장으로 간을 한 다음에 끓이는 방법이 있다. 이렇게 고기를 삶아서 우려낸 국물을 '육수(肉水)'라고 부른다. 당연히 육수 맛이 좋아야 국 맛도 좋다.

'뜨거운 국물'이란 의미로 쓰이는 다른 말로 '찌개'라는 것도 있다. 찌개는 뚝배기나 작은 냄비에 국물을 바특하게 잡아 고기·채소·두부 따위를 넣고, 간장·된장·고추장·젓국 따위를 쳐서 갖은 양념을 하여 끓인 반찬을 가리킨다. 탕이나 국이 국물이 많은 데 비해서 찌개는 국물과 함께 건더기가 많은 음식을 가리킨다. 된장찌개·김치찌개·생선찌개·두부찌개가 대표적인 찌개에 든다. 가령 된장찌개 만드는 방법은 다음과 같다. 기름기가 섞인 돼지고기를 뚝배기에 넣고 볶는다. 돼지고기가 익으면, 채에 거른 된장과 마늘과 고춧가루를 돼지고기와 버무린다. 물을 알맞게 붓고 끓이다가 파와 두부, 그리고 각종 버섯을 넣고 더 끓인다.

보통 밥상에 국이나 찌개가 함께 오르든지, 아니면 한 가지라도 빠트리지 않고 올라야 한국 음식의 기본적인 상차림이 된다. 밥과 함께 국이나 찌개가 있으면 일단 식사를 하는 데 문제는 없다. 하지만 여기에 김치까지 오르면 다른 반찬이 없더라도 식사가 충분하다고 생각하는 사람이 바로 한국인이다. 그만큼 김치는 다른 어떤 한국 음식에 비해서 중요한 반찬에 들었다. 조선 후기에 쓰인 〈농가월령가(農家月令歌)〉란 글에서는 김치가 일 년 중의 '반식량(半食糧)'이라고 할 정도였다. 잡곡으로 지은 밥과 김치만 있어도 한 끼의 식사가 맛있다고 여겼음을 알 수 있다.

김치란 말은 한자어 '침채(沈菜)'에서 나왔다고 한다. 침채는 채소를 소금물에 절인다는 뜻의 한자어이다. 하지만 김치를 부르는 다른 말도 있다. 장아찌나 짠지도 크게 보면 김치의 한 종류이다. 장아찌는 채소를 간장이나 된장 혹은 고추장에 오랫동안 절인 음식을 가리킨다. 오이장아찌·마늘장아찌·가지장아찌 등이 여기에 속한다. 짠지는 채소를 소금이나 간장에 절인 음식을 가리킨다. 무짠지가 가장 대표적이다. 장아찌나 짠지, 그리고 김치는 모두 삼투압 작용을 통해서 채소 안에 간장이나 된장, 혹은 소금이나 식초의 맛이 스며들도록 만든다. 염도가 있는 이들 재료로 인해서 채소는 수분을 머금은 상태에서 오랫동안 보관되는 장점도 지닌다. 여기에 짠맛을 기본으로 담고 있기 때문에 밥을 먹을 때 밑반찬으로도 중요한 구실을 했다. 그래서 각종 요리가 보태지기 전에 밥과 국과 함께 김치는 기본적인 반찬으로 밥상에서 그 자리를 잡았다.

식사, 엄숙한 시간

밥그릇을 손에 들고 먹을 때 반찬을 옮기는 도구로는 젓가락이 편리하다. 일본인의 경우, 밥을 먹기 전에 국물이 담긴 그릇을 들고 입으로 가지고 가서 그릇째 마신 다음에 다시 밥그릇을 손에 들고 밥을 먹는다. 그러니 그들은 굳이 숟가락을 사용하지 않아도 식사가 가능하다. 이에 비해 국이나 찌개와 같은 국물음식을 밥과 함께 입에 넣고서 먹는 한국인에게는 숟가락이 반드시 있어야 한다. 또한 조선시대까지 일본의 쌀밥처럼 차진 성분이 적고, 쌀밥과 함께 각종 거친 잡곡밥을 먹어야 했기 때문에 숟가락을 이용하여 밥을 떠먹어야 했다. 밥그릇이나 국그릇을 손으로 들고 먹지 않는 한국인에게 숟가락은 밥과 국을 입으로 옮기는 데 매우 유용한 식기 중 하나였다. 그래서 지금도 세계에서 유일하게 한국인만이 숟가락과 젓가락을 모두 이용해서 식사를 한다.

그런데 다른 나라의 식기나 숟가락·젓가락에 비해서 한국의 것은 매우 무겁다. 지금이야 식기의 재료가 대부분 도자기이고, 숟가락과 젓가락은 스테인리스로 만든다. 하지만 지금으로부터 50년 전만 해도 숟가락과 젓가락은 모두 놋쇠로 만들었다. 놋쇠는 구리에 아연을 10~45퍼센트 넣어 만든 것이다. 중국의 주(周)나라 때 구리와 주석을 합금한 청동기로 식기를 만들어 사용한 전통을 조선시대 성리학자들이 이어받았기 때문에 조선시대 사람들은 놋쇠로 된 식기를 가장 고급으로 여겼다. 이러한 생각이 계속 이어져서 지금도 놋쇠로 된 식기와 수저를 사용하면 매우 고급스러운 밥상이 된다고 여긴다.

하지만 놋쇠로 만든 식기는 그 값이 비싸서 대신에 도자기로 만든 식기를 많이 사용했다. 놋쇠나 사기로 만든 식기는 각각의 기능에 따라 모양과 이름이 다르다. 밥을 담는 그릇은 보통 주발이라고 부른다. 주발은 위가 약간 벌어지고 뚜껑을 갖춘 그릇으로, 밥을 많이 담는 데 좋다. 국이나 물을 담는 그릇으로는 대접이 있다. 위가 넓고 밑바닥의 운두가 낮고 뚜껑이 없다. 사발이라고 부르기도 한다. 간장이나 고추장 따위를 담는 그릇으로 종지라는 것이 있다. 작은 종처럼 생겼다고 해서 붙여진 이름이다. 김치를 담는 그릇인 보시기는 모양은 대접과 닮았지만, 높이가 낮고 크기가 작다. 밑바닥의 운두가 낮고 납작한 그릇으로 접시가 있다. 일반적인 반찬을 담을 때 사용한다.

한옥에서는 보통 겨울에 온돌이 깔린 방에서 밥을 먹는다. 조선시대 양반의 경우, 남자 어른들은 소반에서 혼자 식사를 했다. 그 위치는 온돌이 가장 따뜻한 아랫목이었다. 만약 소반에서 두 사람이 함께 식사를 할 경우에는 할아버지와 손자가 겸상할 수 있었다. 교자상에서는 여러 사람이 모여서 밥을 먹었다. 보통 아랫목은 아버지의 자리이며, 그 옆으로 아들들이 자리를 잡았다. 어머니와 딸들은 별도로 부엌에서 식사를 했다. 남녀차별이 심했던 때의 이야기다. 당시 여자들은 숟가락 하나만으로 밥을 먹었다. 식기가 부족했던 당시에 여자들은 숟가락으로 밥과 국도 먹으면서 숟가락 손잡이로 김치나 나물 등을 떠서 먹었다.

조선시대 선비들은 식사할 때 매우 엄격하게 예법을 지켰다. 당시에 아이들을 가르치는 도덕 교과서였던 《소학(小學)》에서는 밥을 먹을 때의 예절을 성현들의 교훈을 통해 가르쳤다. 즉 "입에 맛있는 것과 몸에 좋다는 것만 골라 먹고 마셔서 배만 채우면 인욕(人慾)에 머물게 되니, 이치에 어긋나지 않게 절도 있게 먹고 마시어 사람으로 하여금 천리(天理)에 이르게 해야 한다."고 했다. 먹는 것에 욕심을 부리는 일은 성욕(性慾)과 같은 것이기 때문에 최대한 절제된 식사를 해야 한다고 믿었다.

조선시대 성리학자들은 음식을 먹을 때 검소해야 한다고 믿었다. 왕은 나라에 불행한 일이 일어나면 반찬 수를 줄였다. 선비들은 자연과 일치된 삶을 위해서 가능한 적은 음식으로 끼니를 해결해야 한다고 믿었다. 적어도 1970년대까지 가정의 식사시간은 침묵의 시간이었다. 천리를 따르기 위한 엄숙한 식사가 바로 한국적인 식사였다. 그래서 외국인들은 한국인의 일상적인 식사가 매우 엄숙하다고 보았다.

하지만 1990년대 이후 한국의 경제발전은 한국인의 오래된 식사 모습을 바꾸어버렸다. 전체 국민의 96퍼센트가 도시에 살면서 60퍼센트 이상의 사람들이 아파트라는 폐쇄형 집에서 살아가는 오늘날, 한국인의 식사는 시끌벅적하고 요란하다. 예전의 검소와 절제는 외식업체의 식탁 위에서 더는 보이지 않는다. 만들 수 있는 온갖 요리로 한 상 가득 채워야 직성이 풀린다. 절대미각은 사라지고 비슷한 맛, 더욱 자극적인 맛, 온갖 재료를 비벼버리는 맛을 더 좋아한다. 이것은 모두 가난했던 시절에 대한 되갚음에서 나온 심리이다. 쌀에서 출발했던 한국 음식의 오래된 문화적 구조도 바뀌고 있는 중이다. 이런 면에서 한국 음식은 20세기 말부터 오늘날까지 급속한 변화의 여정을 걷고 있다. 한국 음식의 근대적 변화과정에 대해 섬세하게 살펴본다면, 한국학의 즐거움은 그 무엇보다도 배가될 것이다.

주영하 1962년 경상남도 마산에서 태어났다. 지금은 한국학중앙연구원 한국학대학원 민속학 전공 교수다. 2000년에 《음식전쟁 문화전쟁》과 《중국, 중국인, 중국음식》을 펴내면서 동아시아 음식의 역사와 문화에 대한 인문학적 연구로 대중과 소통하기 시작했다. 2005년에 출판한 《그림 속의 음식, 음식 속의 역사》는 한국 음식의 역사를 그림 자료를 통해서 분석한 책으로, 한국 음식의 역사가 혹시 만들어진 전통의 산물이 아닌가 하는 의문을 제시하였다. 이 의문은 동아시아로 확장되어 '현재'에서 출발한 동아시아 음식의 문화적 측면을 살피기도 했다. 그는 오늘날 동아시아의 음식이 자본에 의해서 세계화 체제에 포섭되고 있다고 보는 학자다. 따라서 음식의 생산과 소비에 관한 담론을 시민 교류로 풀어내야 한다고 강조한다. 최근에는 음식의 역사와 문화에 대한 연구를 '음식학(Food Studies)'의 차원, 즉 자연과학·사회과학·인문학이 통합된 시선으로 접근해야 한다는 주장을 펼친다. 그동안 음식의 역사와 문화와 관련된 책으로 앞의 책 외에 《차폰 잔폰 짬뽕》, 《맛있는 세계사》, 《음식인문학》 등을 썼다.

4

한국의 책

조선의 출판, 독점적 지식의 생산

강명관 부산대 교수

◉ 세계에 대한 인간의 인식은 언어화될 때 비로소 유의미해진다. 하지만 언어는 증발한다. 언어의 증발을 막기 위해 지식을 물질적 형태로 고정할 필요가 있다. 그 고정물은 나무일 수도, 돌일 수도, 금속일 수도 있다. 그리고 컴퓨터의 디스크일 수도 있다. 하지만 인간이 발명한 가장 유연하고 편리한 물질적 형태의 지식 고정물은 종이책이다. 전자책이 종이책을 흉내 내지만 종이책의 편리성을 따라잡지는 못할 것이다.

종이책의 발명은 지식을 고정시켜 물질화하면서 유통의 편리성을 얻었다. 책의 발명 이후 지식은 거의 대부분 종이책을 통해 유통되었다. 종이책은 자신이 담고 있는 지식을 인간의 머릿속에 복제하면서 같은 지식을 갖는 인간을 만들어내었다. 전근대사회에서 책이야말로 인간을 의식화하는 거의 유일한 수단이었던 것이다.

이제 조선시대의 종이책 제작과 지식의 유통에 대해 간단히 언급하고자 한다. 먼저 조선시대에 상용화된 금속활자를 실마리로 삼아 출발해보자.

금속활자와 사대부

금속활자는 고려 때 이미 발명되었다. 하지만 지금 남아 있는 증거로는 금속활자의 사용이 어느 정도 확산되었는지, 어떤 책을 찍어내었는지 확인할 수가 없다. 분명한 것은 금속활자가 상용화된 것은 조선시대라는 사실이다. 다만 우리가 생각하는 것처럼 금속활자는 대량의 복제물을 얻기 위해서 사용되었던 것은 아니다. 도리어 소량의 인쇄물을 빠르게 얻을 수 있다는 장점 때문에 채택되었다. 대량의 인쇄물을 얻기 위한 수단은 뜻밖에도 목판이었다.

1234~1241년 사이에 인쇄된 최초의 금속활자인쇄본인《고금상정예문(古今詳定禮文)》이 겨우 28부만 인쇄되었다는 사실은 금속활자가 애초 대량의 인쇄물을 얻기 위한 것이 아니었음을 입증한다. 현재 남아 있는 세계 최고(最古)의 금속활자 인쇄본인《직지심경(直指心經)》역시 사찰에서 소량의 부수를 얻기 위해 제작한 활자로 인쇄된 것일 터이다.《고금상정예문》과《직지심경》의 예에서 보듯 금속활자는 대개 국가나 사찰에서 보유하고 있었다. 조선시대에 들어와서도 금속활자를 민간에서 보유하는 경우란 극히 드물었다. 금속활자는 거의 국가나 관청에서 만들고 보유하고 있었다.

고려 때 만들어진 금속활자는 여말선초(麗末鮮初)의 혁명가 정도전의 관심을 끌었다. 그는〈서적포시(書籍舖詩)〉에서 금속활자로 많은 유학 서적을 인쇄해 불교와의 사상투쟁에서 승리하자고 다짐했다. 그의 제안은 이내 사대부들 사이에서 공감을 얻었다. 태종 때 계미자가 만들어졌고, 이어 세종 때 그것을 개량하여 경자자, 갑인자 등의 활자가 만들어졌다. 활자는 성종 때까지 여러 종류가 추가되었고, 조판기술이 개선되면서 조선 전기의 활자는 막대한 종류의 책을 토해내었다.

이렇게 국가가 정력적으로 활자를 만들고 그 활자로 책을 쏟아냈던 것은, 고려와 확실히 다른 현상이다. 이 현상은 조선의 건국 세력인 사대부와 관련이 있다. 1392년 조선은 성리학을 국가 이데올로기로 삼아 건국되었다. 성리학은 지식인의 국가/사회 지배를 원칙으로 삼았다.

'글을 읽으면 사(士)라고 하고, 정치에 종사하면 대부(大夫)라고 한다.(讀書曰士, 從政曰大夫)' 란 말이 있듯, 사대부는 기본적으로 독서인이었고, 이 독서인이 과거를 통해 관료가 되어 행정에 종사하는 것이 원칙이었다.

생래적 특권을 갖는 귀족과 달리 사대부는 성리학과 문학에 대한 교양을 반드시 갖추어야만 하였다. 하지만 조선이 건국되었다 해서 사대부 계급이 금방 만들어진 것은 아니었다. 따라서 유가적 교양을 갖춘 사대부를 만들어내는 것이 긴급한 과제로 떠올랐고, 이 과제를 해결하기 위해서는 무엇보다 많은 책이 공급되어야만 했다. 그리고 그 조짐은 조선이 건국되기 전부터 나타나고 있었다. 즉 고려 말 사대부들에 의해 여러 책이 인쇄되었던 바, 그것은 확실히 불교국가인 고려에서 기대하는 책들이 아니었다. 예컨대 《근사록(近思錄)》, 《사서집주(四書集注)》 등의 책이 인쇄되었으니, 그것은 성리학을 진리로 수용한 사대부의 생각과 행위를 형성하는 책들이었다. 조선이 건국되자 국가는 금속활자를 만들고 이런 책들을 재빨리 찍어내기 시작하였다. 이렇게 인쇄된 책이 읽히면서 사대부가 만들어지기 시작했던 것이다.

국가와 책의 인쇄

조선시대에는 수많은 책이 인쇄되고 보급되었지만, 그 책을 만들고 보급하는 주체는 국가였다. 민간에서 책을 상업적으로 인쇄하여 판매하는 경우가 조선 후기에 나타나기는 하지만, 그것이 출판의 압도적 주류가 된 적은 없었다. 방각본(坊刻本)이란 것이 민간의 상업적 출판물인데, 그것은 아무리 빨라도 18세기 후반을 거슬러 올라가지 못한다. 민간의 출판이 아주 더디게 소규모로 출현한 것처럼 민간에서 책을 전문적으로 판매하는 공간, 곧 서점은 아무리 빨라도 18세기의 끝 무렵에 출현한 것으로 보인다. 책은 주로 서쾌(書儈, 책거간)를 통해 소규모로 유통되었다. 서쾌는 조선 중기부터 출현했고, 후기로 올수록 그 활동이 활발해졌다.

민간에서 책의 인쇄와 유통이 발달하지 않았던 것은 기본적으로 지식시장이라 할 만한 것이 형성되어 있지 않았고, 또 국가가 주도하는 책의 인쇄, 보급이 상대적으로 활발했기 때문이었다. 책의 인쇄와 유통을 맡은 기관은, 서울은 주자소와 교서관이었고, 지방에서는 관찰사가 소재하는 감영과 군, 현 등 지방 행정단위가 모두 책을 인쇄할 수 있었다. 지방에서 제작한 목판은 해당 지방 행정단위가 간직하였다.

서울의 출판기관인 주자소와 교서관은 금속활자를 보유하고 있었고, 목판도 제작하였다. 하지만 더 많은 종수의 책을 인쇄하는 데는 금속활자가 절대적으로 유리했기 때문에 중앙에서는 주로 금속활자를 이용하여 책을 인쇄하였다. 이렇게 하여 인쇄한 책은 대개 왕실과 관청, 그리고 고급 관료들에게 하사되었다. 그중 수요가 많은 책은 금속활자 인쇄본을 가지고 다시 목판을 만들었고, 그 목판은 교서관에서 간직하였다.

어숙권의 《고사촬요(故事撮要)》에 실린 '서책시준(書冊市準)', 즉 서적의 시장 가격을 보면, 교서관에서 인출해준 책의 종류와 종이, 비용 등을 소상히 밝히고 있다. 책이 필요한 사람은 인쇄에 드는 종이와 비용을 가지고 교서관으로 가서 책을 인출한 것으로 보인다. 찍어준 책은 사서오경(四書五經)과 같은 경전, 《고문진보(古文眞寶)》와 같은 문장 학습서, 《소학(小學)》과 같은 수신서, 《향약집성방(鄕藥集成方)》 같은 의서가 주류를 이루었다. 곧 사대부들의 지식과 교양의 근저를 이루는 책이었다.

금속활자는 서울의 주자소와 교서관에만 있는 것이었다. 국가의 공용문어가 한문이었으므로 책도 당연히 한문으로 쓰인 것이었고, 따라서 금속활자도 '한자 활자'일 수밖에 없었다. 하지만 금속활자는 한 번에 10만 자를 넘게 주조해야만 하였으니, 그것의 제작과 관리에는 엄청난 비용이 들었다. 지방의 경우 많지 않은 수요를 위해 굳이 금속활자를 제작할 필요가 없었다. 지방 관아에서는 목판인쇄를 택하는 것이 자연스러운 일이었다.

지방에서는 주로 현감이나 군수, 감사 등 지방관이 각급의 행정단위에서 인쇄할 책을 선정하였고, 때로는 중앙 정부의 명령에 따라 목판을 제작하여 책을 인쇄하기도 하였다. 중앙 정부는 수요가 많은 책이거나 특별히 전국에 보급해야 할 책은 각 지방에 명하여 목판을 제작해 인쇄하게 하기도 하고, 때로는 중앙에서 찍은 금속활자 인쇄본을 내려 복각하여 책을 인쇄하게 하였다. 때로는 지방관이 자신이나 동료들의 필요에 의해 목판을 제작하기도 하였고, 이것이 문제가 되기도 하였다.

지방 행정단위에서 제작한 책판은 그 행정단위에서 보관하였다. 앞서 잠시 인용했던 《고사촬요》의 팔도책판목록(八道冊版目錄)을 보면, 16세기까지 지방에서 찍은 책의 종류와 총량을 대충 짐작할 수 있다. 대개 수요가 많은 책으로 이 목록을 분석하면 조선 전기 사대부 사회에 공급되었던 지식의 종류를 추정할 수 있다.

지방 행정단위는 목판을 소장하고 있으면서 개인의 인출 요구에 부응하였다. 물론 그 구체적인 사례는 흔치 않지만, 드문 것을 결코 아니었던 것으로 보인다. 예컨대 16세기 말의 저명한 학자이자 장서가였던 유희춘의 사례를 보자. 유희춘은 어떤 지방 관아에 목판이 있다는 것을 확인하면, 친분관계에 있는 지방관에게 편지를 보내어 자신이 필요한 책의 인쇄를 부탁했다. 이런 방식은 아마도 당시 양반들 사이에 널리 유행하던 것으로 보인다. 이것이 기본적으로 인쇄본을 통해 지식이 유통되는 방식이었다.

미려(美麗)한 인쇄본을 얻는 것이 지식을 획득하는 가장 확실한 방법이지만, 인쇄본은 매우 희귀한 것이었다. 가난하든 아니든, 인쇄본을 구할 수 없다면 사본을 만들 수밖에 없었다. 개인이 자신의 필요에 의해 스스로 책을 필사하는 것이 일반적이었지만(그는 필사하는 동안 텍스트를 공부할 수 있었다), 재력이 있는 사람은 비용을 지불하고 글씨를 잘 쓰는 사람에게 부탁해서 아름답고 정교한 사본을 만들게 하였다. 유희춘은 이렇게 해서 상당히 많은 책을 소유할 수 있었다.

가장 중요한 지식, 사서오경대전과 주자대전

조선시대 책의 인쇄와 유통은 국가가 거의 독점하고 있었다. 국가 외에도 서원이나 사찰이 있었지만, 서원의 운영자는 국가권력을 쥐고 있는 사대부였기 때문에 서원의 인쇄, 출판은 국가의 인쇄, 출판과 다를 것이 없었다. 사찰은 물론 불경을 인쇄하였지만, 불교가 이미 힘을 잃은 터라 큰 영향력을 갖는 것은 아니었다.

국가는 수많은 책을 인쇄하여 보급하였다. 하지만 가장 힘써 보급하고자 한 책은 제한되어 있었다. 그런 책으로 가장 먼저 꼽을 수 있는 것이 《사서대전(四書大全)》, 《오경대전(五經大全)》, 《성리대전(性理大全)》이었다. '대전'들은 명나라 황제인 영락제 때 편찬한 것으로, 유가(儒家) 경전에 대한 정통적 해석으로 공인되었다. 따라서 명대의 과거 문제는 모두 《사서대전》에서 출제되었다. 영락제는 조선 세종 때 두 차례에 걸쳐 대전을 하사했고, 세종은 경상도, 충청도, 전라도에 명령하여 즉각 대전을 인쇄하였다. 대전은 조선조가 끝날 때까지 사서와 오경에 대한 해석을 독점하였고, 유일한 교과서가 되었다. 갑인자로 인쇄된 대전은 영조 때까지 여러 차례 인쇄되었다. 지금도 한문을 배울 때면 영조 말년에 인쇄된 대전본 사서로 배운다.

하지만 대전 시리즈 중 성리학에 대한 기본개념을 담고 있는 책인 《성리대전》은 쉽게 이해되지 않았다. 이 책은 성종 때 극히 일부가 경연(經筵)의 텍스트가 되었지만, 연산군을 거쳐 중종조에 와서 다시 경연의 텍스트로 채택하려고 하자 이해하는 사람이 없다는 말이 나올 정도였다. 즉 중종 때까지 성리학의 심오한 뜻은 제대로 이해되지 않았던 것이다.

중종 때는 성리학 이해의 수준을 높이기 위해 명나라에서 성리학 관계 서적을 대량 수입하기도 했지만, 여전히 문제가 있었다. 문제의 핵심은 주자의 저술에 있었다. 《사서대전》의 근간을 이루는 《사서집주(四書集注)》에 대해 이해하려면 《사서집주》가 탄생한 배경, 즉 주자의 저술을 알아야 할 것이다. 그러나 주자의 문집, 곧 《주자대전》이 조선에서 간행된 것은 1543년이었다. 이황은 이 책을 가지고 고향 퇴계로 들어가서 골똘하게 파고든다.

이황이 조선 성리학의 상징적 존재가 된 것은 처음으로 《주자대전》을 완독하고 이해했기 때문이었다. 그는 《주자대전》에서 학문적으로 각별히 의미가 있는 것은 주자의 편지라 생각했고, 중요한 편지를 추려 《주자서절요(朱子書節要)》로 엮은 후 지방관에게 부탁해서 목판을 제작하고 인쇄하였다. 아울러 그는 당시 주자학 이해에 절실하지만 거의 보급되어 있지 않았던 성리학 관계 서적 여럿을 인쇄, 출판하였다. 이것이 성리학 이해에 결정적인 계기가 되었다. 이후 《주자대전》과 주자의 어록집인 《주자어류(朱子語類)》를 읽고 재편집하면서 주자에 대한 연구가 심화되었다. 이것은 18세기까지 지속되었다. 그것은 말하자면 1543년 《주자대전》의 간행이 불러온 효과였던 것이다. 18세기 말이면 주자는 거의 완벽하게 이해되었다.

《사서대전》, 《오경대전》, 그리고 《주자대전》은 사대부들의 세계관을 만들어내었다. 이 책은 가장 중요한, 모든 지식의 중심이었다. 여타의 지식들은 모두 여기서 파생된 것이었다. 개인도 사회도 국가도 이 책들의 영향력에서 자유로울 수 없었다.

외부에서 들어온 충격, 북경에서 들어온 새로운 책들

조선은 국가가 인쇄와 출판을 독점했기 때문에 자신의 저작을 생전에 출판하는 경우는 거의 없었다. 아마 있다면 그것은 아주 드문 예외일 것이다. 민간의 출판업이 없는 상황 속에서, 출판을 통해 자신의 문학과 사상을 알린다는 것은 불가능하였다. 이것이 지식 생산에 일정한 제약을 가했다고 할 수 있다.

이렇기에 새로운 지식의 충격은 내부에서 일어난 것이 아니라, 주로 외부에서 가해진 것이었다. 그 외부란 곧 중국이었고, 북경이었다. 조선 지식인들은 필요한 책이 있을 경우 북경에서 구입하였다. 때로는 예부에 글을 올려 정식 외교 통로를 통해 책을 구입했지만, 대부분은 1년에 몇 차례 파견되는 사신단이 개인적으로 구입해왔다. 사신단에 포함될 수 없는 사람은 그들에게 자신이 필요한 서적을 사올 것을 부탁하였다. 이런 사례는 광범위하게 발견된다. 예컨대《미암일기(眉巖日記)》를 보면, 유희춘은 북경으로 가는 사신에게 자신이 필요한 서적을 사올 것을 부탁하고, 사신이 돌아올 날을 초조히 기다리고 있다.

북경에서 사신단이 직접 서점가에 가서 책을 구입한 것은 아니었던 것으로 보인다. 사신단 중에서 책을 구입할 만한 경제력이 있는 사람은 정사, 부사, 서장관 등이었다. 이들은 주로 예부가 정해주는 숙소에서 머물렀다. 예부에서는 서반(序盤)이라는 하급 관원을 파견해서 조선 사신단의 자질구레한 일을 돕게 했는데, 이 서반이 사신단이 구입하는 서적과 서화 등의 판매를 전담하고 있었다. 물론 경우에 따라서는 사신단의 일행이 북경 시내의 서점가를 방문했을 가능성도 없지 않다. 하지만 그런 상황을 전하는 자료가 거의 남아 있지 않기에 무어라 말할 수는 없다.

임진왜란에 이어 병자호란이 일어났고, 조선은 명나라 대신 청나라를 섬겨야만 하였다. 청은 중국 남부지방의 반란(삼번의 난)이 진압되어 체제가 안정될 때까지 조선을 불신했고, 따라서 조선 사신단이 북경에 도착하면 숙소에서 나오지 못하게 하였다. 하지만 18세기 초반부터는 특정한 임무 없이 오직 유관(遊觀)을 위해 사신단을 따라갔던 삼사의 자제나 친지(자제군관이란 이름으로 수행한다)들이 북경 시내를 돌아다닐 수 있었다. 이들이 서적을 구입해왔던 것은 두말할 필요가 없다.

북경에는 명대부터 유리창(琉璃廠)에 서적과 서화, 골동을 판매하는 상점가가 형성되었는데, 청대에 와서 체제가 안정되자 유리창 상점가가 성장하기 시작했고, 이어 강남 일대의 고증학자들이 북경으로 올라가 사고전서관(四庫全書館)을 개설하여 《사고전서》를 편찬하게 되자, 중국 전역에서 서적들이 북경으로 몰리게 되었다. 이에 유리창의 서점가는 18세기 후반에 와서 폭발적으로 성장했다.

삼사는 숙소를 거의 벗어날 수 없었지만, 역관과 수행원들은 유리창을 드나들며 서적을 구입하고, 중국의 지식인들을 사귈 수도 있었다. 1765년 북경에 갔던 홍대용을 시작으로 박제가·이덕무·박지원·홍양호 등 18세기 후반을 대표하는 조선의 지성들이 북경으로 갔고, 유리창을 찾았다. 그리고 서적을 구입했다. 이로부터 북경에서 막대한 양의 서적이 서울로 쏟아져 들어왔다.

이 책들의 주인은 경화세족(京華世族)이었다. 당시 조선은 당쟁이 누적되면서 양반은 서울의 경화세족과 지방의 향반(鄕班)으로 분리되어 있었다. 경화세족은 대대로 서울에 살면서 벼슬살이를 할 가능성이 높은 가문을 말한다. 이들은 정치권력과 경제력을 바탕으로 세련되고 사치스런 문화를 향유했던 바, 북경에서 사치품과 골동품, 서화, 그리고 막대한 서적을 구입하였다. 이들은 곧 거대한 예술품 수집가이자 장서가였다.

북경에서 공급된 서적들은 확실히 전과 달랐다. 사대기서(四大奇書)를 비롯한 장편소설은 물론이거니와 가볍고 짧은 소품문은 경화세족이 선호하는 오락적 독서물이 되었다. 한편 주자의 경전 해석을 고증학적 방법으로 비판하는 고염무·염약거·모기령의 경학(經學), 그리고 양명좌파의 사상에 기반을 둔 공안파(公安派)의 문학비평이 대거 유행하였다. 거기에 이제까지 전혀 경험할 수 없었던 서학(西學), 곧 천주교와 서양의 과학 서적과 지리서 등이 범람하였다. 이 새로운 서적들은 모두 국가이데올로기인 성리학의 진리 독점을 비판하는 것이었다. 위기를 감지한 정조는 북경에서 서적을 수입하지 못하게 하고, 신하들의 독서와 창작을 검열하여 이단적 사유를 추방하고자 하였다. 이것이 곧 문체반정(文體反正)이다. 한편 그는 규장각을 설립하고, 교서관을 거기에 소속시켜 순정(純正)한 성리학적 사유를 담은 서적들을 인쇄하여 보급하고자 하였다. 그의 의도는 부분적으로 성공했고, 또 부분적으로 실패하였다.

조선의 책과 지식은 사대부를 위한 것

조선시대의 책과 지식은 오직 사대부를 위한 것이었다. 현실적으로 금속활자를 제작하거나 목판을 새기는 것은 엄청난 비용을 요구하는 것이었다. 민중 대부분은 그렇게 만들어진 책을 구매할 능력이 없었다. 오직 사대부만이 책을 구입할 현실적 필요와 능력이 있었다.

민중은 쉽게 책을 가질 수 없었다. 사실상 지식의 유통에서 배제된 것이다. 훈민정음은 비록 민중을 위해서 탄생한 것이지만, 그것이 민중을 위해서 금속활자나 목판으로 책을 인쇄하는 경우는 거의 없었다. 세종은 한글을 만들고 금속활자를 개량했지만, 그 둘을 결합시켜 민중을 위한 금속활자, 그리고 민중을 위한 한글 책은 만들지 않았던 것이다. 민중은 18세기 끝머리의 방각본 소설 출판에 와서야 비로소 자신이 읽을 수 있는 책을 손에 넣을 수 있었던 것이다. 아니면 대부분 조잡한 필사본이었다.

조선은 지식인이 사회의 지배층이 된 희귀한 국가였다. 지식인, 곧 사대부들은 유학을 자기 지식과 교양의 원천으로 삼았다. 그리고 그것을 사회와 국가에 실현시켰다. 아마도 유교가 이렇게 완벽하게 적용된 사회와 국가는 세계에서 흔치 않을 것이다. 일본과 베트남은 물론 유교의 본고장인 중국도 조선처럼 유교화하지는 않았다. 그 이유는 여럿일 것이다. 다만 서적의 출판과 유통, 그리고 그에 따르는 지식의 생산과 유통을 오직 사대부와 그들이 만든 국가가 독점했던 것도 중요한 이유가 될 터이다.

강명관 1958년 부산에서 태어났고, 서울에서 20대 후반부터 30대 초반까지 잠시 머물렀다. 지금은 부산대학교 한문학과 교수다. 하는 일은 주로 책을 읽고 글을 쓰는 것이다. 그 외는 막걸리를 마시든지 집 뒤에 있는 산에 올라간다. 그래서 공부하는 방의 이름을 책주산실(册酒山室)이라 지었다. 그동안 《조선후기 여항문학 연구》, 《조선의 뒷골목 풍경》, 《책벌레들 조선을 만들다》, 《공안파와 조선후기 한문학》, 《농암잡지평석》, 《열녀의 탄생》 등을 썼다. 아주 오래전 에두아르트 푹스의 《풍속의 역사》를 읽고, 언젠가 한국 풍속의 역사를 써야겠다고 마음먹었다. 그날을 준비하고 있다.

5

한국의 의학

《동의보감》, 몸과 우주의 아름다운 비전

고미숙 고전평론가

◉ 《동의보감》을 모르는 한국인은 거의 없다. 하지만 《동의보감》에 대해 아는, 아니 알려고 하는 한국인은 거의 드물다. 《동의보감》이 유네스코에 등록된 세계문화유산이라는 걸 자랑스럽게 여기지 않는 한국인은 없을 것이다. 하지만 《동의보감》을 '세계문화적' 유산으로 직접 활용하고자 하는 한국인은 실로 드물다. 놀랍게도 한의사를 양성하는 한의대에서도 《동의보감》을 배우지는 않는다고 한다. 또 전문 한의사들 역시 《동의보감》을 '아주 훌륭한 고전' 이상으로 생각하지는 않는 듯하다. 요컨대 《동의보감》만큼 한국적이고, 《동의보감》만큼 대중적인 유산도 없지만, 《동의보감》만큼 한국인의 일상과 동떨어진 텍스트도 참 드물다. 《동의보감》을 둘러싼 이 '범국민적' 아이러니를 대체 어떻게 이해해야 할까?

결론부터 말하면 《동의보감》은 단순히 질병과 처방을 위주로 한 임상서가 아니다. 생명과 우주에 대한 원대한 비전 탐구서다. 따라서 그저 전통의학의 상징이 되어 박물관에 갇혀 있어서는 곤란하다. 세상 밖으로 나와서 한국인은 물론 '전 인류적' 자산으로 적극 활용되어야 한다. 저 기이한 아이러니를 해소할 수 있는 길도 그것뿐이리라.

《동의보감》, 그 탄생의 드라마

1596년(병신년) 어느 날 선조는 어의 허준에게 의서 편찬을 명한다. 허준의 나이 58세. 당시 조선은 임진왜란이 끝난 지 얼마 안 된 전란의 와중이었다. 허준은 그 즉시 유의, 정작과 어의 양예수, 김응탁, 이명원,

정예남 등 각 방면 최고의 고수들과 함께 프로젝트팀을 꾸렸다. 명실상부한 최정예 팀이었다. 시작은 이렇듯 창대했으나 과정은 실로 험난했다. 바로 그다음 해 정유재란(1597)이 발발하면서 작업은 중단되었다. 난은 수습되었지만 프로젝트팀은 해체되고 말았다. 전란의 복구가 가장 시급한 과제였던 조선의 형편상 그렇게 고급 인력을 배치할 여력이 없었을 터이다. 결국 의서의 편찬은 허준 개인의 몫이 되었다. 물론 허준도 전적으로 이 일에만 몰두할 처지는 아니었다. 어의로서의 업무와 병행하다 보니 작업의 속도는 한없이 더뎠다. 그렇게 해서 무려 10여 년이 흘렀다.

1608년 2월 1일. 허준의 생애에, 아니 《동의보감》 편찬의 여정에 결정적인 변곡점이 찾아온다. 평생을 잔병치레했던 선조가 급작스레 승하한 것이다. 당시 내의원의 수의는 다름 아닌 허준이었다. 왕이 죽었으니 주치의가 책임을 져야 하는 건 당연지사. 하지만 이 경우엔 단순히 왕의 죽음이라는 사건만 있었던 건 아니다. 허준의 인생과 떼려야 뗄 수 없이 결합된 선조, 이 왕이 문제였다.

선조는 참으로 복합적인 존재다. 선조의 등극과 더불어 조선왕조는 마침내 선초부터 이어져온 훈구파와 사림파의 긴 대결이 종식되면서 비로소 사림의 시대로 접어들었다. 하지만 그와 동시에 사림 내부의 분화가 가속화되어 동/서, 남/북, 노/소 등으로 당파가 갈리기 시작한 것이다. 이때는 특히 북인 안에서 대북과 소북의 분화가 심각하게 재연되는 시기였다.

대북이란 선조의 후계자인 광해군을 미는 쪽이고, 소북이란 선조가 말년에 낳은 영창대군을 미는 쪽이다. 광해군은 이미 임진왜란 때 조정을 진두지휘할 정도로 후계자 과정을 마스터한 인물이다. 하지만 그는 적통이 아니었다. 그에 반해 영창대군은 아직 열 살도 안 된 어린아이지만 인목대비의 몸에서 나온 적통이었다. 양쪽 다 물러설 수 없는 대치상황이 펼쳐진 셈. 한데 그 와중에 문득 선조가 승하한 것이다.

허준은 이런 정치적 대결구도와 직접적인 연관이 없다. 출신이 서자이기도 했지만, 아무리 품계가 높다 한들 문반이 아닌 이상 정권 창출에 관여할 권리도 자격도 없기 때문이다. 하지만 상황이 여의치 않았다. 하필 선조가 승하할 당시 내의원 전체의 우두머리라 할 수 있는 도제조가 소북파의 리더 유영경이었다. 대북파에서 이 사건을 간과할 리 없다. 어의 허준에게 책임을 묻고, 그 책임은 그의 상관인 유영경에게까지 미쳤다. 유영경은 끝내 사약을 받았고, 이후 소북파에 대한 대대적인 숙청이 벌어진다.

허준도 이 숙청의 피바람을 피해갈 순 없었다. 하지만 광해군에게 있어 허준은 특별한 존재였다. 왕자 시절 광해군이 두창에 걸려 목숨이 오락가락하던 중 다른 어의들이 허물을 뒤집어쓸까 봐 망설일 때 허준이 과감하게 약을 써서 목숨을 구해준 바 있었다. 그뿐 아니다. 이후 또 한 번 큰 병이 들었을 때도 허준의 의술 덕분에 완쾌될 수 있었다. 광해군은 그 은혜를 잊지 않았다. 광해군의 적극적인 방어로 목숨은 건졌지만 유배까지 면할 순 없었다. 70세의 나이로 의주 땅에 유배를 갔으니 참으로 고단한 말년이었다.

하지만 생은 길섶마다 행운을 숨겨둔다고 했던가. 유배기간은 1년 8개월. 놀랍게도 그 기간 동안 《동의보감》 집필이 거의 완료되었다. 이때 한 작업은 자그마치 전체 분량의 절반쯤에 해당한다. 유배지는 그에게 집필을 위한 완벽한 조건을 마련해준 셈이다. 만약 이 작업이 없었다면 유배생활은 얼마나 억울하고 쓸쓸했으랴. 허준으로 인해 《동의보감》이라는 원대한 비전이 열리기도 했지만, 《동의보감》은 무엇보다 그 편찬자인 허준의 생을 구해주었다. 이것이 바로 '자기구원'으로서의 공부다. 흔히 생각하듯 '온갖 고난이 있는데도' 공부를 하는 것이 아니라, 공부가 있었기에 고난으로부터 삶을 지탱할 수 있는 법이다. 허준과 《동의보감》이 바로 그런 관계였던 것.

해배 이후 곧바로 마무리 작업에 매진한 결과 마침내 72세의 나이로 《동의보감》을 완성하여 조정에 바친다. 시작한 해부터 따지면 무려 14년에 걸친 기나긴 여정이었다. 그 시간은 조선의 역사에서도, 허준의 생애에서도 영광과 오욕을 함께 누린 파란만장 그 자체였다.

허준, 거인의 '무등'을 탄 '자연철학'자

허준이 '허준'이 된 까닭은?

허준은 명의다. 그가 얼마나 훌륭한 명의인지, 명의가 되기 위해 어떤 고난을 겪고 피나는 수련을 했는지는 충분히 상상하고도 남음이 있다. 하지만 남은 기록이 별로 없기 때문에 우리가 알고 있는 것은 전적으로 '소설 《동의보감》'과 '드라마 〈허준〉'을 통해 '만들어진 이미지'다. 물론 이 이미지의 대부분은 허구다. 많은 학자들이 지적했다시피, 양예수와 유의태에 대한 부분은 결정적으로 사실과 다르다. 허준의 라이벌이자 악역을 담당한 양예수는 실제로 허준의 스승뻘이자 당대 최고의 명의였다. 이미 언급했듯이 《동의보감》 편찬 프로젝트에도 참여했지만 정유재란 이후 빠졌다. 노쇠한 데다 어의로서의 업무가 많았던 탓이리라. 또 허준의 스승으로 나오는 유의태는 실존인물이 아니다. 의학사에 유이태라는 이인(異人)이 나오긴 하지만 허준보다 후대인이다. 물론 소설과 드라마에 가상의 인물이 등장하는 건 얼마든지 가능하다. 하지만 이 인물이 하는 의학적, 철학적 역할은 그렇게 치부할 수 없다.

드라마의 절정에 해당하는, 허준이 스승 유의태의 몸을 해부하는 장면은 참으로 문제적이다. 이것은 마치 한의학이 이제 미망의 어둠을 거쳐 해부학을 향해 나아간다는 의학적 편견을 조장하는 데 결정적인 역할을 했다. 실로 엄청난 왜곡이다. 동양의학사에서 해부 자체가 금기시될 어떤 이유도 없다. 다만 한의학에서의 몸은 가르고 절개한다고 해서 보이는 해부학적 신체가 아니다. 정(精)·기(氣)·신(神)의 접속과 변이, 경락의 배치 등을 파악하려면 어디까지나 살아 있는 몸이어야지 죽은 시체를 통해서는 불가능하다. 또 한의학에선 질병의 원인을 정기신의 균형이 무너진 데서 찾는다. 따라서 치유는 수술을 통해 특정부위를 잘라내는 것이 아니라 생명의 원기를 되살려주는 것에서 시작된다. 고대 의학에서 이미 시도한 바 있던 해부학과 수술 등이 사라지게 된 건 이런 맥락에서다.

아무튼 좋다! 허준의 '만들어진' 이미지 가운데 더 결정적인 결락이 하나 있다. 허준이 '의성' 허준이 된 건 명의라서가 아니라는 사실이다. 무슨 소리? 허준이 소설과 드라마의 주인공이 되고 전통의학의 아이콘으로 부상할 수 있었던 건 의사로서가 아니다. 당대 허준과 견줄 만한, 아니 허준을 능가하는 명의들은 많았다. 하지만 허준처럼 《동의보감》이라는 대저서를 남긴 사람은 없었다. 아니, 조선은 물론이고 중국, 일본을 포함하여 한의학의 역사를 다 통틀어서도 《동의보감》처럼 방대하고 체계적인 의서는 없다. 그렇다! 허준이 우리가 생각하는 그 '허준'이 된 건 어디까지나 《동의보감》이라는 저서 때문이다. 이 책이 아니라면 허준은 그저 수많은 명의들이 그러하듯, 전설이나 민담 같은 구술문화에 그 흔적을 남기는 데서 그쳤을 것이다.

병을 고치는 행위와 책을 만드는 행위는 전혀 다른 종류의 일이다. 오히려 명의일수록 책은커녕 기록조차 남기지 않는 게 보통이다. 설령 남긴다고 해도 제자들이나 알아볼 수 있는 수수께끼 같은 메모들이 전부다. 고수일수록 신체적 직관과 현장적 영감을 활용하기 때문이다. 그에 비하면 책을 쓴다는 건 언어, 곧 '로고스적' 작업이다. 언어는 인간의 행위 중에 가장 사회화된 것이다. 언어로 소통을 하기 위해선 분류학적 체계를 잡아야 하고, 담론적 배치 속으로 들어가야 한다. 다양한 어휘력과 고도의 문장력이 필요한 건 말할 나위도 없다. 임상의 노하우와 과정을 그대로 옮긴다고 해서 책이 되는 것은 아니라는 뜻이다.

허준의 생애는 의외로 '드라마' 같지 않다. 양반집 서자로 태어났지만 그것 자체가 특별한 사항이라고 할 수는 없다. 의원이 되는 과정도 비교적 순탄했다. 추천을 통해 내의원에 들어갔으며, 앞서 언급한 대로 광해군의 두창을 치료하면서 선조의 두터운 신임을 받았다. 임진왜란이 발발하자 사대부 관료들조차 앞다퉈 도망을 갔지만, 허준은 선조의 피난길에 동행함으로써 그 신임은 더욱 두터워졌다. 이후 승승장구하여 최고의 관직에까지 올랐다가 선조의 갑작스런 죽음으로 정쟁의 희생양이 되어 유배 길에 오르게 되었다.[1] 이 정도야 뭐, 소설과 드라마의 주인공이 되기에는 너무 밋밋하지 않은가.

이렇듯 평범하기 그지없는 허준의 생애를 누구와도 견줄 수 없는 특이한 것으로 만들어준 것은 다름 아닌 선조다. 좀 더 구체적으로는 선조가 허준에게 의서의 편찬을 맡기면서부터다. 그때 이후 허준의 이 평범한 '성공 스토리'는 비범한 삶의 여정으로 변주된다. 서자로 태어난 것, 내의원에 들어가서 어의가 된 것, 광해군의 두창을 고친 것, 전란과 유배 등 모든 것이 《동의보감》을 탄생시키기 위한 전주곡으로 바뀌어 버린다.

그렇다면 왜 선조는 그 많은 명의들 가운데 유독 허준에게 이 막중한 작업의 책임을 맡긴 것일까? 그리고 허준은 왜 그 막중한 책임을 기꺼이 떠맡았던 것일까? 여기가 바로 핵심이다.

> 허준은 본성이 총민하고 어릴 때부터 학문을 좋아했으며, 경전과 역사에 박식했다. 특히 의학에 조예가 깊어서 신묘함이 깊은 데까지 이르렀다. 사람을 살린 것이 부지기수다.
>
> —《의림촬요》

허준과 관련해서 가장 널리 인용되는 자료다. 의학 이전에 학문을 좋아했고 경전과 역사에 능통했다는 것이 핵심이다. 그가 과거(의과)를 통해서가 아니라 당대 명망 있는 사대부 유희춘의 천거로 내의원에 들어갔다는 사실도 같은 맥락에 있다. 정유재란으로 팀이 해체된 뒤에도

1 허준의 생애에 관한 자세한 내용은 신동원의 《조선 사람 허준》(한겨레신문사, 2001)을 참조할 것.

허준이 홀로 이 작업을 담당했던 이유도 거기에 있었다. 한마디로 허준은 의사 이전에 학자였다. 전란과 유배로 점철된 14년이라는 긴 여정 동안 그를 지탱시켜준 것도 그의 학자적 집념 또는 학문적 열정이었다.

세 개의 키워드: 분류, 양생, 용법

선조는 허준에게 의서 편찬을 명하면서 세 가지를 당부했다.[2] 첫째, "근래에 중국의 의서를 보니 모두 조잡한 것을 초록하고 모은 것이어서 별로 볼 만한 것이 없으니 여러 의서들을 모아 책을 편찬"하라는 것. 즉, 기존의 의서들이 너무 잡다하니 잘 간추리고 분류하여 일목요연한 체계를 잡으라는 뜻이다. 둘째, "사람의 질병은 모두 섭생을 잘 조절하지 못한 데서 생기는 것이니 수양이 최선이고 약물은 그 다음이다." 단순히 질병과 처방을 다루는 임상서가 아니라 섭생과 수양을 우선으로 하는 양생서를 쓰라는 것. 마지막으로 세 번째, "궁벽한 고을에 치료할 의사와 약이 없어 요절하는 자가 많은데, 우리나라에서는 약재가 많이 산출되지만 사람들이 제대로 알지 못하니 종류별로 나누고 우리나라에서 부르는 명칭을 백성이 쉽게 알 수 있도록 하라." 당시는 전란과 역병의 시대였다. 하지만 백성이 기댈 수 있는 의술은 극히 희박했다. 최선의 방법은 이 땅에서 나는 약재들을 적극 활용하는 것이다. 이 약재들의 명칭과 용법을 널리 보급하여 스스로 자신의 몸을 돌볼 수 있게 하라는 것이 선조의 당부였다. 요컨대 기존의 의학적 전통을 집대성하고 양생술을 바탕으로 하되 그것을 조선의 백성이 널리 활용할 수 있도록

2 이정구, 〈동의보감 서〉, 대한형상의학회 저, 《동의보감》, 동의보감출판사, 2005년.

하라는 것.

허준은 이 세 개의 키워드를 훌륭하게 실현해냈다. 먼저 《동의보감》에는 《황제내경》에서 금원사대가 및 명대의 저작에 이르기까지 의학사의 고전이 총망라되어 있다. 그래서 《동의보감》의 독창성을 의심받기도 하지만, 그건 그렇지가 않다. 의학은 원초적으로 보편지이다. 생명을 다루는 의학에 국경이란 있을 수 없다. 세상 어디에 속한 것이든 생명과 질병에 관한 지혜와 기술이라면 마땅히 받아들여야 한다. 문제는 이것들을 어떻게 배열할 것인가? 독창성이란 그때 발휘되는 법이다. 허준은 방대한 내용을 자신만의 독특한 방식으로 분류, 배열해냈다. "허준은 엄청나게 거대한 한의학 전통에서 2,000여 가지의 증상, 1,400종의 약물, 4,000여 가지의 처방, 수백 가지의 양생법과 침구법을 뽑아냈는데, 그것은 한의학을 종합하기에 너무 많지도, 너무 적지도 않은 가장 적절한 분량이다."[3]

또 오랜 기간 서로 갈라져온 양생과 의술을 새로운 차원에서 통합하였다. 즉, 허준은 병과 처방이 아니라, 몸과 생명을 전면에 내세웠다. 어떻게 하면 선천의 정을 보존하면서 후천의 생기를 확보할 것인가? 이 물음에 응답하기 위해서는 궁극적으로 '마음을 비우는 도'를 닦아야 한다. 그런 관점에 입각하여 허준은 유불도의 '삼교회통'을 시도한다. 도교의 수련, 유교의 수양, 불교의 수행 이 셋의 일치가 양생의 지극한 경지이기 때문이다.

아울러 《동의보감》의 서술방식에서 가장 흥미로운 건 양생과 임상의

3 신동원, 앞의 책, 163면.

서사가 풍성하게 담겨 있다는 사실이다. 한의학에서 질병이란 특정 장소 및 세균으로 환원되지 않는다. 따라서 치유 역시 그 원인들의 제거를 통해 이루어지는 것이 아니다. 몸과 일상, 그리고 외부의 기운들이 어우러져야 비로소 가능하다. 《동의보감》에는 그와 같은 현장이 풍부하게 재연되어 있다. 그래서 구술문학집처럼 보이기도 하고 풍속담처럼 보이기도 한다. 또 각 항목마다 붙은 단방에는 일상에서 쉽게 취할 수 있는 음식물들이 두루 망라되어 있고, 탕액부에 나오는 약재들은 '자연사박물관'을 연상할 정도로 방대하다.

이렇듯 《동의보감》은 생명과 우주, 삶과 질병, 존재와 자연 등을 두루 포괄하는 비전 탐구서다. 물론 이것이 허준의 독자적 성취는 아니다. 프로젝트 초기는 물론이고 이후에도 허준은 이 작업을 위해 의학사 및 사상사를 장식하는 '거인들의 무등'에 올라탔다. 그리고 그 '무등' 위에서 몸과 우주, 그리고 운명이 하나로 교차하는 생생한 이치를 터득했다. 거인의 '무등'을 탄 자연철학자, 이것이 세계기록문화의 보배 《동의보감》을 편찬한 허준의 진면목이다.

'동의'와 '보감'에 담긴 뜻은?

《동의보감》은 목차만 장장 100면이 넘는다. 그렇다고 미리 겁먹을 필요는 없다. 맨 앞에 제시된 총 목차는 의외로 간단하다. 내경편(몸 속의 모습)-외형편(몸 바깥의 모습)-잡병편-탕액편-침구편의 순서가 전부다. 전체 조감도를 그려준 다음 각 편에 속한 세부 목차들을 그야말로

'세세하게' 덧붙이다 보니 이렇게 방대해진 것일 뿐이다. 목차가 너무 길어서 번다할 수도 있지만, 달리 보면 목차만 훑어봐도 충분히 내용을 가늠할 수 있다는 이점이 있다. 말하자면 '5편 106문'에 달하는 목차는 이 방대한 저서의 내비게이션 역할을 하는 셈이다.

그뿐만 아니라 이런 식의 구성은 그 자체로 주목할 만하다. 이미 언급한 대로 허준의 독창성은 분류학에 있다. "내경편, 외형편, 잡병편, 탕액편, 침구편 등 다섯 가지 큰 묶음은 우리에게는 별로 낯선 구성이 아니다. 조선에서는《동의보감》이 나온 이후 그렇게 의학을 보는 것이 하나의 전통이 되었기 때문이다. 너무 익숙하다 보니 우리는 그것이 동아시아 의학의 흐름에서 얼마나 이색적인 것인지를 잘 느끼지 못한다. 그러나 이렇게 다섯 편, 곧 몸 안의 세계(내경), 몸 겉의 세계(외형), 병의 세계(잡병), 약물의 세계(탕액), 침구의 세계(침구)로 나누어 살핀 예는 이전에 결코 없었다."[4] 특히 내경편을 전면에 배치함으로써 생명과 우주, 인간과 자연의 천인감응적 관계를 제일의적 원리로 했음을 명확하게 밝히고 있다. 이것은 분명 허준의 세계관의 투영인 바, 그것은 '동의보감'이라는 명칭에서도 확연히 감지된다.

'동의(東醫)'란 어떤 의미인가? 금원사대가 중에 이동원은 북의다. 강소와 절강 지역을 아우르는 명칭이다. 주단계는 남의인데 섬서 지역에까지 명성을 떨쳤다. 허준은 말한다. "의가에서 남북의 명칭이 있어 온 지가 오래되었습니다. 우리나라는 동방에 치우쳐 있으나 의약의 도는 면면히 이어졌으니 우리나라의 의학도 '동의'라고 할 수 있습니다."

4 신동원, 앞의 책, 180면.

(〈집례〉) 당시 천하의 중심은 중국이다. 중국은 '세계' 그 자체였다. 중국의 북쪽과 남쪽은 도저히 같은 나라라고 하기엔 기후와 음식이 너무 달랐다. 당연히 체질과 질병 및 치법이 전혀 다를 수밖에 없었다. 북의와 남의의 전통은 그렇게 형성된 것이다. 그렇다면 조선 역시 동쪽을 담당해야 마땅하다. 그러니까 동의라는 명칭에는 북의와 남의에 견줄 만한 또 하나의 축을 이루겠다는 당당한 안목이 깔려 있는 셈이다. 천하를 조망함과 동시에 조선적 특수성을 내세우고자 하는.

그런가 하면 '보감(寶鑑)'은 거울에 비친 듯 명료하다는 의미다. "거울은 만물을 밝게 비추어 형체를 놓치지 아니"한다. 하여 "환자가 책을 펼쳐 눈으로 보면 허실·경중·길흉·사생의 조짐이 거울에 비친 듯이 명확하니 함부로 치료하여 요절하는 우환이 거의 없을 것"(〈집례〉)이다. 여기서도 눈여겨볼 것은 의사가 아니라 환자가 주어라는 사실이다. 즉, 아픈 사람이 스스로 자신을 치유할 수 있는 길을 열어놓은 것이다. 《동의보감》은 최고의 지성을 집대성해놓았지만, 결코 고급 인텔리들만을 위한 저서가 아니었다. 선조도 당부했지만 허준 또한 의학이란 누구든 적극 활용할 수 있는 지침서여야 한다고 본 것이다. 보감에는 바로 그런 뜻이 담겨 있다. 요컨대 '동의'라는 명칭이 이 책이 놓인 시공간적 좌표와 관련된다면, '보감'은 이 책이 지향하는 용법과 계층의 보편성을 말해준다.

'동의보감'이라는 제목은 이렇게 해서 탄생하였다. 《동의보감》은 분명 조선 의학사의 최고봉이다. 하지만 그 효과와 파급력은 조선을 넘어 동아시아 전체에 미쳤다. 특히 중국에선 30여 차례 간행될 정도로 베스트셀러가 되었고, 일본에서도 한의학의 표준적 모델이 되었다.

몸과 우주는 하나다! - 통즉불통(通則不痛, 痛則不通)

길고 긴 목차의 행렬이 끝나고 비로소 본문이 시작되면 그 첫 면을 장식하는 건 뜻밖에도 하나의 그림이다. 〈신형장부도〉, 한 남자의 측면도가 그것이다. 등 뒤를 따라 흐르는 기의 흐름, 오장육부의 괴상한(?) 배열, 그리고 배꼽에 출렁이는 주름들 등 다소 우스꽝스럽게 보이지만, 이 그림이 바로 《동의보감》 전체를 관통하는 예고편에 해당한다. 이 그림에는 몸과 우주를 보는 '아주 특별한 시선'이 담겨 있기 때문이다. 그다음 면에 나오는 손진인의 글이 바로 이 그림에 대한 구체적 주석에 해당한다.

> 천지에서 존재하는 것 가운데 사람이 가장 귀중하다. 둥근 머리는 하늘을 닮았고 네모난 발은 땅을 닮았다. 하늘에 사시가 있듯이 사람에게는 사지가 있고, 하늘에 오행이 있듯이 사람에게는 오장이 있다. 하늘에 육극(六極)이 있듯이 사람에게는 육부가 있고, 하늘에 팔풍(八風)이 있듯이 사람에게는 팔절(八節)이 있다. 하늘에 구성(九星)이 있듯이 사람에게는 구규(九竅)가 있고, 하늘에 십이시(十二時)가 있듯이 사람에게는 십이경맥이 있다. 하늘에 이십사기(二十四氣)가 있듯이 사람에게는 24개의 수혈이 있고, 하늘에 369도가 있듯이 사람에게는 365개의 골절이 있다.
>
> 하늘에 해와 달이 있듯이 사람에게는 두 눈이 있고, 하늘에 밤과 낮이 있듯이 사람은 잠이 들고 깨어난다. 하늘에 우레와 번개가 있듯이 사람에게 희로(喜怒)가 있고, 하늘에 비와 이슬이 있듯이 사람에게는 눈물과 콧물

이 있다. 하늘에 음양이 있듯이 사람에게는 한열(寒熱)이 있고, 땅에 샘물이 있듯이 사람에게는 혈액이 있다. 땅에서 풀과 나무가 자라나듯 사람에게는 모발이 생겨나고, 땅 속에 금석이 묻혀 있듯이 사람에게는 치아가 있다. 이 모든 것은 사대(四大)와 오상(五常)을 바탕으로 잠시 형(形)을 빚어놓은 것이다.

한마디로 압축하면 몸과 우주는 하나라는 것. 따라서 생명을 움직이는 원리와 우주의 이치는 하나로 통한다. 그 둘을 관통하는 키워드가 바로 음양오행이다. 무극에서 태극으로, 다시 태극이 분화하여 음과 양이 되고, 음양이 다시 분화하면 목화토금수 오행이 된다. 이 오행의 천변만화 속에서 천지가 만들어지고 뭇 생명이 탄생한다. 인간은 그중에서도 가장 신령하여 음양오행의 원리를 두루 체현하고 있다.

먼저 오장육부 가운데서 간과 담은 목, 심장과 소장은 화, 폐와 대장은 금, 신과 방광은 수, 이런 식이다. 이 오행의 상생상극이 생명을 살리고, 병들게 하고, 또는 죽게 한다. 고로 내 몸은 곧 내 안의 자연 또는 아바타인 셈이다. 그뿐 아니라 이 원리는 얼굴의 각 기관에도 마찬가지로 적용된다. 눈은 목, 코는 금, 혀는 화, 입은 토, 귀는 수 등과 같이. 12경맥을 구획하는 것도, 잡병과 탕액을 구성하는 이치도 모두 그러하다. 아울러 몸의 생리뿐 아니라, 마음의 행로 역시 그러하다. 흔히 생각하듯이 감정과 심리 같은 정신활동은 몸과 분리되어 따로 있는 것이 아니라, 오장육부 및 신체의 각 기관에 연동되어 있다. 예컨대 간은 분노, 심장은 기쁨, 비위는 생각, 폐는 슬픔, 신은 두려움을 주관한다. 때문에 화를 많이 내면 간의 기운이 많이 손상되고, 슬픔을 지나치게 느끼면

폐를 다치게 된다.《동의보감》 곳곳에 등장하는 감정을 다스리고 마음을 비우라는 처방은 이런 맥락에서다.

> 절제하여야 하는데 절제할 줄 모르고, 끊어야 하는데 끊지 못하면 생명을 잃게 되니, 이는 스스로 화를 불러들이는 격이다. …… 만약 참지 못하고 욕망에 몸을 맡겨 정(精)을 내보낸다면 등잔의 불이 꺼지려고 하는데 기름을 없애는 격이니, 스스로 막아야 하지 않겠는가?

여기서 말하는 절제의 대상은 성욕이다. 말하고자 하는 바는 성욕을 절제하여 생명의 토대인 정기를 잘 보존하라는 것. 보다시피 양생술에 있어 성욕은 금지와 터부의 대상이 아니다. 도덕적으로 나쁘기 때문이 아니라, 몸에 해롭기 때문에 스스로 잘 다스려야 하는 것이다. 따라서 단지 성의 문제에 한정되지 않고 일상의 모든 것이 다 거기에 해당한다. 화내지 말라—화를 내면 부질없이 정기를 소모하게 되니까. 기름진 음식을 먹지 말라—쓸모없는 잉여가 몸에 쌓이니까. 많이 일하지 말라, 생각을 적게 하라, 재물을 탐하지 말라 등등. 이 항목들을 관통하는 핵심원리는 아주 단순하다. 몸과 마음, 신체와 우주 사이의 능동적 소통을 멈추지 말라는 것. 소통이 막히는 순간 정기가 손상되고 병이 된다는 것. 고로, 통즉불통! 통하면 아프지 않다, 아프면 통하지 않는다! 이것이《동의보감》이라는 거대한 오케스트라를 이끌어가는 기본음이라 할 수 있다.

우리 시대를 지배하는 서구 임상의학은 날카로운 이분법 아래에서

구축되었다. 정신과 육체, 인간과 자연, 질병과 일상 등의 분리를 기반으로 신체의 각 기관과 장기들은 끊임없이 미세한 단위로 쪼개져버렸다. 동시에 질병은 늘 어떤 장소의 문제로 환원되고, 치유는 그 장소에 있는 병원체들을 제거하는 것으로 마무리된다. 더 문제인 건 의료기술이 좋아질수록 사람들의 의존성은 더욱 심화된다는 것. 즉, 질병을 비롯하여 생로병사의 모든 문제를 오직 의술의 문제로만 여길 뿐, 스스로 조율해야 하는 운명의 과정이라는 생각을 하지 못한다. 서두에서 제기한 아이러니도 이런 패러다임의 산물이리라. 즉, 사람들은 《동의보감》을 오직 특수한 임상의 기술로만 대하고 있는 것이 아닐지. 그 경우, 불치병을 치료하는 신비로운 비술이거나 아니면 미신으로 가득한 낡은 유물이거나 둘 중 하나가 된다. 그런 사유에 갇혀 있는 한 《동의보감》을 삶의 구체적 지평에서 활용하기란 불가능하다.

21세기 문명은 바야흐로 이분법적 단절을 넘어 인간과 우주의 새로운 조우를 기획하고 있다. 대체의학을 비롯하여 전 분야에 걸쳐 인간과 동물, 몸과 마음, 생명과 죽음이 다시 오버랩되는 다양한 모색이 진행되고 있는 중이다. 그런 모색과 실험에 기꺼이 동참할 수 있다면, 《동의보감》은 우리 시대의 새로운 비전으로 떠오를 수 있을 것이다. 몸과 우주, 그리고 운명을 하나로 잇는 아름답고도 눈부신 비전으로!

고미숙 1960년 강원도 정선군 함백에서 태어났다. 고전 평론가이다. 《열하일기, 웃음과 역설의 유쾌한 시공간》, 《아무도 기획하지 않은 자유》, 《나비와 전사》, 《공부의 달인, 호모 쿵푸스》, 《임꺽정, 길 위에서 펼쳐지는 마이너 리그의 향연》, 《돈의 달인, 호모 코뮤니타스》 등을 썼다.

6

한국의 철학

한국인, 한국 문화, 한국 사상

김교빈 호서대 교수

◉ 한국인은 무엇을 생각하며 어떻게 살아왔을까? 우리 몸속을 흐르는 문화 DNA는 무엇이며 그 안에 어떤 사상의 유전자들이 담겨 있는 것일까? 우리에게는 우리의 사상이 있고, 그 사상을 바탕으로 우리의 문화와 역사를 만들어왔다. 한국 사상이란 우리 민족이 몸담고 살아온 자연적 조건과 다양한 사회적 상황 속에서 겪은 체험들을 오랜 역사 속에서 추상화하고 체계화한 것이다. 그 과정에서 독자적인 사유체계를 만들어냈고, 외래 사상 또한 우리 민족의 특징이 담긴 우리 것으로 변화시켰다. 이 같은 과정을 거치면서 민족 범주의 보편적 공감대를 이룬 것이 우리 사상이다.

한국 사상의 뿌리를 이루는 것으로는 우리 조상들의 상상력이 담긴 신화도 있고 기층민의 삶을 형성해온 무속신앙도 있다. 그러나 높은 수준의 논리와 체계를 갖춤으로써 사상적 완결성은 보인 것은 유교, 불교, 도교이다. 물론 이 세 가지 사상은 모두 밖에서 들어온 것이다. 하지만 오랜 시간 동안 우리 사회의 주요 문제를 분석하는 기준이 되었고, 우리의 삶을 개선시키려는 적극적인 실천을 통해 우리 사상이 되는 길을 걸어왔다. 그리고 그 사상의 토대 위에서 우리 문화를 꽃피운 것이다.

21세기의 화두, 문화

문화에는 국경이 없으며, 새로운 문화 형태로 글로벌 문화가 논의되기도 한다. 월트디즈니사가 5세기 무렵에 나온 중국의 장편 서사시 〈목란

사〉를 소재로 〈뮬란〉을 만들고, 포우하탄족 추장 딸의 이야기를 소재로 〈포카혼타스〉를 만들었으며, 아프리카를 무대로 〈라이언 킹〉을 만들었지만, 모두 남의 이야기를 가져다 만든 문화 상품들이다. 심지어 중세 마녀사냥의 대상이 될 법한 켈트 문화가 〈해리 포터 시리즈〉와 〈반지의 제왕〉 등으로 되살아나고 있다.

이런 점은 우리도 예외가 아니다. 몇 해 전 상영된 〈스캔들—조선남녀상열지사〉는 프랑스 시나리오를 조선시대에 결합시킨 영화이지만 프랑스 냄새가 전혀 없다. 이 영화에 나오는 화장 장면에는 간장 종지만 한 화장품 그릇이 50여 개나 놓여 있다. 그 소품들은 온양민속박물관에 남아 있던 조선시대 화장품 30여 개를 토대로 복원해낸 것들이다. 이처럼 단단한 전통문화의 토대 위에 서 있기 때문에 프랑스 원작 냄새가 나지 않는 것이다.

하지만 문화는 보편적이면서도 나름의 주소를 갖는다. 지역으로는 동양과 서양을 나누고, 종교에 따라 기독교, 이슬람교, 유교, 불교로 나눈다. 시대에 따라 전통과 현대로 나누기도 하고, 향유하는 주체에 따라 노동자 문화와 학생 문화 같은 표현도 나온다. 이러한 구분은 서로 겹치기도 하지만 민족이나 국가 단위에서 보편성을 갖는다. 그래서 중국 문화, 한국 문화, 일본 문화를 나누고, 그 안에서 다시 한국의 불교 문화, 한국의 청소년 문화를 말하는 것이다. 더구나 대부분의 국가들은 자신들의 전통문화에 기반을 둔 문화 상품을 통해 더 많은 이익을 얻으려 애쓰고 있으며, 고유문화와 그 문화의 기반인 전통사상의 보존 및 확산을 통해 정체성을 유지, 강화하려 하고 있다.

문화와 사상은 어떤 관계인가

문화란 무엇인가? 한자문화권인 동아시아에서 문화는 '이문교화(以文敎化)'를 줄인 말이다. '이문교화'란 문(文) 또는 덕(德)으로 백성을 가르쳐 변화시킨다는 유가 정치이념의 표현이었으며, 그 바탕에 인문정신이 깔려 있다. 그래서 문화라는 용어가 처음 쓰인 경우를 보더라도 '무력으로는 복종시킬 수 없으니, 문화를 고치지 않은 뒤에라야 힘으로 토벌한다.'고 하였다.[1] 이 문장을 통해 남을 복종시킬 수 있는 근본적인 힘이 문화에 있다고 생각했음을 알 수 있다.

반면 서양의 'culture'는 돌보거나 경작한다는 라틴어 'colere'에서 왔다. 서양의 문화 개념은 농경사회에 그 시원이 있는 셈이다. 그 뒤 키케로가 영혼과 정신을 갈고 닦아 인간의 능력과 재능을 길러낸다는 뜻으로까지 그 범주를 넓혔다. 그리고 이제는 인류가 자신의 이상을 실현해가는 과정에서 얻어낸 철학, 과학, 예술, 종교, 사회, 경제와 같은 모든 산물을 가리키는 말로 쓰이고 있다.[2] 그런 점에서 우리가 쓰는 문화 개념 속에는 자연을 가공한다는 서구적 사고와 인문학적 사유에 기반을 둔 동양적 사고가 함께 담겨 있는 셈이다.

그렇다면 문화와 사상은 어떤 관계에 있는가? 중국의 문화학자 팡푸(龐樸)는 문화를 물질적 층면-제도적 층면-심리적 층면의 세 단계로

1 유향(劉向), 《설원(說苑)》, 〈지무(指武)〉.

2 한국철학사상연구회 편, 《철학대사전》, 동녘, 1989, 411~412면 참조.

구분하였다. 이 세 단계는 표층—중층—심층으로도 표현되며, 나무에 비유한다면 잎이나 열매—줄기와 둥치—뿌리로 나눌 수 있다. 그 가운데 표층에 해당하는 것이 건축물이나 서적 같은 물질이며, 중층에 해당하는 것이 정치, 법률, 관습 같은 제도와 이론체계들이고, 심층에 해당하는 것이 가치관념, 신앙, 도덕규범, 사유방식 같은 종교, 철학, 윤리학의 범주이다.[3]

그러므로 사상은 문화의 출발이자 핵심이며, 어떤 민족의 문화를 알기 위해서는 먼저 그 민족의 사상을 알아야 한다. 어떤 문화이든 그 속에는 그 민족의 인간관, 사회관, 자연관, 세계관, 예술관 등이 반영되어 있기 때문이다. 이처럼 민족의 문화는 그 민족의 사상과 서로 표리를 이룬다. 그 가운데서도 오랜 세월에 걸쳐 민족의 사유체계를 이루어온 전통사상이 가장 중요한 요소이다.

합침의 불교로 이어온 한국 불교

동아시아 여러 나라들은 비슷한 문화 경험을 가지고 있다. 특히 한국·중국·일본은 오랜 문화 교류를 통해 유교·불교·도교를 전통사상으로 공유해왔다. 하지만 같은 씨앗도 남쪽에서는 귤이 되고 북쪽에서는 탱자가 되듯이, 서로 다른 모습으로 발전해왔다. 그렇기 때문에 한국 불교·중국 불교·일본 불교라든가, 중국 유교·한국 유교·일본 유교라는

3 이종계 지음, 이재석 옮김, 《중국문화개론》, 동문선, 1991, 21면 참조.

표현이 가능해진다.

그 가운데 먼저 불교를 보자. 한국 불교는 중국이나 일본의 불교와 겉으로 드러난 모습부터 다르다. 부처와 보살, 나한의 표정만 보더라도 세 나라가 얼마나 다른지 알 수 있다. 석굴암 부처로 대표되는 한국 불상에서는 입가에 머금은 은은한 미소를 통해 인자함을 느낄 수 있다면, 중국 불상은 위압적인 표정이나 감정을 드러내지 않는 무표정에서 가까이 가기 어려운 위엄이 느껴진다. 그리고 일본 부처는 고통으로 찡그린 모습이나 고뇌에 찬 모습을 보인다. 따라서 세 나라 불교 미술의 특징을 한국은 자비, 자애, 인자함을 뜻하는 '자(慈)'로, 중국은 위세, 위엄, 권위를 뜻하는 '위(威)'로, 일본은 고통, 고뇌, 고민을 뜻하는 '고(苦)'로 표현한다.

이러한 차이는 사상의 차이와 무관하지 않다. 최남선은 일찍이 《조선불교고의(朝鮮佛教古義)》에서 인도 불교는 서론의 불교이고, 중국 불교는 각론의 불교이며, 한국 불교는 결론의 불교라고 하였다. 사실 인도에는 불교 유적이 많지만 불교 신자는 거의 없다. 그런 점에서 인도 불교는 시작에 지나지 않는다. 그 뒤 불교의 발전은 중국에서 이루어졌다. 중국에 불교가 전래된 시기가 67년으로 기록되어 있지만, 중국 지식인들은 자신들의 사상이 가장 훌륭하다는 생각 때문에 변방에서 들어온 불교에 관심을 보이지 않았다. 그들이 불교에 관심을 갖기 시작한 것은 북쪽 지역을 이민족에게 빼앗기고 남쪽으로 쫓겨 가면서 중국인의 자존심이 땅에 떨어졌던 위진 남북조 시기부터였다. 이 무렵에는 이미 모든 경전이 들어와 있었다. 경전은 석가모니의 말씀을 모아놓은 것이다. 하지만 제자들에게 한 말과 대중에게 한 말은 수준이 다를 수

중국 불상

일본 불상

한국 불상

밖에 없기 때문에 이 경전과 저 경전의 말씀이 서로 모순처럼 보이기도 했다. 따라서 중국인들은 어떤 경전이 가장 핵심 사상을 담고 있는지를 따져서 그것을 기준으로 다른 경전을 해석하기 시작하였고, 그 결과 《화엄경》을 중심으로 화엄종이 나오고, 《묘법연화경》을 중심으로 법화종이 나오는 방식으로 다양한 종파들이 생겨나면서 논쟁을 벌이게 되었다. 이러한 상황을 부파불교라고 하며 최남선은 다양하게 펼쳐진 본론에 해당한다고 본 것이다.

그렇다면 결론으로서의 한국 불교란 무엇을 말하는가? 한국 불교의 핵심은 신라 불교이며, 그 중심에 원효가 있다. 원효는 승려의 몸으로 요석공주와의 사이에서 설총을 낳았으며, 탈 쓰고 항아리 두드리며 춤추고 노래 부르면서 불교를 전파하였다. 이런 기행 때문이었을까? 원효는 임금과 신하들이 고승을 모셔놓고 설법을 듣던 백고좌강회에 한 번도 초대받지 못하였다. 하지만 역사에 남은 것은 불청객 원효이며, 그의 사상은 한국 불교의 원형이 되었다.

한국 불교는 '통(通)불교', '원융(圓融)불교', '총화(總和)불교'라고 불리며, 다른 말로는 '합침의 불교'라고 한다. 통불교는 모든 것에 통한다는 뜻이고, 원융불교나 총화불교는 두루 어울린다는 뜻이며, 합침의 불교는 서로 다른 주장을 다 끌어안는다는 뜻이다. 이러한 전통은 원효에서 시작되었다. 박종홍이 20대 초반 당시 최고의 지성이 모인 《개벽》에 한국 불교미술을 13회에 걸쳐 연재하면서 우리 불교미술에 인도, 중국을 비롯하여 그리스와 로마의 미술까지 녹아 있다고 한 서술도 같은 맥락이다.

원효는 중국에서 들어온 불교를 우리 불교로 토착화시켰고, 그 이전까지 왕실 중심으로 발전해온 불교를 민중 불교로 바꾸어놓았다. 이 점은 아무리 뛰어난 진골도 성골이 될 수 없고, 아무리 뛰어난 6두품도 진골이 될 수 없었던 신라에서 6두품으로 태어난 원효 자신의 신분과도 연관이 있으리라 짐작된다.

원효가 완성한 합침의 불교에 담긴 기본 논리는 화쟁(和諍)이었다. 화쟁이란 논쟁을 조화시킨다는 뜻이다. 원효는 무슨 논쟁을 어떤 논리로 조화시킨 것일까? 원효의 화쟁철학은 화엄철학이 그 바탕이며, 화엄의 기본 논리는 '하나가 곧 전부요, 전부가 곧 하나'라는 것이다. 이런 논리가 어떻게 가능한가? 하늘을 예로 들어보자. 같은 시간 서울에서는 비가 퍼붓고 있지만 인천에서 보는 하늘은 맑게 갠 모습일 수도 있다. 그뿐 아니라 대전에서는 우박이 퍼붓고 뉴욕에서는 눈이 내리며, 유럽은 별이 총총한 밤하늘일 수도 있다. 어떤 사람은 서울의 하늘 모습이 진짜라고 하고, 어떤 사람은 부산의 하늘 모습이 진짜라면서 서로 다툰다면 얼마나 우스운 일일까? 각 지역에서 보는 하늘은 모습이 다를 뿐 모두 같은 하늘이다. 그러니까 나누어보면 다른 하늘이지만 합쳐보면 같은 하늘인 것이다.

사람들이 부처의 말씀을 해석하면서 다투는 것도 마찬가지이다. 석가모니가 세상에 계실 때에는 의문이 생기면 직접 물어서 답을 얻었다. 그러나 돌아가시고 난 뒤에는 석가모니가 남긴 말에서 답을 얻을 수밖에 없었다. 그래서 경전을 해석하면서 자기 해석은 옳고 남의 해석은 옳지 않다거나 이 해석은 옳고 저 해석은 틀리다고 함으로써 무수히 많은 주장이 나오게 된 것이다. 하지만 원효는 쪽빛과 남색이 하나이고 물과 얼음이 근본적으로 같듯이 모두 부처님의 말씀을 해석한 것이므로 다 맞는 주장이고, 따라서 합칠 수 있다고 보았다.

그렇다면 남의 주장들을 합친 것이 자신의 주장이 될 수 있을까? 어떤 사람의 주장도 부정하지 않고 다 받아들인다면 자신의 주장은 없는 것이 아닌가? 하지만 그렇게 해서 만들어진 원효의 결론은 어떤 주장과도 같지 않았다. 따라서 어떤 주장도 부정하지 않았지만 모든 주장을 부정한 것이며, 자신의 주장을 내세우지 않았지만 자신의 주장을 한 셈이다. 바다를 예로 들어보자. 황허나 양쯔강, 압록강, 한강 같은 온갖 강물이 서해로 흘러들지만 서해는 어떤 강도 더럽다고 못 들어오게 하지 않는다. 하지만 온갖 강물이 모여 이루어진 서해는 이미 특정한 강이 아니라 서해일 뿐이다. 이것이 바로 남의 주장을 부정하지 않았으되 결국 부정한 것이 되며, 자신의 주장을 내세우지 않았으되 결국 자신의 주장을 만든 것이 된다.

이러한 논리를 통해 원효는 있다와 없다, 다르다와 같다, 그렇다와 아니다의 구분 의식을 넘어설 수 있었으며, 그렇기 때문에 원효는 자신의 논리를 가리켜 만 가지 흐름을 한 맛으로 돌리는 것이라고 하였다. 비빔밥을 예로 들어보자. 비빔밥은 온갖 나물과 고기, 달걀, 고추장, 참기름, 깨소금을 합쳐 버무리는 음식이다. 하지만 우리는 그 맛에 대해 20퍼센트 짜고, 30퍼센트 매우며, 10퍼센트 달고, 5퍼센트 쓰다고 말하지 않는다. 나누어서 말하면 여러 맛이지만 합치면 한 맛일 뿐이다. 그러므로 짜다고 해도 맞고, 달다고 해도 맞으며, 맵다고 해도 맞는다. 그리고 맛있다고 해도 맞고, 맛없다고 해도 맞는다.

합침의 불교는 고구려·백제·신라를 합치는 원동력이었으며, 오늘까지 이어지는 한국 불교의 원형이다. 신라 불교의 중심이었던 경주 남

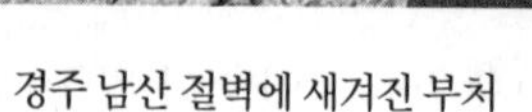

경주 남산 절벽에 새겨진 부처

경주 남산 봉우리의 탑

산에 가면 절벽 곳곳에 새겨진 불상을 볼 수 있다. 그 불상들은 대부분 윤곽이 분명하지 않다. 그 이유는 무엇일까? 조각을 하면서 윤곽을 분명하게 하면 뒤는 바위이고 새겨진 것은 부처이지만, 윤곽이 불분명함으로써 바위 전체가 부처가 된다. 남산 봉우리에 서 있는 탑들도 마찬가지이다. 그 탑들은 대부분 받침돌인 지대석이 없다. 대신 바위 위에 탑을 세웠으니 바위가 지대석인 셈이며, 더 크게 본다면 산 전체가 지대석이다. 그런 점에서 산 전체가 탑인 것이다. 안압지도 마찬가지이다. 안압지에 가본 사람은 왕실의 놀이터가 너무 작다는 사실에 놀란다. 하지만 구불구불 돌아든 곳이 많아서 연못가 어디에 서든 끝이 보이지 않는다. 그래서 마치 동해와 이어져 있는 것 같은 착각을 하게 한다.

경주의 안압지

바위와 하나 된 부처, 산과 하나 된 탑, 바다와 하나 된 연못. 이러한 구조는 우연이 아니다. 바로 합침의 불교를 그 속에 담고 있는 것이다. 원효가 합침의 불교를 가지고 깨우치려 했던 대상은 신라인들이었을까, 아니면 고구려·백제·신라로 나뉘어 살던 우리 겨레 모두였을까? 어떠한 구분의식도 넘어서려던 원효가 사람을 나누었을 까닭이 없다. 그러니 아마도 원효의 머릿속에는 모든 인류가 대상이었을 것이다. 그렇기 때문에 비록 신라를 벗어나보지 못한 원효였지만 그 속에 온 세계가 있었으며, 경주 한 귀퉁이의 남산 또한 그 안에 세계적인 문화유산을 담고 있는 것이다.

원효의 합침의 불교는 고려의 의천과 지눌로 이어졌으며, 두 사람은 모두 원효를 높였다. 의천이 교종을 합치고 그 위에 다시 선종을 합쳤다면, 지눌은 남종과 북종으로 나뉘었던 선종을 합치고 그 위에 교종을 합쳤다. 이러한 흐름은 조선에 이르러 비록 성리학으로부터 비판의 대상이 되면서도 유불도 3교가 모두 하나로 만날 수 있음을 강조하는 논리로 이어졌다.

도덕으로 온 누리를 덮겠노라

신라와 고려가 불교의 나라였다면 조선은 유교의 나라였으며, 고려를 무너뜨리고 나라를 세울 당시 지금의 서울로 도읍을 옮기면서 조선이 유교국가임을 온 세상에 알렸다. 그래서 동쪽에 흥인지문(興仁之門), 서쪽에 돈의문(敦義門), 남쪽에 숭례문(崇禮門), 북쪽에 숙정문(肅靖門)의 4대문을 세우고 가운데에 보신각(普信閣)을 두었다. 숙정문의 본래 이름은 숙청문(肅淸門)이며 지(智)의 의미를 담고 있다. 따라서 동서남북과 중앙에 유교의 기본 덕목인 인의예지신을 배치한 것이다. 그뿐만 아니라 경복궁의 정문인 광화문, 창덕궁의 정문인 돈화문, 경희궁의 정문인 흥화문, 덕수궁의 정문인 인화문, 창경궁의 정문인 홍화문에 보이듯 궁궐 정문 이름에 모두 '화(化)' 자를 넣었다. 이 이름들에는 한결같이 유교 도덕으로 백성을 교화시키겠다는 소망이 담겨 있다. 서울은 그렇게 유교 이념으로 만들어진 계획도시였다.

물론 유교도 중국에서 들어왔다. 하지만 한국·중국·일본에서의 발전 과정은 조금씩 다른 모습을 보인다. 먼저 중국 유학이 우주론적 논의에 깊이 관련된 것과 달리 한국은 인간에 대한 관심이 강했다. 그 대표적인 예가 중국의 경우 주희와 육구연의 논쟁이다. 이 논쟁의 핵심은 만물의 본질이 무엇인지를 따지는 우주론적 문제에 있었다. 하지만 16세기 초 한국에서 벌어진 이언적과 조한보의 태극논쟁은 비슷한 문제의식에서 출발했으면서도 만물의 본질인 태극을 어떻게 체득할 수 있는지를 따지는 문제로 나아갔다. 그리고 그 뒤를 이은 철학 논쟁들이 모두 인간 내면의 문제에 대한 탐구로 깊어진다.

태극논쟁의 뒤를 이은 것이 이황과 기대승의 4단7정 논쟁이다. 이것은 인간의 감정과 그 결과인 구체적 실천을 선악의 가치평가와 관련지어 어떤 출발점의 차이가 선악의 차이로 드러나는지를 따진 논쟁이었다. 이 논쟁은 다시 이이와 성혼의 인심도심 논쟁으로 이어졌다. 이것은 순수한 마음과 욕심 섞인 마음의 관계를 따지는 논쟁이었으며, 특히 이이는 욕심 섞인 마음에서 시작하였지만 순수한 마음으로 바꿔갈 수 있는 인간의 의지를 강조하였다. 17세기에 이르면 임진왜란과 병자호란을 거치면서 많은 참상을 겪은 결과로 인간과 인간 아닌 것의 본성이 다른지 같은지를 따지는 인물성동 논쟁이 나온다. 그리고 조선 후기에 이르면 인간의 마음을 어떻게 이해해야 하는지에 대한 심설 논쟁으로 이어졌다. 논쟁은 사상의 깊이를 더해가는 과정이었으며, 그런 점에서 한국 유학은 논쟁을 통해서 인간에 대한 탐구를 깊이 있게 만들어간 셈이다.

다음으로 일본과의 차이를 보자. 구체적으로는 유교 덕목에 대한 해석이나 그에 따른 실천의 차이로 나타난다. 먼저 유교의 중심 개념인 '인(仁)'에 대한 해석을 보면 중국이나 우리나라가 나를 기준으로 삼아 남을 헤아리는 것으로 이해했다면, 일본은 남을 기준 삼아 내 행동을 결정하는 것으로 나아갔다. 예를 들어 우리는 내가 배고픈데 저 사람들은 얼마나 배가 고플까, 또는 내가 추운데 저 사람들은 얼마나 추울까를 걱정한다면, 일본의 경우는 그 반대로 나타난다. 얼마 전 쓰나미와 그에 의한 원전 사고를 겪으면서도 남들에게 누가 될 것을 걱정하여 자신의 슬픔을 억제하는 일본 사람들의 모습이 이런 태도를 잘 보여준다.

'의(義)'에 대한 해석과 실천에서도 많은 차이를 보인다. 우리에게 의는 목숨을 걸어야 할 만큼 중요한 옳고 그름의 문제였다. 따라서 옳은 것을 지키기 위해 스승이나 친구와도 등지는 것이 선비들의 처신이었다. 하지만 일본에서는 옳고 그름의 문제가 아니라 주종 간의 의리로 작용하였다. 사무라이들의 경우 내가 모시는 주군이 죽임을 당하면 반드시 그 원수를 갚는 것이 의리를 지키는 일이었다. 그때 내 주군이 죽을 만해서 죽었는지 억울하게 죽었는지는 문제가 되지 않는다. 그리고 주군의 명령을 지키지 못하거나 원수를 갚을 수 없는 상황일 때 그들이 택하는 마지막 실천이 할복이었다. 오늘날 우리 사회에 난무하는 폭력 집단이나 군대 집단의 무조건적인 의리는 바로 일제강점기에 일본 문화에서 영향을 받아 생긴 왜곡된 모습일 뿐이다.

그렇다면 유교는 우리 민족의 사상과 문화 속에 어떠한 모습으로 이어져 왔을까? 우리나라에 유교가 전해진 것은 삼국시대로 추정된다. 그 무렵 들어온 유교는 한나라 때 나온 5경 중심의 유학이었다. 그리고 신라 말 고려 초에는 당나라에서 좋은 문장 짓기에 힘쓰는 사장학(詞章學)이 들어왔고, 고려 말 조선 초에는 성리학이 들어왔다. 성리학은 송나라 학자들이 노장철학과 불교의 논리를 가져다가 공자와 맹자의 사상을 다듬어서 만들어낸 새로운 유학이었다.

특히 이 시기 성리학을 받아들인 신진 사대부들이 크게 두 흐름으로 갈라졌다. 하나는 이성계의 조선 건국에 반대하면서 고려에 대한 충절을 지킨 사림파이고, 다른 하나는 이성계를 도와 조선을 세우면서 그 통치이념과 제도를 만든 훈구파이다. 사림파는 정몽주-길재-김종직-조광조-이황과 이이로 이어지는 흐름으로서 불변의 도덕의식을 지킨 사람들이다. 그리고 훈구파는 정도전-권근-정인지 같은 사람들로서 현실 개혁을 강조하였다. 역사적인 평가에서는 사림파가 한국 선비정신의 바른 흐름으로 인정되며, 훈구파는 어용 또는 기회주의적인 사람들로 비판받았다. 사림파의 흐름이 조선 후기에 이르면 외세에 대해 저항한 의병운동으로 나타난다.

이처럼 초기의 한국 성리학은 사회적 격변 속에서 학문적 깊이보다는 실천에 대한 강조로 나타났다. 하지만 15세기에 이르면 기(氣)를 강조한 화담 서경덕과 이(理)를 강조한 회재 이언적에게서 학문적 토대를 갖추기 시작하였고, 그 뒤를 이은 이황과 이이에게서 꽃을 피웠다. 성리학의 핵심 이론은 이기론이었다. 하지만 같은 이기론에서도 이와 기 가운데 어디에 중점을 두는지에 따라 학문의 성격이 달라졌다.

그렇다면 이와 기는 무엇인가? 중고등학교 시절에 배운 과목 가운데 이(理) 자로 끝나는 과목들이 있다. 물리, 지리, 윤리 등이 그러하다. 물리는 사물의 이치이며, 지리는 땅의 이치이고, 윤리는 인간의 이치를 뜻한다. 그런 점에서 이는 불변이며 언제나 선이다. 하지만 기는 끊임없이 바뀌고 변하는 것이며, 그렇기 때문에 선일 수도 있고 악일 수도 있다. 서경덕은 기를 가지고 모든 사물의 변화를 설명하였고, 이언적은 이를 가지고 불변의 도덕의식을 내세웠다. 이런 흐름을 이어받은 이황은 내 안에 있는 본성이 주체적으로 도덕 실천을 이끌어낼 수 있는 기반임을 강조하였고, 이이는 내 스스로의 기질도 바꿀 수 있고 사회의 문제점도 고칠 수 있는 인간의 의지를 강조하였다.

이 같은 유교사상을 토대로 한 조선의 유교 문화는 오늘날 많은 문화유산으로 남아 있다. 무엇보다도 유교는 인간을 중시하는 인본주의를 표방하였다. 그래서 중요한 범죄의 경우 형조와 의금부를 거치는 삼심제를 두었다. 이러한 특징은 살인사건을 조사하고 기록한 〈검안(檢案)〉에 잘 나타나 있다. 만일 어떤 고을에서 살인사건이 생기면 그 고을 수령이 조사를 하고, 이어서 다른 고을 수령이 다시 조사했다. 두 조사의 결론이 같고 합리적이면 사건이 끝나지만, 그렇지 못하면 제3의 수령이 다시 조사를 했으며, 그래도 결론이 나지 않을 때 암행어사가 파견되었다. 그리고 조사 때마다 검시 기록부터 피의자 진술과 심문 내용 등을 세세하게 기록해놓았다. 검시의 경우만 보아도 입고 있던 옷의 재질, 모양, 색깔 등을 기록하고 그림까지 그려놓았다. 이러한 절차의 밑바탕에는 사람의 생명을 중히 여기는 인본주의 사고가 깔려 있다.

유가사상은 건축에도 잘 드러나 있다. 우리 건축 구조물 가운데 분합문(分閤門)이 있다. 분합문은 두 쪽이 하나로 접히는 방식으로 평소에는 대청마루를 완전히 닫을 수도 있지만, 문을 두 쪽씩 접어서 옆으로 들어 올린 다음 서까래에 붙어 있는 걸개에 올려놓으면 완전히 개방할 수 있는 구조물이다. 이런 건축구조 속에는 기에 대한 사유가 담겨 있다. 성리학은 모든 사물이 기로 이루어져 있다고 보았다. 따라서 건물이나 그 안에 사는 사람이나 건물 밖의 자연이 모두 기인 것이다. 그렇기 때문이 이런 구조의 문을 통해 사람과 자연, 건물과 자연의 단절이 아니라 열린 구조의 공간 해석이 가능했던 것이다.

또 다른 문화유산으로 선비정신을 잘 드러낸 문인화가 있다. 문인화에는 변함없는 곧은 정신을 보여주는 매화, 난초, 국화, 대나무의 사군자나 늘 푸른 소나무와 잣나무 등이 소재로 곧잘 쓰였을 뿐 아니라 물을 그릴 때에도 위에서 아래로 곧게 떨어지는 폭포를 그림으로써 바른 방향을 지향하는 선비의 내면을 드러내려 하였다. 또한 집을 그릴 때면 문이나 창문을 통해 안을 들여다볼 수 있도록 하여 거리낌 없는 마음자세를 보여주려 하였다.

그 밖에도 생활공간이었던 하회마을과 양동마을은 마을 전체가 세계문화유산으로 등록되었으며, 뛰어난 기록문화인 《조선왕조실록》을 통해서는 조선의 역사를 객관적으로 살필 수 있다. 그뿐만 아니라 임금이 신하들과 아침, 점심, 저녁 세 차례에 걸쳐 매일 학문을 토론한 내용도 《경연일기》에 남아 있다. 이 같은 기록 문화 속에는 역사를 보는 의식인 춘추정신이 담겨 있다.

하늘에 담은 민족정신

다음으로 도가 및 도교사상을 보자. 도교 또는 도가사상이 들어온 것은 삼국시대였다. 7세기 초 고구려에서는 사람들이 한나라 때 나온 오두

미도를 앞다투어 믿었다는 기록이 나온다. 하지만《삼국사기》에는 그보다 앞선 4세기 후반 근초고왕의 태자이던 근구수가 고구려군에게 크게 이긴 뒤 달아나는 고구려군을 뒤쫓으려 하자, 대장군 막고해가 '만족할 줄 알면 욕되지 아니하고, 멈출 줄 알면 위태롭지 않다.'는《도덕경》의 문구를 인용하면서 그만둘 것을 권했다는 기록이 나온다. 이 문구는 7세기 초 수나라 100만 대군을 맞아 싸우던 을지문덕이 우중문에게 보낸 시에도 인용되어 있다. 이러한 모습은 도가사상이 전쟁에 인용될 정도로 지식인들에게 깊이 들어와 있었음을 암시한다. 또한 신라의 화랑을 국선(國仙)이라고 불렀던 점에서 화랑들에게도 도가사상이 많은 영향을 미친 것으로 보인다.

사실 도교와 도가사상은 많이 다르다. 도가사상이 노자와 장자를 중심으로 한 사상을 가리킨다면, 도교는 한나라 때 노장사상을 업고 만들어진 종교였다. 특히 도교는 한나라 말기 실크로드를 통해 전파된 전염병의 유행 때문에 대다수 민중이 불교와 도교에 귀의하면서 큰 세력을 이루었다. 그 뒤 수백 년에 걸친 위진 남북조의 혼란을 해결한 수나라와 당나라가 불교와 도교를 국교로 받들면서 완전한 종교로 자리 잡았다. 물론 우리의 경우도 동학사상이나 대종교를 비롯한 근대 신흥종교들 대부분이 도교에서 많은 영향을 받았다. 그런데 중요한 점은 현실과 거리를 두는 것처럼 보이는 도교 속에 뜻밖에도 엄청난 민족주의가 담겨 있다는 것이다.

그러한 흐름은 고려에서 잘 드러난다. 특히 고려는 불교와 함께 도교를 높였고, 그래서 하늘에 제사 지내고 복을 비는 도관(道觀)을 많이 지었다. 복원궁, 신격전, 태청관, 태일관, 구요당, 청계배성소 등은 모두 그러한 역할을 하는 곳이었으며, 이름도 '궁(宮)'이나 '전(殿)'이었다. 이곳에서 이루어진 빈번한 행사가 무신정권 성립의 빌미가 될 정도로 고려에서 도교의 영향은 매우 컸다. 그 뒤 유학을 건국이념으로 내세운 조선에 이르면 성리학자들의 거센 반대를 받아 소격전(昭格殿) 하나로 통일하였다가 다시 소격서(昭格署)로 낮춰졌다.

소격서는 하늘에 제사를 지내는 기구로, 단순히 제사 기능만 갖춘 것이 아니라 해와 달과 별의 운행을 살피고 기록하는 곳이었다. 조선 세종 때 만들어진 해시계, 물시계 등이 모두 그러한 결과물인 셈이다. 특히 세종은 천체 관측기구를 많이 만들어서 더 정확하게 천체 운행을 관측하려 하였다. 당시 신하들은 이런 행사가 노자를 존숭하는 이단의 행사라는 점과 하늘에 대한 제사는 중국 천자만 지낼 수 있는 것이므로 제후인 우리는 지낼 수 없다는 논리를 내세워 반대하였다. 하지만 세종은 우리 실정에 맞는 달력이 필요하다는 이유로 신하들의 반대를 무릅쓰고 제천행사와 천체 관측을 계속하였다. 그리고 그러한 관측을 토대로 농경사회의 가장 중요한 길잡이였던 달력을 만들어내었다. 조선 중기에 이르러 연산군이 소격서를 일시적으로 없애기도 하였다. 하지만 중종 때 다시 복원되었고, 많은 신하들이 반대했는데도 관습임을 내세워 여전히 그 기능을 유지하였다.

이러한 논의 속에는 왕권과 신권의 대립과 함께 중국적 세계관에서 벗어나 독자성을 유지하려는 민족의식이 담겨 있다. 지금도 세계에서 두 번째로 오래된 천체관측도로서 태조 때 만들어져 돌판에 새긴 〈천상열차분야지도(天象列次分野之圖)〉가 국립고궁박물관에 보관되어 있다. 이 도판은 하늘에 대한 제사 과정에서 전개된 천체 관측 결과로서

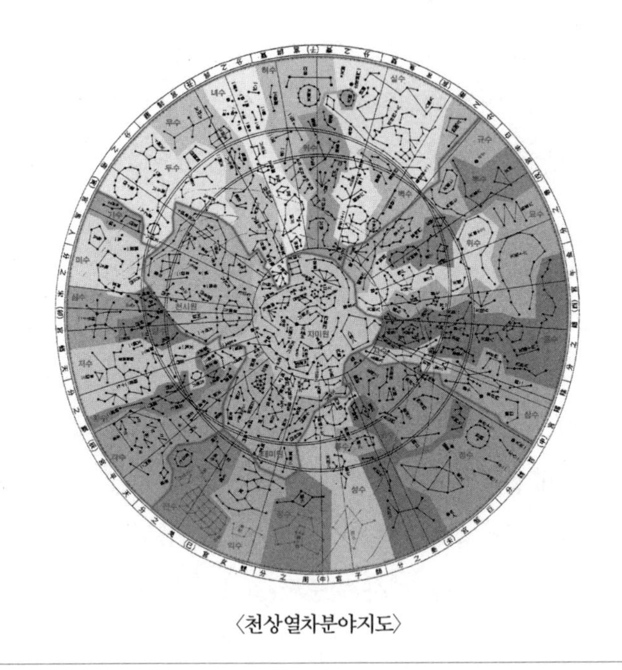

〈천상열차분야지도〉

우리 눈으로 본 하늘인 것이다.

도교는 그 밖에도 의학과 지리 등에 많은 영향을 미쳤으며, 민간신앙과 결합된 부분도 많다. 특히 의학적 측면을 살펴보면 김시습이나 곽재우를 통해 건강을 돌보는 양생법(養生法)으로 이어졌고, 이황의 활인심방(活人心方) 또한 대표적인 양생술인 셈이다. 더구나 세계문화유산으로 등재된 《동의보감》 편찬에는 조선의 단학파(丹學派)로 분류되는 정작(鄭碏)이 참여하여 많은 공헌을 하였다.

전통은 낡은 것인가?

근대 이후 서구 문물이 들어오면서 우리가 가졌던 많은 것들이 버려졌다. 한옥을 헐고 양옥을 짓더니 급기야는 아파트로 바뀌었고, 한복을 버리고 양복과 양장을 입었으며, 채식 위주의 한식에서 육식 위주의 양식이 대세가 되었다. 어디 그뿐이랴. 우리 음악과 춤은 수준 낮은 문화로 취급되었고, 우리 사상 또한 비논리적인 사유체계로 지목되었다. 이사 가면서 제일 먼저 버려지는 것이 커다란 항아리나 쌀 담는 뒤주였고, 그 자리를 서양식 물건들이 차지하였다. 전통은 낡고 저급한 것이어서 바꾸고 버려야 할 대상이었으며, 이 같은 생각을 잘 담은 단어가 근대화였다.

하지만 지금은 상황이 달라졌다. 슬로푸드와 웰비잉이 강조되면서 전통 방식의 먹을거리가 주목을 받고 있고, 한옥은 보존 단계를 넘어서서 새로운 주거 문화로 자리를 잡아가고 있으며, 한복의 아름다움은 세계 패션계에서도 인정을 받는다. 한의학으로 인재들이 몰리고, 전통 음악, 미술, 춤이 되살아났으며, 동아시아 여러 나라의 놀라운 성장과 함께 그 속에 담긴 전통적 사상이 아시아적 가치로 강조되기도 하였다.

사실 전통은 낡은 것이 아니라 오래된 것이다. 낡은 것은 더는 의미를 갖지 못하지만, 오래된 것에서는 강한 힘이 나온다. 그 속에 누적된 우리 조상들의 사유체계와 삶의 지혜가 담겨 있기 때문이다. 물론 오래된 것 속에는 버려야 할 쭉정이와 취해야 할 알맹이가 함께 들어 있다. 따라서 늘 비판적 태도와 함께 열린 마음으로 우리의 전통 문화와 사상을 보아야 할 것이다.

전통사상은 오랫동안 우리의 삶을 풍부하게 만들어왔다. 유교가 정치, 경제, 사회, 교육, 사회제도와 관습 등에 많은 영향을 주었다면, 도교는 의학, 천문학, 지리 등 과학 분야에 많은 영향을 주었으며, 불교는 종교와 예술 등에 큰 영향을 미쳤다. 그리고 지금도 우리의 문화심리구조 속에 중요한 인자로 자리 잡고 있다.

김교빈 1953년 서울에서 태어났으며 지금은 호서대학교 문화기획학과 교수다. 고등학교 시절 《논어》를 읽고 공부 방향을 정한 뒤 성균관대학교에서 한국 철학을 전공하고 철학박사 학위를 받았다. 1989년 한국철학사상연구회 결성에 참여하여 진보적 입장의 동양철학 연구에 힘을 쏟았으며, 한국철학사상연구회 회장과 학술단체협의회 상임대표를 지냈다. 1983년부터 기(氣) 문제에 관심을 갖고 후배들과 공동연구를 하다가 한의학을 만나 《황제내경》, 《동의보감》 등을 읽으며 학문 영역을 넓힌 까닭에 현재 민족의학연구원 원장을 맡고 있다. 1993년 《동양철학 에세이》를 쓴 뒤 쉬운 글로 동양철학을 알리는 역할을 하고 있으며, 철학의 현실화 작업의 한 방법으로 문화콘텐츠에 관심을 갖고 인문콘텐츠학회 결성에 참여하여 초대 회장을 지냈다. 지은 책으로는 《양명학자 정제두의 철학사상》, 《강좌 한국철학》, 《한국철학 에세이》, 《동양철학과 한의학》, 《기학의 모험》, 《이언적》 등이 있고, 옮긴 책으로 《중국고대철학의 세계》, 《기의 철학》, 《현대 중국의 모색》, 《몸으로 본 중국사상》 등이 있다.

7

한국의 얼굴

바위에 새긴 한국인의 심상, 마애불

이태호 명지대 교수

◉ 미술사를 공부한답시고 전국을 두루두루 답사한 지 30여 년이 훌쩍 넘었다. 웬만한 곳은 몇 차례씩 다녔고, 발길이 닿지 않은 곳이 거의 없을 정도일 게다. 나는 우리나라 문화유산 가운데 한국인의 심상(心像)을 빼닮고 한국의 자연과 더불어 한국적 이미지를 대표할 만한 보물로는 마애불(磨崖佛)을 꼽고 싶다. 회화사 전공자이면서도 불교조각 분야인 마애불에 반해서 그동안 120여 곳 넘게 답사하였다. 〈한국 마애불의 유형과 변모〉(《불교문화연구》 제7집, 남도불교문화연구회, 2000)를 정리해보기도 했다. 유남해 선생의 사진 작품에 이 논문을 보태고 이경화 선생과 함께 108곳의 작품 해설을 곁들여 《한국의 마애불》을 출간한 적이 있고, 정양근 사진집 《빛과 시간—한국의 마애불》에도 작은 글을 실었다. 아래의 본문은 앞의 세 논저에 쓴 필자의 글을 요약하고 수정한 것이다.

화강암의 질감과 감성을 담은 한국적 불교미술

마애불은 벼랑의 바위 표면에 부조(浮彫)나 선조(線彫)로 만든 불상(佛像)을 말한다. 돋을새김을 한 부조 형식은 환조(丸彫)에 가깝게 입체적인 고부조(高浮彫)에서 얇게 조각한 저부조(底浮彫)까지 있다. 도톰하게 부조한 상호(相好)에 선각으로 신체를 표현한 사례, 큰 바위를 몸으로 삼아 환조의 두상(頭像)을 결합한 경우, 그리고 전체를 선새김만으로 묘사한 방식 등 다양하다. 이런 마애불은 독립된 부조나 환조의 석조불상과 더불어 우리나라 조각예술의 꽃이다. 동시에 바위에 그린 불화(佛畵)를 연상케 하여 회화적 예술미마저 내뿜는다. 그만큼 조형 능력과 조각 수법이 빼어난 걸작들도 여럿일 뿐만 아니라, 시대양식을 대표할 만한 사례들도 적지 않다.

마애불은 600년경 백제의 서산 마애삼존불에서 시작하여 구한말 서울 주변의 마애불까지 1,500년 동안 꾸준히 200여 곳이 넘게 조성되었다. 바위에 직접 새긴 마애불은 석불과 석탑 못지않게 양적으로나 질적으로 한국의 불교미술을 대변한다고 해도 과언이 아니다. 한국미술사에서 가장 우리식 불교미술로 자리 잡아온 것이다. 현존하는 마애불은 대부분 국보나 보물 또는 지방문화재로 지정되어 있는 편이다.

땅과 한 몸을 이룬 암벽에 조각한 마애불은 이동이 불가능하여 거의 현지에 고스란히 남아 있다. 그런 까닭에 마애불을 조성한 사람들의 심성과 미의식은 물론, 부처를 새기기 위해 선택한 바위의 지형적 특성을 생생히 알려준다. 현대적 의미의 환경조각이라 해도 전혀 손색이 없을 정도다. 그리고 마애불에는 당대부터 현재까지 이어온, 무속과 불교가 뒤섞인 신앙의 형태가 뚜렷하다. 어느 문화유산보다 자연과 종교와 예술, 그리고 삶의 흔적이 함께 어우러진 공간이 연출되어 있다. 마애불은 자연에 거스름 없이 삶과 예술을 조화시켜낸, 한국 문화의 서정과 한국인의 심성이 가장 절절하게 투영된 불교문화재이다.

한국의 마애불은 도상(圖像)과 조성방식으로 미루어볼 때, 인도나 중국의 석굴사원에서 형식적 기원을 찾는다. 불교가 발생한 인도와 한국 불교에 직접적인 영향을 끼친 중국의 경우, 거대한 암벽을 파고 들어가 그 내부 벽면에 불교적 도상을 부조로 새기고 예배처나 수행 공간을 만든 석굴사원이 유행했다. 인도의 아잔타와 엘로라 석굴사원, 중국

서산 마애삼존불, 백제, 높이 약 2.8m, 국보 제 84호

의 윈강과 룽먼, 그리고 둔황의 석굴사원 등이 그 대표적인 예이다. 5~6세기에 발달한 인도와 중국의 석굴사원은 국가의 적극적인 후원 아래 만들어졌지만, 지형적인 특성도 한몫을 했다. 석굴을 팔 만한 거대한 암반의 산악지대가 분포되어 있고, 암질(岩質)이 대체로 무른 석회암이나 사암 지대에서나 가능했을 일이다. 이에 비해 한국의 지형에는 웅장한 석굴사원을 만들기 힘들게 단단한 화강암층이 많다. 군위 팔공산의 삼존불을 모셔 자연석굴을 시도한 경우나 토함산 석굴암처럼 인공석굴을 조성한 드문 경우는 있다.

우리나라는 화강암의 나라이다. 노년기 지형의 산악은 대부분 크고 작은 덩어리의 화강암 바위를 품고 있다. 금강산, 북한산, 도봉산, 월출산, 경주 남산 등 바위산들도 적지 않다. 예로부터 흙으로 이루어진 산을 육산(肉山)이라 불렀고, 바위가 많은 산을 골산(骨山)이라 했다. 흙을 인체의 살에, 바위를 뼈에 비유한 것이다. 바위산 중에서도 가장 빼어난 금강산을 '뼈를 모두 드러낸 산'이라는 의미의 개골산(皆骨山)이라 이름 짓기도 했다. 우리 땅을 금수강산이라 하는 이유 중 하나가 실제 돌이 많은 암석 강산의 아름다움에서 비롯되지 않았을까 하는 생각마저 들게 한다.

한국인이 오랜 세월 산을 끼고 살아온 만큼, 산은 한국 문화와 예술의 성격을 형성하는 데 커다란 역할을 해왔다. 분묘를 비롯해서 초가지붕부터 건축물에 이르기까지 완만한 능선의 육산 형태를 닮아 있다. 조각, 도자기, 공예, 복식, 회화, 서예, 춤과 음악, 시문학 등 모든 문화예술에 그 산의 형태미가 적절히 배어 있다고 흔히 해석된다. 또한 투실하면서도 정감 어린 형태와 따스한 색감을 지닌 화강암의 아름다움 역시 마찬가지이다.

우리 선조들은 화강암 바위에 직접 쪼아 새긴 마애불은 물론, 화강암을 재료로 쓴 석불과 석탑, 그리고 석등, 부도, 석비 등 석조 예술품을 통해 암질의 맛과 조형미를 한껏 살려내었다. 특히 마애불을 통해 화강암의 질감과 바위의 형상미를 가장 적절히 표출시켰다고 본다. 우리 근현대 회화에서 대중의 사랑을 듬뿍 받는 박수근의 유화 그림이 화강암의 질감이나 마애불을 닮았다고 비교될 정도이다. 그런 만큼 돌에서 우러난 숨결과 감정이 한국인의 미의식에 가장 가깝다고 여겨진다.

산악신앙·바위신앙의 전통과 마애불

산은 한국인에게 생활신앙의 모태였다. 하늘에 가까이 맞닿은 곳으로, 신이 내려오는 성역으로서 숭산(崇山)의 뿌리가 깊다. 백두산, 묘향산, 금강산, 지리산, 한라산 등 국가적인 제사를 지내던 주요 대악(大岳)부터 도시를 형성한 중심의 진산(鎭山)과 서낭신을 모시던 마을의 뒷동산까지, 자연신 숭배 신앙으로 산신령의 존재를 오랫동안 섬겼던 것이다. 마애불이 산악에 주로 조성된 이유도 그러한 전통을 따른 때문이라 여겨진다.

산신은 본래 현지의 신령스런 특정 공간이나 대상에 존재한다고 믿어왔다. 땅 위에 드러난 거대한 바위가 주목을 받았고, 바위의 형태에 따라 신령스러움을 부여했다. 거북이나 호랑이, 용과 같은 상서로운 동물 모양의 바위, 사람의 형상과 유사한 바위, 기자(祈子)신앙의 대상으로 남녀 성기의 모습을 닮은 바위 등이 주로 선택되었다. 우리 민족은 언제부터인가 그런 특정 바위에 개인이나 가족의 풍요와 다산, 국가나 공동체의 평안과 수호를 기원하였다. 이런 현상은 무속적인 형태로 현재에도 살아 있을 정도이다. 산악의 정령이 깃들어 있다고 믿는 주요 바위 곳곳에 이름을 쓰거나 치성을 드리는 행위가 여전하다.

불교 사회가 정착된 4~5세기 이후에는 신앙적 중심이 부처의 권위로 옮겨졌다. 그 전이(傳移)의 양상은 바위에 새긴 부처, 곧 마애불에 가장 잘 나타난다. 전국의 주요 산악에 조성된 마애불의 위치를 눈여겨보면, 부처가 새겨진 바위들은 하나같이 평범한 바위가 아니다. 마애불이 거북 형태나 남녀 성석(性石) 등과 함께 공존하는 실상이나, 마애불에 관련된 신화나 전설에서도 무속과 불교의 혼성을 뚜렷이 보여준다. 이처럼 무불신앙이 교차하면서도 양자가 서로 조화롭게 공존하는 현상은 외래신앙을 포용하는 한국 무교의 속성이기도 하다. 그리고 불교가 전파되면서 그 지역의 토착적 신앙과 융합하는 경향을 잘 보여준다.

우리의 마애불은 무속적 요소와 공존하면서도 그 토착의 존재를 손상시키지 않는 범주에서 조성되었다. 마애불이 새겨진 바위의 위치는 대부분 산의 8부 능선쯤의 아래로 산의 최정상을 피해 있다. 마애불을 새길 만한 바위인데도 산신령으로 모신 거암이나 특정 형상의 암벽에는 마애불을 새기지 않은 점이 눈에 띈다. 태안 백화산 마애삼존불, 경주 남산의 상선암 마애불좌상과 신선암 마애보살상, 경주 서악 선도산 마애삼존불, 홍성 용봉산 신경리 마애불입상, 함안 방어산 마애약사삼존상, 서울 북한산 승가사 마애불좌상 등 우리나라 마애불의 대표작이라 할 바위들의 위치를 감안하면, 그러한 원칙이 정확히 지켜져 있다.

한편 불교에서 산신의 구체적인 형상화는 조선 후기 사찰의 산신각에 모셔진 탱화에서 찾아볼 수 있다. 우리 산의 명물인 호랑이와 흰 수염의 선인(仙人)과 같은 신의 모습으로 표현되어 있다. 마애불을 조성한 곳도 이런 도교적인 신선의 개념과 무관하지 않은 것 같다. 이는 마애불이 새겨진 장소의 지명과 절 이름을 통해서 유추된다. 도교적 명칭이 붙은 이유는 산에 신선이 존재한다고 믿거나 산신을 신선과 같은 존재로 여긴 탓이다. 주로 신선이 살 만한 절경의 계곡이나 전망이 빼어난 곳에서 마애불을 만나게 된다. 신선을 부처상으로 대체한 게 마애불인 셈이다. 백제 서산 마애삼존불이 마을 사람들에 의해 산신으로 여겨

경주 남산 신선암 마애보살상(통일신라, 높이 약 2m, 보물 제 199호) 전경

지다가 세상에 알려진 점도 그런 사례다.

신선과 관련된 곳은 특히 신라의 주요 마애불들에서 발견된다. 7세기 전반 신라의 경주 단석산 마애불상군은 김유신의 화랑 시절 수도처인 상인암(上人岩)에 새겨져 있다. 석실을 이룬 ㄷ자형 암벽의 명문(銘文)에 의하면 절 이름이 신선사(神仙寺)이며, 선인으로 추앙받던 화랑과 미륵신앙과의 관계를 알려주는 내용이 밝혀져 있다. 또 7세기 후반에서 8세기 초의 경주 서악 선도산(仙桃山) 마애삼존상과 경주 남산 신선암(神仙庵) 마애보살좌상, 그리고 9세기 경주 남산 삼릉계 상선암(上仙庵) 마애불좌상 등이 '신선'의 지명을 가진 사례들이다.

이들 외에도 마애불의 지명에 나타나는 우물구멍, 용, 봉황, 제비, 복숭아 등은 불교의 대상이라기보다는 도교의 신수(神獸)나 상서로운 무교적 물상(物象)에 가깝다. 신라 말 경주 두대리 마애삼존불은 벽도산(碧桃山)에, 홍성 마애불입상은 용봉산(龍鳳山)에, 그리고 영암(靈岩) 월출산 마애불좌상은 구정봉(九井峯) 아래에 있다. 고려시대의 예로는 파주 용미리(龍尾里)의 두 마애불입상, 안동 이천동 연미사(燕尾寺)의 마애불입상 등이 있다. 이들 마애불은 대부분 산 정상에서 삶터나 산세를 조망하는 곳에 있다. 그야말로 '미륵이 세상을 내려다보는' 지점이라 할 만하다. 이들의 조각미와 예술성은 한국 마애불을 대표할 만한 수준이다.

이처럼 우리나라 전역에 흩어져 있는 마애불은 도교적 신선사상이나 산악숭배와 함께 바위 정령신앙에서도 그 종교적 뿌리를 찾을 수 있다. 바위신앙은 산악뿐만 아니라 사람들의 삶터를 일구게 한 강변의 암석을 중심으로 형성되었다. 마애불 역시 강변의 벼랑에 새겨진 사례가 적지 않다. 그런 까닭에 마애불의 한 시원을 '바위에 새긴 그림과 무늬'의 암각화에서 찾기도 한다. 고대의 조형예술인 암각화는 울산 반구대의 예처럼 수렵과 어로생활상을 구체적인 형상으로 표현한 경우와 울산 천전리, 포항, 경주, 안동, 영주, 고령, 남원 등 기하학적 무늬를 새긴 경우로 대별된다. 대체로 청동기시대의 산물로 삼국시대 초기까지 암각화의 제작이 지속되었으리라 추정된다. 암각화는 다산과 풍요를 기원하기 위한 성소(聖所)에 새겼을 것으로, 고대 사회의 제의(祭儀) 문화와 관련한 주요 바위신앙의 유적이다.

무교적 바위신앙에서 불교로 변화된 증거가 같은 공간에 남아 있는

상선암 마애불좌상 전경

경주 남산 상선암 마애불좌상,
통일신라, 높이 약 6m,
경상북도 유형문화재 제 158호

경주 남산 상선암 붙임바위

사례로는 영주 가흥동의 마애삼존불과 암각화를 들 수 있다. 낙동강 상류 소백산맥이 병풍처럼 펼쳐진 이곳은 신라의 북쪽이며 고구려와 인접했던 지역이다. 강변의 언덕 바위에 거의 환조에 가깝게 입체적으로 조각된 삼존불은 7세기 후반 신라가 백제와 고구려 일부를 통합하는 시기에 만들어졌을 것으로 보인다. 마애불의 왼쪽 벼랑에 암각화가 보이고, 주변 바위에는 구멍을 쫀 성혈(性穴) 흔적도 뚜렷하게 남아 있다. 암각화는 8개 방패 모양 또는 칼의 손잡이 모양인 검파식(劍把式) 형태의 이방연속무늬로 배열되어 있다. 문양의 단출한 형태로 미루어 볼 때, 제작 시기는 청동기시대보다 삼한 내지 삼국시대 초기로 추정된다. 이곳은 경치 좋은 강변에서 어로와 수렵, 그리고 농경을 토대로 살았던 고대인들의 공동체적 신앙터였을 것이다.

한국의 암석신앙은 청동기시대 고인돌이나 선돌 같은 삶터에 조성한 거석문화에서도 그 전통을 엿볼 수 있다. 마을 앞 신목(神木)과 함께 악귀를 막아주는 수호신 또는 풍요와 다산을 기원하는 신앙 형태로 선돌을 세우거나 돌무더기를 쌓았다. 마을 입구나 경계 표시로 특정 공간에 세웠던 선돌은 후대까지 민속신앙으로 자리를 잡았다. 선돌은 구체적인 인물 형상의 이미지를 새겨넣은 장승으로 변신하기도 했고, 남성의 성기 모양으로 성석을 조각하기도 했다. 부처상을 취한 민불(民佛)의 사례도 있고, '돌미륵', '미르기', '미륵할미' 등으로 부르면서 자연석의 선돌에 미륵의 불성(佛性)을 부여하기도 했다. 이런 마을 미륵 외에도 서울 인왕산에 고깔을 쓴 두 승려 모양의 커다란 선바위나 계룡산 신도안 용화봉의 '미륵존불'이라 불리는 거대한 자연암석 등을 불상과 같은 개념으로 인식한 경우도 적지 않다. 부처를 새기지 않은 거암불(巨岩佛)이다.

마애불에 대한 민간의 의례행위 또한 거석신앙과 유사한 점을 보인다. 신령스런 특정 바위에 주먹돌을 문지르며 기원하는 붙임바위 제의 형태는 마애불에서도 찾아진다. 인왕산 선바위에서 행하는 붙임바위의 기원 방식은 서울 홍지문 앞 보도각 백불에서도 확인된다. 경주 남산 삼릉계 대마애불좌상이나 원주 치악산 입석사 마애불좌상, 안동 이천동 마애불입상 등의 앞에도 주먹돌을 문지르며 소원을 빌고 치성을 드린 흔적이 뚜렷이 남아 있다.

미륵 세상을 꿈꾸는 마애불의 시선

마애불은 삶터에 내려앉은 사례도 없지 않지만, 대체로 산속 깊은 곳이나 정상 부근에 있다. 그런 마애불은 옛 모습 그대로이지만, 세월의 흔적만큼 마애불을 찾아가는 길은 이미 옛길이 아니다. 마애불 아래까지 승용차가 다니는 도로가 나기도 하고, 주변의 환경이 옛날과 크게 달라진 곳도 있다. 그렇지만 마애불을 만나기 위해서는 여전히 숨 가쁜 산행을 감행해야만 한다. 처음에는 왜 하필 그리도 버거운 장소에 부처를 새겨놓았을까 짜증이 나기도 하고, 안내 표시조차 제대로 안 된 곳이 적지 않아서 심산유곡의 마애불을 찾기 위해 온 산을 헤매기 일쑤다. 한데 힘든 만큼 답사를 할수록 마애불이 새겨진 장소가 주는 느낌이 늘 새롭고 상서롭게 다가온다. 조각적인 조형미와 함께 부처를 조성한 위치 또한 하나같이 신령스러움이 깃들어 있을 법한 비경이다.

사람의 발길이 닿기 어려운 산속 깊이 숨은 은자 부처의 모습으로, 또는 삶터에 내려앉은 지킴이 부처의 모습으로 계신 곳도 물론이려니와, 하늘 미륵이 된 것처럼 마애불이 자리한 산 정상에서 내려다보는 풍광은 더할 나위 없이 감동적이다. 최고의 안복(眼福)을 누리게 해준다. 산은 높이 오를수록 하늘에 가까워지고 너른 경치를 품어 안으니, 미륵의 세상이 그렇게 열리지 않을까 싶기도 하다. 마애불은 미륵세상을 꿈꾸며 그런 시선을 유지하고 있는 것 같다.

백제의 서산 마애삼존불이나 태안 마애삼존불, 신라의 경주 단석산 마애불상군을 비롯해서 경주 남산의 마애불들 대부분은 절경 속에서 그 태고의 신성함을 오롯이 유지하고 있다. 이들은 초기 마애불의 조성 의도와 가량을 잘 보여준다. 특히 우리나라 마애불로는 첫 작품으로 앞뒤를 다투는 서산 마애불삼존불이나 태안 마애삼존불의 경우 백제의 미소로 유명한 것처럼 새김 솜씨가 뛰어나다. 마애불의 나라를 예고하는 듯한 부조미를 갖추었다.

7세기 경주 남산 불곡 마애불좌상, 8~9세기의 경주 남산 탑곡 마애불조상군, 칠불암 마애불상군, 삼릉계 마애불좌상, 약수계 마애불입상, 백운대 마애불입상, 윤을곡 마애삼존불, 두대리 마애삼존불입상, 골굴암 마애불좌상, 보리사 마애불좌상 등 경주 지역 신라의 마애불은 조각 기량이 크게 진전되면서 원만한 상호의 품위를 갖추었다. 8~9세기의 경주 양식은 다른 지역의 마애불 제작으로 확산된다. 성주 노석동 마애불상군, 보성 유신리 마애불좌상, 남원 신계리 마애불좌상 등이 그 예이다. 이어서 고려시대 마애불로는 덕주사 마애불입상, 선운사 도솔암 마애불좌상, 팔공산 염불암 마애불좌상 두 분, 문경 대승사 마애불좌상과 봉암사 마애불좌상, 금강산 묘길상 마애불좌상 등이 있다. 이들 운둔자 모습의 마애불들은 고요하고 청정한 공간에 모신 부처들로, 긴 시간 차분하게 기도를 올리게 한다.

7세기 백제의 예산 화전리 사방불, 7~8세기 신라의 중원 봉황리 마애불상군, 영주 가흥리 마애삼존불들은 사람들과 비슷한 높이로 교감하며 삶터나 사원을 지켜주던 부처들이다. 강과 들이 함께 어우러진 조화미를 맛보게 해준다. 8~9세기 신라의 경주 굴불사지 사면석불, 대구 동화사 입구 마애불좌상이나 고려의 지리산 쌍계사 마애아미타여래좌상이나 법주사 마애불좌상 등은 사원 지킴이 역할을 보여준다. 또 고려

영주 가흥동 마애불 아래의 암각화, 삼한-삼국시대 초

의 괴산 원풍리 마애불병좌상, 고령 개포동 마애관음보살좌상, 안동 제비원 마애불입상, 팔공산 신무동 마애불좌상, 지리산 천왕봉을 향한 마천 마애불입상, 내금강 입구의 삼불암 등은 사람들이 오가는 주요 길목의 지킴이인 듯하다. 고려의 여주 계신리 마애불입상은 뱃사람들이 잠시 멈추고 기원할 수 있도록 남한강변 절벽에 새겨진 독특한 사례이다. 이들은 대부분 사람들의 시선과 가까이 조성되는 만큼 권위적이기보다는 친근한 표정을 짓고 있다. 시대가 내려올수록 장승이나 민속신앙물과 혼돈되는 경우도 적지 않다.

하늘과 맞닿은 벼랑에 새겨진 마애불은 신라 8~9세기 가장 전성기의 것들이다. 경주 남산 신선암 마애보살좌상과 삼릉계 상선암 대마애불좌상과 용장사 마애불좌상, 옛 가야 땅을 굽어보는 함안 방어산 마애약사삼존불, 영산강 큰 굽이와 영암평야를 굽어보는 월출산 구정봉 아래의 마애여래좌상, 태백산맥의 아래쪽 켜켜이 겹쳐 흐르는 산 능선을 마주한 안동 옥산사 마애약사여래좌상, 홍성평야가 시원스레 열린 곳에 자리 잡은 신경리 마애여래입상 등도 그 좋은 사례이다. 서울 도성을 내려다보는 북한산 승가사 마애불좌상, 지리산 천왕봉 첩첩능선을 내려다보는 정령치 마애불상군, 섬진강의 굽이를 끌어안은 구례 사성암 마애불입상, 용인·수원·안성 일대 들녘이 펼쳐진 곳에 오뚝한 안성 선유동 마애불 등은 하늘 미륵의 감동적인 위치에 조성된 고려시대 작품들이다. 모두 최고의 터를 잡은 점지(占地)이고, 도솔천이나 극락세계가 멀지 않음을 알려주는 듯하다. 강화 보문사의 마애관음보살좌상은 마애불의 전통을 20세기까지 끌고 온 사례로 서해를 망망히 바라보는 위치에 조성되어 있다.

하늘과 땅이 동시에 열리는 공간에 조각된 마애불의 시선을 통해 아름다운 한국의 산하를 다시 음미하는 일이 마애불 답사의 가장 큰 행복이다. 또 그것을 사랑한 선조들의 마음과 종교적 정서, 그 부처상에 담긴 시대정신과 조각미를 읽으며, 자연과 예술이 어울린 풍광 속에서 가슴 벅찬 시간을 갖게 한다. 마애불을 찾아 등산하면서 그 옛날 조각가의 지극한 정성을 상상해보자. 자신의 땀과 노고로 조각한 부처상이 많은 사람에게 복을 내릴 거라는 심정으로 최선을 다했을, 조각가의 정제된 마음씨가 곧 마애불의 자태이자 앞으로 이 땅에 내려올 미륵의 화신이지 않나 싶다. 정교한 것은 완벽한 대로, 거친 것은 미숙한 대로, 억지스럽지 않은 친근감과 자애로움을 풍기지 않을까 싶다. 마애불의 예술적 진정성과 한국적 이미지는 바로 그 지점에서 분출된다.

마애불에 투영된 한국인의 마음과 얼굴

6세기 말~7세기 초 서산 마애삼존불이 보여주듯이, 첫 마애불 조각부터 암벽의 형태와 바위 결을 최대한 살린 수작을 만들어냈다. 화강암의 질감과 강도에 거스르지 않고 '돌의 결과 감정'에 따라 천진스런 부처상을 그렇게 새긴 것이다. 불국토 건설을 꿈꾸던 신라인의 이상미가 반영된 8세기 마애불은 부처의 육신을 탄력 있게 살린 부조예술의 뛰어난 기량을 뽐낸다. 그러면서도 마애불을 새긴 바위의 원형을 최대한 살리려는 배려를 잊지 않았다. 신라 후기 지역 호족세력의 성장과 함께 마애불의 조성이 확산되면서, 그 호족의 미의식이 실린 9세기 마애불부터는 절대적 존재로서 이상화된 부처의 정형이 깨지고 조각수법이 다양해진다. 표정이 딱딱해졌지만 바위에 새긴 변상도나 불화 같은 이미지의 선각형 마애불이 나타났고, 얼굴은 부조로 조각하면서 몸은 선묘로 새기는 독특한 형식도 생겨났다.

고려에 들어서서는 신라 말의 사회적 전통을 배경으로 마애불이 가장 유행하였다. 지방 호족의 후원 아래 만들어지면서도 민중의 감성과 함께하는 마애불들이 경기·충청·전라도 지방 곳곳에 들어섰다. 고려시대 이후 괴력을 갖춘 신이(神異)적인 존재로서의 돌부처, 곧 토속미 가득한 마애불의 조각에는 부처의 도상적 격식보다 기복신앙의 의미가 강조되어 있다. 거불(巨佛)이든 선각이든 암벽의 분위기와 바위의 원형을 해치지 않으면서 투박한 대로 최선을 다한 고려 마애불의 새김 기법은 한국인의 미의식과 조형미를 잘 드러낸 것이라 하겠다.

이러한 조성 방식은 돌덩어리에서 인체의 동세를 찾고 돌의 원형을 완전히 잃어버리는 서구의 전통적인 조각 개념과는 크게 다르다. 특히 바위의 괴체미(塊體美)에 따라 새긴 고려 이후 마애불의 단순미는 오히려 현대조각의 추상적 조형어법에 가깝다. 이처럼 우리의 마애불은 자연과 동화하고 그 순리에 역행하지 않으면서 발전해온 한국 문화예술의 진면목을 그대로 보여준다고 하겠다.

우리 마애불의 변함없는 특징은 부처를 새긴 바위의 원형과 결을 변형시키지 않았다는 데 있다. 단순히 절대적인 신으로서 부처의 형상만 조각했다기보다, 바위에 담긴 정령을 존중한 셈이다. 이 땅에 살던 사람들의 바람을 실어낸 무속적인 신상의 의미로 조성된 마애불들은 더욱 그러하다. 인간의 삶과 호흡하던 자연 속의 신으로서, 바위의 최초 형태에 부처의 이미지를 투영시켜 조성했기 때문이다. 마애불은 산속에 깊이 숨은 은자의 모습으로, 하늘과 가까이서 삶터를 굽어보는 산신령과 동격으로 여긴 하늘 미륵으로, 땅에 내려앉아 사람과 눈높이를 맞추는 지킴이의 역할을 겸한 존재로, 각자의 성격에 걸맞은 인상을 짙게 풍긴다.

또한 마애불은 초기부터 미륵신앙과 관련을 갖고 발전한 까닭에 미륵신앙의 형태가 대종을 이룬다. 미륵은 56억 7,000만 년 뒤에 용화수 아래서 성도(成道)하여 세상을 아름답게 만들 미래의 부처이다. 미륵의 세상을 꿈꾸며, 끊임없이 변화를 갈망하며, 인간의 세속적 삶을 반영해온 우리의 마애불은 이상화된 부처의 존재로서 하나의 형상에만 머물지 않았다. 때로는 어린아이 같은 모습으로, 때로는 인자한 표정으로, 때로는 심통이 가득 차거나 목에 잔뜩 힘을 주어 권위를 내세운 자세로, 때로는 인자한 시골 아저씨 같은 편안함 또는 못난이 상으로, 때로는 손발이 어색하고 신체 비례를 무시한 자태로, 부처의 격식을 완전히 벗은 형태로 다채롭게 묘사되어 있다. 한국인의 여러 얼굴과 마음씨, 곧 '심상'을 그대로 암벽에 새겨온 것이다. 마애불은 종교적 대상으로서, 역사적 가치와 예술적 감명에 더불어 한국미를 맛볼 중요한 장소이다.

이태호 명지대학교 미술사학과 교수·및 박물관장이다. 홍익대학교 회화과와 같은 학교 대학원 미학·미술사학과에서 공부했다. 국립중앙박물관·국립광주박물관 학예연구사, 전남대학교 교수와 박물관장 등을 역임했고, 현재 문화재위원이다. 미술사를 공부한답시고 전국을 두루두루 답사한 지 30여 년이 훌쩍 넘었다. 웬만한 곳은 몇 차례씩 다녀서 발길 닿지 않은 곳이 없을 정도다. 회화사 전공자이지만, 불교조각 분야인 마애불에 반해 그동안 120여 곳을 넘게 답사했다. 한국미술사 가운데 한국회화사를 중점적으로 연구하며, 《우리 시대 우리 미술》, 《조선 후기 회화의 사실정신》, 《미술로 본 한국의 에로시티시즘》, 《조선 후기 그림의 기와 세》 등을 썼다.

8

한국의 종교

우리 종교의 향기로운 즐거움

최준식 이화여대 교수

나는 그동안 한국 종교에 대해서 그다지 좋은 소리를 하지 않았다. 한국 종교는 한국 사회가 갖고 있는 만큼이나 많은 문제를 갖고 있기 때문이다. 그 점에 대해서는 이미 다른 지면을 통해 동료들과 협업하여 밝혔다. 한국 종교는 이 시각에서만 보면 금세 망할 것 같은 느낌이 든다. 한국 사회도 마찬가지이다. 비관론자가 극히 비판적인 시각으로 보면 한국 사회는 당장 망할 것처럼 보일 것은 물론이고, 지구에서 제일 썩은 사회로 비춰질 것이다.

그런데 한국 사회는 망하기는커녕 눈부시게 발전하고 있다. 이것은 모든 사물이 갖고 있는 양면성 때문이 아닐까 한다. 부정적인 면만 보면 그 면만 있는 것 같지만, 그만큼 긍정적인 면도 있다는 것이다. 한국 종교도 마찬가지일 게다. 그동안 나는 한국 종교의 개혁을 주장하면서 '한국 종교는 망해야 산다.'고 다소 강하게 공언해왔다. 이 시각이 전적으로 잘못된 것은 아니지만, 전체를 보지 못한 것은 확실하다. 한국 종교에는 부정적인 요소와 함께 분명히 순기능이 있다. 그래서 계속해서 발전하고 있는 것이다. 이번에는 이런 시각에서 환골탈태(換骨奪胎)해 한국 종교가 갖고 있는 순기능적인 요소와 그런 것에서 느끼는 즐거움에 대해 보려 한다.

서로 다른 세계관의 평화로운 공존

한국이 종교적으로 특이한 나라라는 건 종교 전공자 사이에서는 꽤 알려진 사실인데, 일반에는 그 사실이 그리 잘 알려져 있지 않거나 잘못

알려져 있는 것 같다. 흔히들 한국은 '종교의 백화점'이라고 하는데, 완전히 틀린 말은 아니지만 한국 종교의 실상을 제대로 표현한 것은 아니다. 왜냐하면 우선 한국 종교는 다양성이라는 면에서 미국이나 일본을 따라갈 수 없으니 백화점이라는 표현은 그다지 정확하지 않다. 종교의 다양함이라는 측면에서 볼 때 미국이 대형 마트라면 한국은 동네의 큰 슈퍼 정도라고나 할까?

미국의 종교계를 보면 전 세계에서 들어오지 않은 종파가 없을 정도로 다양함을 자랑한다. 사정이 그럴 수밖에 없는 게 미국은 전 세계에서 가장 다양한 인종들로 구성되어 있는 사회이니 그 인종들이 신봉하는 다양한 종교들도 같이 들어와 있을 것이기 때문이다. 나는 동북아시아 종교 전공이니 불교의 예를 들어보자. 미국에는 아시아의 많은 민족들이 들어와 살고 있다. 그러니 그들이 믿는 불교, 즉 선불교, 티베트 불교, 동남아시아 불교, 중국 불교, 일본 불교, 그리고 한국 불교까지 여러 종파가 모두 들어와 있을 터이니 그 종류가 얼마나 많겠는가? 이에 비해 한국은 그렇지 않다는 점은 설명할 필요도 없을 것이다.

그러면 한국은 어떤 면에서 종교적으로 특이하다는 것일까? 한국은 종교적인 면에서 정말로 특이한 나라이다. 세상에 이런 유례가 없기 때문이다. 인류 역사를 통틀어 21세기의 한국처럼 공간적으로는 동서양의 대표 종교가 다 들어와 비슷한 세력으로 각축하고 있고, 시간적으로는 고대 종교와 현대 종교가 공존하고 있는 나라가 없었다. 이게 무슨 말일까? 이에 대해서는 다른 지면을 통해 익히 밝혔지만, 논지의 전개를 위해 아주 간단하게 다시 보자.

우선 공간적으로 동서양 종교가 다 들어왔다는 것이 무슨 의미인지

보자. 인류사를 보면 세계 종교는 대체로 인도와 중근동이라는 두 축에서 나온 것임을 알 수 있다. 인도는 힌두교와 불교가 나온 곳이고, 중근동은 유대-기독교(그리고 이슬람)가 나온 땅이다. 그 가운데 한국에는 불교와 기독교가 번성하고 있다. 이처럼 동서양의 종교가 같이 있는 나라가 적은 것은 아니다. 그러나 한국처럼 양 종교가 비슷한 세를 유지하고 있는 나라는 전 세계에 없다. 이 두 종교는 매우 다른 세계관을 갖고 있는데도 큰 갈등 없이 이럭저럭 지내는 게 신기할 따름이다. 또 한국처럼 불탄일과 크리스마스(기독탄일)라는 두 종교 교주의 생일을 모두 공휴일로 정한 나라는 지구상에 없을 것이다. 그리고 종교 간 협력 단체인 한국종교인평화회의(Korean Conference on Religion and Peace)처럼 6~7개의 대종교들이 모임을 만들어 자주 만나 일을 도모하는 나라도 흔치 않을 것이다. 이 점만 보아도 한국은 종교적으로 대단히 특이하고 재미있는 나라임에 틀림없다.

그런가 하면 한국은 시간적으로도 고대 종교와 현대 종교가 뒤섞여 있다. 고대 종교란 말할 것도 없이 흔히 무속이라 불리는 무교(巫敎)이다. 한국 무교의 특징은 여러 가지가 있지만, 그중에서 아주 오래된 고대 의례가 아직까지 전승되고 있다는 점이 가장 두드러진 특징일 것이다. 무교에 근대나 현대적인 요소가 없는 것은 아니지만 그 기본구조나 설화, 의상, 그리고 가무 등과 같은 가장 핵심적인 요소가 그다지 바뀌지 않고 전승되었다는 의미에서 그렇다는 것이다. 우리 한국인들은 굿이라는 종교 의례에 워낙 익숙한 터라 별 생각을 안 하지만, 이렇게 현대화된 도시에서 그런 고대 종교의례를 목격하기란 쉽지 않은 일이다.

그다음으로 한국에 불교나 유교 같은 중세(?) 종교들이 세를 떨치고 있는 것 역시 자명한 사실이다. 이 점은 언급이 더 필요하지 않을 것이다. 한국 종교는 이렇게 천 몇백 년을 지내오다 근대가 되면서 대격변을 맞이한다. 동학으로 시작되는 우리의 신종교운동이 그렇다. 한국은 19세기 말부터 역사상 처음으로 신종교운동의 전성기를 맞이한다. 동학과 그 뒤를 이은 증산 계통의 종교들, 그리고 이 둘을 불교적으로 이어받은 원불교가 대표적인 종단인데, 이 외에도 400개에 가까운 신종교 교파가 활동하고 있다.

여기서 그치지 않고 현대에는 서양에서 기독교(신구교)가 들어와 똬리를 틀었다. 물론 가톨릭의 경우에는 그 수입 연대가 동학보다도 먼저이지만, 서양에서 들어왔다는 의미에서 현대에 들어왔다고 한 것이다. 그런데 한국의 기독교는 일본이나 중국과 그 양상이 매우 다르다. 우선 한국은 그 신자 수가 많다. 인구의 1/4 정도가 기독교도가 되었으니 4명 중 한 명은 교인이 된 것이다. 그런가 하면 대통령은 초대부터 2/3 정도가 기독교도였다. 동아시아에서 기독교인이 대통령이 되는 나라는 필리핀과 한국밖에 없다. 국회의원도 기독교인이 1/3이 넘는다. 그래서 한국에서는 실세에 들어가려면 기독교를 믿어야 한다는 말이 나오는 것이다. 신학자들은 한국이 준기독교 국가라고 하는데, 그것이 꼭 틀린 말은 아니다.

우리 종교의 색깔

지금까지의 설명이면 한국이 종교적으로 얼마나 특이하고 재미있는 나라인지 알 수 있지 않을까? 현재 한국에 있는 종교들은 그 취향이나 향기가 모두 다르고 독특하다. 나름대로 확실한 색깔을 갖고 있으면서도 한국이라는 전체 맥락에 잘 어울려 있다. 이런 종교들이 전체 맥락에서 각각 어떤 모습을 하고 있는지 보자.

내가 한국 종교를 말할 때 가장 먼저 드는 종교는 항상 무교이다. 무교가 한국인과 가장 가까운 종교이기 때문이다. 그래서 나는 무교야말로 한국인의 영원한 종교라고 주장한다. 나에게는 이 생각이 아주 자연스러운데, 아직도 거개의 한국인들은 받아들이지 않는다. 그러나 한국을 조금 아는 외국 학자들은 대부분 내 의견에 동의한다. 왜 무교가 우리에게는 중요한 종교인가 하는 것은 질리도록 설명했으니, 그보다는 이 종교가 대체 우리에게 어떤 의미와 재미를 주는지 보자.

나는 무당집에 가거나 굿을 볼 때마다 흡사 고향의 할머니 집에 온 것 같은 느낌을 받는다. 우리는 굿에 익숙한 나머지 그다지 흥미를 갖지 않지만, 객관적으로 보면 이런 종교의례는 다른 나라에는 없는 대단히 독특한 것이다. 과문한 탓인지는 몰라도, 전 세계 어디에서도 여성 사제가 여성 신도만 데리고 종교의례를 행하는 경우는 발견할 수 없기 때문이다. 거기다 조용하게 하는 것도 아니고 온 동네가 떠나갈 것처럼 온갖 소음으로 의례 전체를 점철하는 것은 아무래도 한국에서만 발견되는 의례 같기만 하다.

한국은 겉으로 보기에는 남자만 위하는 유교적인 가부장제 국가 같지만, 이렇게 속으로 들어가면 여성들만 존재하는 영 다른 세상이 있다. 그것도 그저 하부 문화로만 있는 게 아니라 엄연한 힘을 갖고 남성의 문화와 맞먹고 있어 이채롭다. 한국 무교를 가지고 영문 학술서를 처음 쓴 미국의 로럴 켄들(Laurel Kendall)도 비슷한 경험을 했다. 평화봉사단으로 한국에 왔을 때 유교국가로만 알았던 한국에서 굿을 발견하고 깜짝 놀라 급기야는 인류학을 전공해 한국 무당을 주제로 학위를 받은 것이다.

한국인들은 종교를 가리지 않고 혼자 해결하기 힘든 문제가 생기면 무당에게 달려간다. 한말에 선교사로 와 있던 호머 헐버트(Homer B. Hulbert)도 이 점을 지적한 바 있는데, 이것은 아직도 유효하다. 그럼 한국인들은 왜 무당에게 달려갈까? 여러 이유가 있겠지만, 일단 무당은 한국인의 심리를 가장 잘 아는 영적 상담가이기 때문이리라. 무교는 이 땅에 수천 년 동안 있으면서 한국 민중과 호흡을 맞춰왔고, 그래서 그들의 심성을 아주 잘 알고 있다. 무당의 상담기법 중에 가장 기본적인 것은 내담자를 절대로 비난하지 않을 뿐만 아니라 적극적으로 그의 편에 서서 같이 울고 같이 웃는다는 것이다. 그렇게 한 시간 정도 하고 나면 내담자는 속이 후련해지고 나름대로 해법을 찾게 된다. 이렇게 신도들을 무조건 받아주는 무당의 태도는 마치 할머니의 그것과 닮은 것 같아 여간 재미있는 게 아니다. 또 굿에는 잊어버린 많은 것들이 있다. 대감 신령 같은 신들의 이름이 그렇고, 많은 무교의 설화나 신화들, 익숙한 장단이나 춤들이 그렇다. 내가 아무리 바빠도 굿판을 찾게 되는 것은 고향집을 찾아가는 것 같은, 그것도 할머니가 있는 고향집에 가는 것 같은 정취가 있어 그런 모양이다.

무교 외에도 우리에게는 여성적인 종교가 또 하나 있다. 굿을 하다가 앞산으로 가면 그곳에는 항상 정겨운 절이 있다. 절은 항상 열려 있다는 점이 좋다. 불교는 원래 넉넉해서 절에 오는 사람을 절대 가리지 않는다.(중수부 검사나 한나라당 국회의원도 언제든 들어갈 수 있어야 한다.) 그리고 예배 공간인 법당도 항상 열려 있다. 천주교 성당은 조금 개방적이지만, 개신교 교회는 꽤 폐쇄적이다. 그에 비해 절은 우리가 마지막으로 기댈 수 있는 곳이라 할 수 있다. 불교에도 부패한 모습이 있기는 하지만, 우리가 세파에 시달렸을 때 은둔하고 싶은 곳은 절이다. 관광을 가도, 소풍을 가도 절이 빠지는 적은 거의 없다. 그뿐만이 아니다. 절에 갔을 때 말을 잘 하면 먹여도 주고 재워도 준다. 그렇게 언제나 비빌 수 있는 곳이 절이고 불교다. 그래서 불교는 어머니 같은 종교라고 하는 것이다.

불교의 이러한 특징은 한국 불교만 갖는 것은 아닐 것이다. 불교란 지혜나 자비를 가장 중요하게 생각하는데, 이것은 전형적으로 여성적인 덕목이라서 세계적으로 불교는 나라를 불문하고 대단히 부드러운 이미지를 갖고 있다. 그럼 한국 불교는 다른 나라 불교와 비교해볼 때 독특한 특징이 없을까? 이 점은 대단히 중요한 부분인데 일반 불교도들은 잘 알지 못하는 것 같다. 하기야 일반 신도들은 불교에 너무나 익숙해 있어서 자신들이 신봉하는 종교의 특징을 잘 모르고 있는 것이리라. 내가 이해하는 한 한국 불교는 동북아시아 불교문화의 원형을 간직하고 있는 나라이다. 원형이라고 해서 전혀 변하지 않은 원래의 모습을 갖고 있다는 뜻은 아니고, 그 구조가 그렇다는 것이다. 이 문제에 대해서는 더 주밀한 연구가 수행되어야 하겠지만, 문제는 아마도 그것을 전체적으로 연구할 수 있는 학자가 없을 것이라는 점이다. 따라서 여기서도 크게 추측만 할 뿐이다.

우선 승려 공동체가 그렇다. 한국에서 승려가 되기 위해서는 행자부터 시작해 사미승이 되었다가 비구계를 받아야 정식 승려가 되는데, 이런 절차를 제대로 밟고 있는 곳은 한국뿐일 것이다. 중국은 다른 것도 그렇지만 극심하게 혼란했던 청 말을 지나고 사회주의 혁명을 거치면서 이런 전통적인 것들이 죄다 없어져버렸다. 반면 일본은 지나치게 세속화되면서 승려직이 아예 부자로 세습되다 보니 이런 것들이 남아 있을 수가 없다. 한국도 이 관습이 옛날보다는 간소화되었지만, 그래도 골격은 유지하고 있다. 그뿐만 아니라 3개월씩 안거하는 것, 즉 공부하기 위해 봄과 겨울에 절에 붙어 있으면서 절 밖으로 나가지 않는 안거 전통(그리고 해제 전통)이 있는 곳 역시 한국뿐이다.

동북아시아 불교의 가장 큰 특징은 선 수행이다. 선불교는 중국의 천재적인 불교도들이 만들어낸 최고의 작품인데, 이것을 옛 모습대로 수행하고 있는 곳도 역시 한국뿐이다. 3개월씩 일 년에 두 번, 선 수행을 하고 있는 것도 한국 승려들뿐이지만, 그들이 법회를 하는 모습 역시 당나라 때의 선불교 책에 나온 모습을 재연하고 있음을 알 수 있다. 그 모습이 어떤 것인가? 가령 스승이 법좌에 올라가 예를 받고 자신만의 게송(偈頌, 깨달음의 노래)을 읊은 다음 주장자를 내려친다거나 대중에게 화두를 던지는 모습은 유독 한국 불교에만 남아 있다. 이렇게 법회를 하는 모습뿐만 아니라 예불할 때의 모습도 중국 것과 많이 닮았다. 이것은 더 연구가 필요하지만, 적어도 한국 승려들이 법당에서 읽는 예불문은 중국에서 만들어진 것을 사용하고 있는 듯하다. 이건 당연한 일일 텐데, 마찬가지로 한국 개신교도들도 여전히 구미에서 만든 찬송가를 부르지 않는가?

그런데 이런 것보다 더 한국적인 특징을 꼽으라면 아마 한국에서만 젊은이들이 청춘을 집어던지고 깨달아보겠다고 출가를 하는 모습일 것이다. 한국 불교는 밖으로 드러난 모습만 보면 관료불교가 된 것 같지만, 지금도 산속에는 깨닫겠다고 화두에 몰두하는 젊은 승려들이 많다는 사실을 잊어서는 안 된다. 이런 투철한 모습은 중국이나 일본에서는 잘 보이지 않는다.

많은 한국인, 특히 여성에게 유교는 그다지 좋은 인상을 주고 있는 것 같지 않다. 게다가 유교를 국시로 했던 조선이 우리 시대와 바로 연해 있어 한국인들이 그 폐해를 더 많이 느끼는 것 같다. 물론 조선 말기의 유교는 문제가 많았지만, 그렇다고 유교가 항상 그랬던 것은 아니다. 당장에 유교가 신생 이데올로기였던 조선 초기를 보면, 당시의 유교는 사회에 새로운 역동을 일으키는 빼어난 가르침이었다. 그 확실한 예가 세종의 훈민정음 창제가 아닐까? 그뿐만이 아니다. 만일 유교가 형편없는 가르침이었다면 조선을 이어받은 우리가 어찌 이렇게 멋진 국가, 구체적으로 말하면 아시아에서는 일본 다음으로 잘살고 질서가 있는 국가를 만들어낼 수 있었을까? 우리는 유교가 가진 잠재력을 바탕으로 경제성장과 민주화를 이룩한 것이다.

한국의 경제성장은 교육에 힘입은 바가 크다. 교육 하면 전 세계 가르침 가운데 유교를 따라올 것이 없다. 공자가 교육을 가장 중시했기 때문이다. 그런가 하면 한국인들은 유교식 가부장제를 별로 좋아하지 않지만 이 제도 덕분에 매우 이상적인 가족제도를 유지하고 있는 것도 잊어서는 안 된다. 현대 한국인들은 부모와 따로 살게 되어 고부간의 갈등은 대폭 줄였다. 반면에 여전히 부모의 집 근처에 살고 있으니 부모와 지속적인 접촉을 할 수 있어 조부모와 손자에게 모두 좋은 제도가 되었다. 선진국일수록 노인들이 소외되어 힘들게 노년을 보내는데, 한국은 상대적으로 이런 면이 적어 좋다는 것이다. 이것은 한국에 아직도 가부장제가 살아 있기 때문에 가능한 것이다. 그래서 유교는 내게 흡사 아버지 같은 느낌이 든다.

유교는 누가 뭐래도 오래된 가르침이라 즐거운 향기가 많이 난다. 유교는 문(文)을 중시하는 가르침이니 《논어》 같은 고전에서 느낄 수 있는 문향을 잊을 수 없다. 압축적으로 한자 몇 자로 심오한 의미를 담아내니 그 간결함에 혀를 내두른다. 그런 정신을 직접 느끼고 싶으면 서원이나 향교에 가면 된다. 향교 중에 수장격인 성균관은 한국인에게는 교육의 성지 같은 곳인데 일반에는 그다지 잘 알려져 있지 않다. 공자를 모시고 있는 이 성균관이 성균관대학교 안에 있다는 것을 아는 국민은 많지 않을 게다. 그런가 하면 병산서원이나 도동서원, 도산서원 같은 서원은 우리가 사모하는 선비들의 본향이라 전통의 두께와 향기가 잘 묻어난다. 특히 병산서원의 빼어난 경광은 그곳을 방문한 사람은 누구라도 찬탄하게 된다. 향교 중에는 〈성균관 스캔들〉이란 드라마의 배경이 된 전주향교의 정갈한 모습도 잊을 수 없다. 아울러 유교의 주역인 선비는 아직도 단어를 듣는 순간 마음을 설레게 만든다. 그 기품 있고 단정한 모습이 떠오르기 때문이다.

한국 유교와 관련해 그냥 지나칠 수 없는 사실이 있다면 한국의 유교 역시 불교처럼 동북아시아 유교 문화의 원형을 고수하고 있다는 점이다. 그 가운데 가장 전형적인 것은 제사의 준수이다. 지금 동북아시아 국가 가운데 제사를 이렇게 열심히 지내는 나라는 한국뿐이다. 그 결정적인 예가 중국에서는 다 사라지고 없는 문묘제례(공자 제사)와 종묘제례(조선 왕 제사)이다. 이 두 제례는 600년 이상을 지내온 동북아시아의 가장 오래된 제사이다. 그런가 하면 문중 활동이 활발한 것도 한국뿐일 것이다. 문중에서는 선조를 기리는 시향제를 지내고 족보를 만드는데, 이것도 중국에서는 거의 사라진 풍속이다. 한국의 지방에는 아직도 공동의 조상에게 제사를 드리기 위한 제사각을 세우고 있고, 심지어는 효자문도 세운다. 이렇게 유교가 속속들이 살아 있는 곳은 전 세계에서 한국밖에 없을 것이다.

한국 종교 이야기가 기독교(신구교 통칭)로 오면 그야말로 할 말이 많아진다. 한마디로 말해 전 세계에서 기독교가 융성하고 있는 나라는 한국밖에 없으니 말이다. 그래서 교황청에서 보면 남한은 보배 중에 보배다. 아시아에서 한국만이 가톨릭이 번영할 뿐만 아니라 신도 수가 계속 늘어나 500만 명을 상회하니 말이다. 게다가 신부 수도 줄지 않아 심지어는 다른 아시아 국가에 한국 신부(그리고 수녀)들을 수출까지 하니 교황청 입장에서 보면 얼마나 특별하겠는가? 보통 우리나라에 기독교가 창궐하니 다른 아시아 국가도 그렇다고 생각하기 쉽지만 사정은 전혀 그렇지 않다. 이웃인 일본만 해도 기독교도가 전 인구의 1퍼센트도 안 되고, 중국은 아예 선교 자체가 쉽지 않다. 아랍이나 인도, 동남아시아에는 이미 이슬람이나 불교(힌두교)가 똬리가 틀고 있으니 기독교가 비집고 들어갈 공간이 애당초 없었다. 그런 면에서 한국은 기독교 선교사상 아주 독특한 나라가 되었다.

그래서 한국 기독교에는 세계 기록이 많다. 세계 최대 교회(여의도 순복음교회)부터 시작하는 세계 최대 이야기는 식상하니 그만하자. 지면도 부족하니 여기서는 한국이 전통적으로 동양 종교가 살아 있는 나라이면서 기독교가 우위를 점한 유일한 아시아 국가라는 점만 상기하자.(필리핀은 조금 다르다.) 그래서 한국은 동양의 유서 깊은 불교나 유교를 향유하면서 근대적인 서양의 기독교를 동시에 느낄 수 있는 이채로운 곳이 되었다. 서울 시내에서는 사찰과 교회를 가까운 곳에서 발견할 수 있는데, 이것 역시 한국이 아니면 보기 힘든 광경이다.

기독교가 한국에 있어 즐거운 것은 일반 한국인들이 교회를 통해 서구를 경험할 수 있다는 점 때문일 것이다. 한국에 왜 기독교인이 많을까 하는 질문에는 여러 가지 답이 있을 수 있는데, 그중 하나는 한국인에게 교회란 근대화나 세계화를 체험할 수 있는 좋은 통로가 되었다는 것이다. 1960~1970년대에 한국이 세련된 문화를 갖고 있지 못했을 때 한국인들은 교회에서 지극히 세련된 서양 문화를 만날 수 있었다. 경전(기독경)에 나오는 사람 이름도 온통 서양 이름이었고, 노래도 우리가 학교에서 배운 서양 노래와 같은 찬송가들이었다.(우리 음악 교과서에는 찬송가로 쓰이던 노래들이 꽤 있었다.) 따라서 내가 기독교 신자임을 고백하면 나는 그때부터 작고 힘없는 한국인이 아니라 쟁쟁한 서구인들과 같은 반열에 서는 세계인이 되는 것이었다. 그러니 교회에 가는 일이 얼마나 즐거웠겠는가?

나도 개인적으로 성당에서는 그 상징성 넘치는 미사를 좋아하고 개신교회에서는 정감 어린 찬송가를 애송하는데, 정작 기독교가 한국에 끼친 공은 다른 데서 찾아야 할 것이다. 기독교의 진수는 이상스러울 만큼 알려져 있지 않은 '사랑과 정의'라는 개념이다. 한국 기독교 역시 예상한 대로 이 개념을 유감없이 발휘해주었다. 기독교가 들어오기 전에 한국인들은 모르는 남에 대해서는 무관심으로 일관했다. 그러다가 예수님의 가없는 이웃사랑을 접하고 난 뒤 그들은 처음으로 사회에서 버림받은 사람들에 대해 관심을 기울이기 시작했다. 이것은 고아원, 갱생원, 입양원 등 그 많은 사회봉사 기관이 기독교에 의해 움직이고 있는 현실을 보면 된다. 조선 이래로 한국인들이 무조건적인 사랑에 대해 알게 된 것은 전적으로 기독교의 덕이다.

그런가 하면 한국의 민주화에 혁혁한 공을 세운 것도 기독교이다. 이것 역시 예수가 이은 유대교의 예언자 전통에 힘입은 것이다. 사회 옆에서 관망하기 좋아하는 불교와는 달리 기독교는 사회 속으로 들어와 정치를 바로잡으려 노력했다. 그런 노력에 힘입어 한국은 아시아에서 민주화를 제대로 이룬 거의 유일한 나라가 되었다. 이런 상황을 종합해 볼 때 기독교는 먼 데서 온 귀한 손님들이라는 생각이 든다. 이것을 좀 더 구체적으로 말하면 가톨릭은 점잖은 유럽 신사 같고, 개신교는 호쾌한 미국 남자 같은 느낌이 든다.

즐거운 종교의 나라

이 정도면 한국에 있는 종교들 가운데 영향력이 있는 종교들은 대강 훑은 셈이다. 그런데 아쉬운 것은 이슬람을 다루지 못한 것은 차치하더라도 한국의 신종교인 천도교와 증산교, 그리고 원불교를 다루지 못한 것이다. 이 신종교들은 앞에서 본 종교들에 비해 아직은 세가 약하지만 한국에서는 대단히 중요한 종교들임에 틀림없다. 그것은 이 대표적인 신종교 교단들이 매우 훌륭한 체제를 갖고 있기 때문이다. 이들의 이미지를 굳이 말해본다면 새로 얻은 좋은 동생들 같은 느낌이다. 그럼 어떤 면에서 이들이 훌륭하다는 걸까?

우선 신종교의 만형인 동학은 유교를 개혁함으로써 한국인들에게 새로운 세계관을 선사해주었고, 증산교는 가장 토속적인 교리체제를 가진 게 장점이라 하겠다. 반면 원불교는 뛰어난 교리를 가지고 한국 종교 가운데 유일하게 전 세계로 뻗어나가는 기염을 토하고 있다. 나는 한국인들이 이 민족종교들에 더 관심을 가져주기를 바라는데, 아직은 때가 아닌 것 같아 여기서도 구체적으로 소개하는 일은 다음 기회로 미뤘다.

한국은 이처럼 종교적으로 즐기면서 배울 것이 많은 나라이다. 그리고 상대적으로 볼 때에 다른 어떤 나라보다도 종교 간의 대화가 잘 이루어지고 있는 나라이기도 하다. 특히 한국종교인평화회의 같은 기관에서는 '이웃 종교' 바로 알기 같은 프로그램을 만들어 종교 간의 이해를 도모하고 있다. 이전에는 '타종교'라는 말을 썼는데 배타적인 것 같다는 지적에 이웃 종교로 바꿨다. 그만큼 서로 벽이 낮아진 것이다. 이렇듯 한국은 동서양의 다양한 종교를 체험하면서도 서로를 배울 수 있는 좋은 장이 되었다. 따라서 한국에서 종교인으로, 혹은 종교적으로 산다는 것은 이런 기회를 충분히 만끽하면서 배움을 갈고 닦는 의미를 가진 것 아닐까.

최준식 빠른 1956년생이다. 고향은 특정한 지역 대신 한국이라고만 말한다. 대학에서는 한국사를 전공하고 대학원에서는 종교학을 전공했다. 그러나 1992년에 이화여자대학교 한국학과에 부임하면서 한국 문화 연구에 진력하기 시작한다. 전공이 종교학인 관계로 방대한 한국 문화에 접근할 때 주로 종교적인 시각에서 바라본다. 그래서 나온 책이 《한국의 종교, 문화로 읽는다 1, 2. 3》과 《한국인은 왜 틀을 거부하는가》 등이다. 한국인의 사회 문화에도 관심이 많아 10여 년 전에 《한국인에게 문화는 있는가》라는 책을 내기도 했는데, 전공 관련서가 아니었는데도 독자들에게 꽤 호응을 얻었다. 그 외에도 여러 책을 냈지만 '그다지 거론할 만한 책은 내지 못했고, 앞으로도 연구 향방은 한국 문화와 종교 사이를 오락가락할 듯하다'고 말한다.

9

한국의 미술

겸재 정선의 진경산수화

최완수 간송미술관 학예실장

◉ 겸재(謙齋) 정선(鄭敾, 1676~1759)은 한국 회화사상 가장 위대한 업적을 남긴 대화가로, 화성(畵聖)의 칭호를 올려야 마땅한 인물이다. 그는 우리 산천의 아름다움을 그림으로 표현하는 데 가장 알맞은 고유 화법을 창안해서 우리 산천에 내재된 아름다움까지 표출해내는 데 성공한 진경산수화의 대성자이기 때문이다.

겸재는 화가이기 이전에 퇴계 이황과 율곡 이이로 이어지며 완성된 조선 성리학의 학통을 이은 성리학자였다. 율곡에서부터 사계 김장생, 우암 송시열, 삼연 김창흡으로 이어지는 율곡 학파의 적통을 이어받았던 것이다. 그래서 성리학의 근본 경전인 사서삼경에 박통했는데, 그중에서도 특히 성리철학의 바탕을 이루는 《주역》에 정통해서 당대 제일로 꼽힐 정도였다.

율곡 학파의 적통을 이어받다

겸재는 《주역》의 근본원리인 음양조화와 음양대비의 원리를 화면 구성의 원리로 삼고, 다시 중국 남방 화법의 기본인 묵법(墨法)을 취해 음(陰)인 토산(土山)을 표현하고, 북방 화법의 기본인 필묘(筆描)를 취해 양(陽)인 암산(岩山)을 표현하는 독특한 기법을 창안해낸다. 암산과 토산이 조화롭게 어우러져 있는 우리 산천을 표현하는 데 이보다 더 적절한 기법은 없다. 이는 필묘 위주냐, 묵법 위주냐 하는 대립으로 끝내 평행선을 달릴 수밖에 없었던 중국 남북 양대 화법이 우리 손에서 이상적으로 융합되는 현상이기도 했다.

이렇게 이루어진 것이 겸재의 동국진경산수화법이다. 따라서 겸재의 동국진경산수화법은 이제까지 중국 문화권 안에서 이루어진 회화 발전의 모든 성과를 종합하여 우리 산천을 그려내기에 가장 알맞도록 맞추어놓은 이상적인 우리의 새 화법이라 해야 할 것이다. 그러니 겸재는 우리 회화사상 화성으로 불리어 마땅하다.

겸재가 새 화풍의 실험을 대담하게 시도하여 성공하는 것은 금강산 사생을 거치면서이다. 그가 36세 되던 해에 시화(詩畵)에서 그와 쌍벽으로 일컬어지던 지우(志友) 사천 이병연이 금화 현감으로 있으면서 스승인 김창흡과 겸재를 초청하여 금강산 유람을 함께하는데, 이때 겸재는 내외해(內外海) 삼금강(三金剛)의 절경을 30폭 그림으로 사생하고 김창흡과 이병연은 시로 사생한다. 이것을 합쳐놓은 시화첩이 《해악전신첩(海嶽傳神帖)》인데, 이병연을 통해 이 시화첩이 세상에 알려지자 겸재의 화명(畵名)은 한순간에 천하를 진동하게 되었다. 여기서 자신을 얻은 겸재는 진경 사생을 통한 화법 창안에 더욱 매진하여 60세 전후한 시기에 벌써 확고한 자기 화풍을 확립한다.

그사이 겸재는 41세 때인 숙종 42년(1716) 2월경에 관상감 겸교수로 특채되어 벼슬길에 나가 조지서 별제, 사헌부 감찰 등을 지내는데, 이 해 9월 16일에는 동네 원로인 은암 이광적의 〈회방연도(回榜宴圖)〉를 그리고, 뒤이어 같은 해 10월 22일에는 〈북원기로회도(北園耆老會圖)〉를 그려 풍속화의 기반을 확실히 다져놓는다. 그 후 45세에 경상도 하양 현감에 제수된다. 하양에서 6년 만기를 채우고 영조 2년 4월에 상경하는데, 그동안 경상도 일대의 명승고적을 많이 사생하여 《영남첩(嶺南帖)》을 꾸밀 정도였다고 한다.

그 뒤 58세로 경상도 청하 현감이 되어 내려갔다가 60세 때 모친상을 당해 서울로 돌아오기까지 2년 가까이 경상도 해안에서 강원도 해안으로 이어지는 관동팔경 등 산과 바다의 절경을 사생하며 진경기법을 연마하였다. 그리고 모친의 삼년상을 치르는 동안에 머릿속으로 진경기법을 정리한 다음, 탈상한 후에는 강산의 경치로 나라에서 제일이라는 단양팔경을 찾아 진경 사생 여행을 떠난다. 그 결과 겸재의 진경화법은 최고로 무르익게 되었다.

풍속화의 시조인 관아재 조영석은 이때 겸재가 그려온 《구학첩(丘壑帖)》에 발문을 쓰면서 그 사실을 다음과 같이 명쾌하게 밝혀놓고 있다.

> 원백(元伯)의 이 화권(畵卷)은 먹 쓰는 데 흔적이 없고 선염(渲染)하는 데 법도가 있어서 깊고 깊어 빽빽하고 울창하며 짙고 진하며 빼어나게 아름다워 거의 미남궁(米南宮)이나 동화정(董華亭)의 울타리 안에 들 만하니, 우리나라 300년 동안에 대개 이와 같은 것이 있었던 것을 보지 못했다. 가만히 말하건대 우리 동쪽(나라)의 산수를 그린다는 사람으로 '윤곽, 위치 및 십육준법(十六皴法)에 만 가지 흐름이 굽이치나 한 가닥 실처럼 어지럽지 않다.'는 말을 능히 알 만한 사람이 없었다.
> 그런 까닭으로 비록 쌓이고 겹친 봉우리들이라도 오직 수묵을 쓰는 한 가지 법식만으로 발라대고, 다시 그 향배나 원근·고하·심천과 토석의 평이하고 험준한 형세 따위를 변별하지 않았으며, 물을 그림에는 잔잔한 흐름이나 일렁이는 것을 막론하고 아울러 두 붓을 잡아 승교(繩交, 노끈을 꼼) 형태를 지었으니, 어찌 다시 (진정한) 산수(화)가 있었다고 하겠는가.
> 내가 일찍이 이렇게 논하니 원백도 옳게 여겼다.

원백은 일찍이 백악산 아래에 집이 있어 살았는데, 뜻이 이르면 문득 산을 대하여 사생하니 준 치고 먹 쓰는 데 마음속에서 스스로 터득한 것이 있었다. 그러고 나서 금강내외산(金剛內外山)을 드나들고 영남을 두루 밟았으며, 위로 여러 명승에 노닐어서 그 물과 산의 형세를 모두 얻었으니, 그 공력의 지극함은 곧 거의 붓을 묻어 무덤을 이룰 만했다. 이에 스스로 신격(新格)을 창안하여 우리 동쪽 사람들이 한 가지 법식으로만 발라대는 고루함을 씻어내니 우리 동쪽 나라 산수화는 대개 원백에게서 비로소 새로 열렸다.

우리 고유 화법인 진경산수화법을 창안하다

남방 화법의 특장인 묵법을 법도에 맞게 제대로 구사하여 중국 남방 화법의 대표 격인 북송의 미불(米芾)이나 명나라 동기창(董其昌)과 어깨를 나란히 할 만하고, 윤곽과 위치를 정하고 16준법을 일사불란하게 구사하여 북방 화법을 완전히 소화한 것도 겸재뿐이니 조선왕조 300년 동안에 이런 화가는 없었다는 것이다. 그런 성과를 이루어낼 수 있었던 원인을 그의 생활환경에 돌리고 있다.

북악산 아래 태어나 살았기 때문에 생각날 때마다 산을 대해 사생하면서 준을 치고 먹을 쓰는 데 마음속에서 스스로 터득한 것이 있었고, 좋은 인연을 만나 금강 내외산 및 관동팔경을 드나들고 영남 66군현의 명승지를 편답하며 사군산수를 유람하여 그 산과 물의 형세를 모두 그려볼 수 있는 행운을 얻었다는 것이다. 그런 가운데 붓을 묻어 무덤을 이룰 만큼 지극하게 수련을 쌓아 진경산수화법이라는 새 법을 만들어 내었다는 이야기다.

그래서 64세 봄에 그린 〈청풍계(淸風溪)〉에서는 대담한 농묵쇄찰법(濃墨刷擦法)과 힘이 넘치는 듯한 수림법(樹林法)을 통해 겸재 특유의 진경산수화풍이 대성된 사실을 확인할 수 있다. 이어 겸재는 65세 때 양천 현령으로 발령받는데, 양천으로 가면서 이병연과는 시와 그림을 서로 바꿔보자는 시화환상간(詩畵換相看)의 약속을 하고 떠난다. 약속대로 다음 해 봄부터 한강 연변 풍광과 서울 명승을 그려내기 시작하여 그해 겨울까지 《경교명승첩(京郊名勝帖)》 30폭을 그려낸다. 여기서는 청록 계통의 화려한 색채와 섬세한 필치로 일관된 화법을 통해 대경(對境)에 따라 무궁하게 개발해내던 다양한 그의 진경화법을 실감할 수 있다.

이렇게 당시 한강 연변의 명승지와 북악산, 인왕산 일대의 뛰어난 경치를 사생하여 《경교명승첩》을 꾸며가면서 겸재는 또 다른 재능을 과시하여 그를 아끼던 최고급 감상안을 충족시키고 있으니 간송미술관에 소장된 〈화훼초충(花卉草蟲)〉 쌍폭과 〈화훼영모(花卉翎毛)〉 8폭이 그것이다.

우리 주변에 산재해 있는 풀꽃들과 채소 및 곤충, 개구리, 두꺼비, 고슴도치, 고양이, 쥐, 닭 등이 어우러져 살아가는 모습을 세밀하게 관찰하고 정확하게 사생해낸 그림이다. 그 모습이 실물과 아주 비슷할 뿐만 아니라 생동감의 현란한 표출로 역대 어느 화훼영모초충도에서 볼 수 없었던 완성도를 보여주고 있다.

겸재가 67세 때인 영조 18년은 임술년이었다. 이에 풍류 문사였던 경기 감사 창애 홍경보는 소동파의 〈적벽부〉를 재현하기 위해 임진강 적벽에서 뱃놀이를 계획하였다. 경기도 최북단인 삭녕 우화정에서 배를 띄워 연천 웅연까지 내려오며 뱃놀이를 즐기기로 한 것이다. 마침 연천 군수는 대문장가로 소문이 나 있는 청천 신유한이었고, 양천 현령은 진경산수화의 제1인자인 겸재 정선이었으니 이들을 초빙하여 노닐며 각각 부를 짓고 그림을 그려 이를 기념하게 했다. 그래서 그려진 그림이 〈우화등선(羽化登船)〉과 〈웅연계람(熊淵繫纜)〉이다. 모두 세 벌의 그림이 그려졌을 터인데, 현재 확인된 것은 홍감사 소장본인 정리본과 겸재 소장본이라 생각되는 초본뿐이다.

먹물이 주르륵 흘러내리듯 장쾌하게 쓸어내린 농묵준찰법(濃墨皴擦法)이나 엷은 먹물로 그 위를 몇 번씩 우려내어 깊이를 더해가는 알담법(斡淡法)을 조화롭게 사용하여 층암절벽의 험준한 자태를 이렇게 실감나게 표현해낼 수 있다니, 이는 67세의 노경에 이르러 화도(畵道) 수련이 가경(佳境)에 접어든 겸재 아니고서는 이루어내기 힘든 기법이라 하지 않을 수 없다.

이해에 겸재는 또 일중 김충현 소장의 《양천팔경첩(陽川八景帖)》을 그려 남긴다. 한강변 승경 중 양천 현아 부근에서 바라다볼 수 있고 당일 뱃놀이가 가능한 8대 명승지를 선별해서 이를 소재로 집중적으로 사생해낸 것이다. 《경교명승첩》의 총도(摠圖) 형식에서 각 부분을 분리 확대하는 방법으로 8경을 뽑아낸 이 《양천팔경첩》은 겸재의 그림을 열광적으로 아끼던 상고당 김광수의 특별한 청에 의해 그려졌을 가능성이 크다. 김광수는 이병연의 이종 당질이라서 이병연이 소장하고 있던 《경교명승첩》을 분명히 감상했을 것이고, 거기서 《양천팔경첩》을 계획했을 것이다. 그는 당대 최고의 감상안이자 최대 수장가였다. 그래서 이 《양천팔경첩》 속에는 그의 부친이 지은 정자인 행주 낙건정을 비롯해서 그 이웃의 귀래정 그림도 포함돼 있다.

이해에 겸재가 7세 때부터 동문수학했던 옥소 권섭의 간청으로 권섭의 서손자인 16세의 권신응을 그림 제자로 받아들이고, 그가 그린 밑그림을 토대로 《악해첩(嶽海帖)》 21경을 그리기 시작하여 2년 뒤인 1745년에 끝마친다. 그림들은 해마다 그려지는 대로 권섭에게 보내졌고, 권섭은 그때마다 제사를 붙여 《악해첩》으로 꾸며놓았는데, 최근에 흩어져서 일부만 세상에 알려지고 있다.

70세로 양천 현령 직에서 물러난 겸재는 이후부터 더욱 그림에 몰두할 수 있었다. 그래서 1746년 가을에 다시 기념비적인 업적을 남겨놓는다. 막내아들인 정만수가 진외조부 박자진의 장증손(長曾孫)인 박종상을 졸라 박자진이 그 처가에서 물려받은 이황 선생 친필의 〈주자서절요서(朱子書節要序)〉와 박자진이 두 차례나 무봉산으로 송시열 선생을 찾아가 〈주자서절요서〉를 보여드리고 그때마다 받아낸 발문이 묶인 《퇴우이선생진적첩(退尤二先生眞蹟帖)》을 받아온 것이다.

〈주자서절요서〉가 이황의 손자인 이안도에게서 그 외손자인 홍유형에게 전해지고, 홍유형은 다시 사위인 박자진에게 전해주었으니 다시 박자진의 외손인 겸재에게 전해주어야 한다고 설득하며 졸라서 성공했던 모양이다. 이황의 외예(外裔)로서 송시열의 학통을 잇고 있는 겸재에게 이 《퇴우이선생진적첩》은 더없이 소중한 보물 중의 보물이 아닐 수 없었다.

그런데 이 보물을 내준 외가의 장조카 박종상이 1745년에 66세로 타계하고 말았다. 이에 겸재는 감회가 남달라 이 진적첩을 천하제일의 공벽(拱璧)으로 만들어놓기 위해 이 진적첩이 이루어져서 자신의 집에까지 전래되는 과정을 한눈으로 파악할 수 있도록 4폭의 그림을 그리고, 이병연에게 이에 대한 제화시를 쓰도록 하며, 정만수에게는 발문을 짓게 한다. 그리고 이를 모두 합장해 서화합벽첩으로 꾸미고, 이를 본래대로 《퇴우이선생진적첩》이라 했다.

이때 그린 네 폭의 그림은 이황이 퇴계에 고요히 물러나 살며 〈주자서절요서〉를 짓는 장면을 그린 〈계상정거(溪上靜居)〉와 겸재의 외조부 박자진이 수원 만의촌 무봉산에 은거하고 있던 송시열 선생을 찾아가이 〈주자서절요서〉를 보여드리고 발문을 받아오는 장면을 그린 〈무봉산중(舞鳳山中)〉, 이를 보관하고 있던 청풍계의 외가 모습을 그린 〈풍계유택(楓溪遺宅)〉, 자신의 집을 그린 〈인곡정사(仁谷精舍)〉이다.

이렇게 해서 겸재는 노익장을 과시하며 그림 솜씨의 황금기를 자랑하는데, 바로 그런 황금기인 72세 때 겸재는 벼슬도 다 내놓은 한가로운 몸으로 다시 금강산을 유람하게 된다. 36년 전에 이름 없는 사인화가(士人畵家)로 처음 이곳에 와서 30폭 해악(海嶽) 절경을 그려 일거에 화명을 떨치던 옛 추억 때문인지 겸재는 그 절정기의 솜씨로 《해악전신첩》 30폭 중 21폭을 다시 그려낸다. 이때 그린 《해악전신첩》은 겸재 진경산수화 중의 백미라 할 것이다.

이로부터 겸재의 그림은 더욱 노련해져서 많은 걸작품을 남기니, 국립박물관 소장의 《기사년화첩(己巳年畵帖)》도 겸재가 74세 되던 영조 25년에 그린 것이다.

겸재는 76세 되던 영조 27년에 마지막으로 가슴 메이는 슬픔을 당한

인왕제색(仁王霽色), 1751년, 지본수묵紙本水墨

다. 시화쌍벽(詩畵雙璧)으로 평생 동안 지기를 허락하던 진경시의 대가 이병연이 81세를 일기로 세상을 떠난 것이다. 그 슬픔을 달래기 위해 겸재는 이병연과 함께 오르곤 했던 이병연의 집 뒷동산인 북악산 남쪽 서록, 즉 지금의 청와대 영빈관 뒤쪽 산등성이에 올라 자신의 집이 있는 인왕곡 일대를 바라보며 비 개는 정경을 장쾌한 필법으로 휘둘러 낸다. 그것이 〈인왕제색(仁王霽色)〉이다.

지음(知音)을 잃은 슬픔으로 절망할 겸재가 아니었다. 오히려 이런 그림을 그려 그 심회를 표출해내는 것이 겸재다운 모습이었을지도 모른다. 그래서 더욱 노련한 필법으로 어느 때는 진경을 극도로 추상화시키기도 하고 어떤 때는 더욱 강건한 필력을 구사하기도 하며 진경산수 화법을 철저히 마무리지어놓는다.

간송미술관 소장의 〈삼일포(三日浦)〉 등 관동팔경 8폭을 비롯해서 〈통천문암(通川門岩)〉, 〈여산초당(廬山草堂)〉 등 대폭 산수도가 모두 이 시기에 그려진 것이다. 그런데 겸재에게는 그 호가 가리키는 《주역》의 괘사대로 만년에 유종의 미를 거두는 커다란 복이 터진다. 79세 되는 영조 30년이 영조가 회갑이 된 해인데, 영조는 겸재에게만 종4품 사도시 첨정의 벼슬을 내린다. 그림 스승에 대한 예우였을 것이다.

그리고 다음 해에는 국왕의 과갑(過甲)과 왕대비 인원왕후의 망칠(望七, 69세)을 맞아 70세 이상의 벼슬아치에게 1품을 더해 직위를 올려줌에 따라 겸재에게는 종3품 첨지중추부사가 제수되고, 81세 되는 그다음 해인 영조 32년에는 왕대비 칠순으로 다시 70세 이상의 벼슬아치에게 1품을 더해주니 겸재는 종2품 동지중추부사에 오른다. 이에 2품 이상은 3대 추증하는 법전에 따라 부친 시익(時翊)은 호조 참판, 조부 윤(綸)은 좌승지, 증조부 창문(昌門)은 사복시정으로 증직된다.

그래서 겸재가 동지중추부사가 되었을 때 이를 축하하는 〈정겸재 선이 수직으로 동지중추부사가 된 것을 축하하는 머리글(鄭謙齋散壽職同樞序)〉이라는 글에서 창암 박사해는 이렇게 말하고 있다.

> 옹(翁)은 끝없는 명성을 차지하였고 겸해서 80의 수를 누렸으니, 하늘이 옹에게 주는 것이 너무 풍부하지 아니한가. 대체 그림을 잘 그리는 사람은 초췌하고 마른 선비가 많다. 시(詩)에 궁인(窮人)이 많듯이 그림을 잘 그리고 궁하지 않은 자 또한 드물다. 옹은 비록 청빈하다 하나 안으로는

부인과 자손이 갖춰 있는 즐거움이 있고, 밖으로는 녹을 받는 벼슬의 영광이 있어 삼현(三縣)의 인부(印符)를 나누어 가졌고 품계가 금옥(金玉)을 지냈으니 하늘의 복이 옹에게만 어찌 완전한가.

이런 대복인(大福人) 겸재가 영조 35년 3월에 84세의 천수를 누리고 영면하니 현재 도봉구 쌍문동인 양주 해등촌면 계성리에 안장한다. 이에 겸재의 10년 후배로 만년에 30여 년을 이웃해 살며 매일 왕래하며 겸재와 함께 그림에 정진하여 풍속화풍을 대성해낸 조영석은 다음과 같은 장문의 애사(哀辭)를 지어 겸재의 일생을 총평한다.

정공(鄭公)의 휘는 선(敾)이요 자는 원백(元伯)이며 겸재(謙齋)라고 자호(自號)하니 광산인(光山人)이다. 어려서부터 한양의 북쪽 동네 순화방 백악산 밑에서 살고, 나 역시 순화방에서 대대로 살며 공보다 10세가 어리니 내가 죽마를 탈 때 공은 이미 엄연히 관을 쓴 사람이었다. 그런 까닭으로 항상 공경하여 일찍이 너나들이를 한 적이 없다. 공은 그림으로 세상에 이름을 날리었고, 나 역시 그림 좋아하는 병이 있어서 대략 그 삼매경을 이해하였다.

그러나 나는 매달려 하지 않았고 공은 날마다 정진하고 익혀서 육요육법(六要六法)을 정밀하게 이해하지 않음이 없었으니, 대개 우리나라 그림 그리는 사람으로 이것을 아는 이가 없었는데 공에 이르러서 고화(古畵)를 널리 보고 공부를 또한 독실하게 하여 앞사람들이 이해하지 못하던 것들을 많이 내놓았다.

이런 까닭으로 이름도 날로 무거워지고 비단은 날로 쌓여 스스로 한가할

틈이 없었는데 또한 예운림(倪雲林)과 미남궁, 동화정을 배워 대혼점(大混点)으로 갑작스러움에 응대하는 법을 삼으니, 세상의 그림 배우는 사람들은 다만 공 중년(中年)의 권필(倦筆, 마구 휘두르는 필법)만 보고 속으로 그림은 마땅히 이와 같아야 한다고 하여 다투어 서로 찡그린 것을 흉내내려 하였다. 그러나 그 짙고 진한 것은 세상에 미칠 자 없다.

매양 마음에 드는 그림을 그리면 나에게 보이지 않은 적이 없었고, 우리 집 곁으로 이사 와서는 서로 수십 보 가까이 떨어져 있었으므로 각건 쓰고 청려장 짚은 채 아침저녁으로 왕래하여 거른 날이 없이 30년에 이르렀으니 공의 일생을 알기로는 나만 한 이가 거의 없을 것이다.

공의 성품은 본래 부드럽고 안존하여 부모에게 효도하고 형제간에 우애하며 남과 사귐에 일체 겉으로 꾸밈이 없었다. 집안은 몹시 가난하여 끼니를 자주 걸렀으나 남에게 도리에 어긋나는 요구를 하지 않았고, 옳지 않게 남을 간섭한 적도 없었다. 또 경학에 깊어서 《중용》과 《대학》을 논함에 있어서는 처음과 끝을 꿰뚫는 것이 마치 자기 말을 하듯 하였다. 만년에는 또한 《주역》을 좋아하여 밤낮으로 힘썼으니 손수 뽑아 베끼기를 파리머리같이 하며 조금도 게을리하지 않았다.

그러나 사람들은 한갓 공의 이름을 그림으로만 알고 공이 경학에 깊은 것이 이와 같음을 모른다. 어찌 이른바 위정공(魏鄭公)의 문사(文辭)가 직간으로 덮이고, 구양공(歐陽公)의 정사(政事) 재주가 문장으로 가려지게 된 것이 아니라고 하겠는가.

공이 하양과 청하를 거쳤으니 현감으로 양 읍을 다스려 영광스럽게 어머니를 봉양하였으며, 나이가 팔십을 넘어 벼슬이 2품에 이르렀으니 영화가 3대에 미쳤다. 진실로 공의 인후한 덕과 성실하고 효성스런 독행이 아니면 어찌 능히 이와 같을 수 있겠는가.

임금님께서도 공을 이름으로 부르지 않으시고 그 호를 부르시니, 위로 공경재상에서부터 아래로 가마꾼에 이르기까지 공의 이름을 모르는 이가 없었으며, 작은 그림 한 폭을 얻어도 큰 옥을 얻은 듯 집안에 전해줄 보배로 삼으려 하였다. 맑은 관직을 두루 거쳐서 한 시대에 벼슬살이 잘하는 것으로 알려졌지만 고요하기가 소나무 아래에 있는 사람(세상을 피하여 은둔한 사람) 같았으니 어떠했겠나. 그러니 외물의 영욕과 청탁이 어찌 공에게 있었겠는가.

아아, 나는 아직도 기억하고 있다. 무오(戊午, 1738)년 겨울에 공과 내가 약속이 있었는데 하루는 바람이 맑고 달이 밝았다. 공이 그 막내 자제를 데리고 와서 이르기를 "내가 마땅히 약속대로 하리라." 하며 붓과 벼루를 찾아 들고 문짝 위에 〈절강추도도(浙江秋濤圖)〉를 그리는데 순식간에 휘둘러내니 필세(筆勢)가 기이하고 웅장하여 정말 볼 만하였다.

내가 시를 지어 이렇게 읊었다.

"정로(鄭老)가 밤중에 호흥(豪興)이 일어, 문 열고 쳐들어와 벼루 찾는다.

얕고 깊게 먹을 갈아 신운(神運)에 맡기고, 좌우에서 등을 밝혀 눈 밝혀준다.

육필(六筆)을 함께 몰아 바람 천둥 치듯 하니, 세 문짝 모두 젖고 파도가 친다.

내 방은 이로부터 낯빛 더하고, 예원(藝苑)에 거연히 호사(好事) 이뤘네."

다음 날 악하(岳下) 이공(李公, 秉淵)이 듣고 역시 그 운자(韻字)를 따서 지었다.

그날 나는 홀연 안음으로 제수되어, 말을 주어 떠나보내니 공과 잠깐 작별하고 갔다. 6년 있다가 만기가 차서 갈려 돌아와 다시 공을 대하니 문 위의 그림이 새벽에 그려낸 것 같거늘, 다시 공에게 부탁하여 담채로 선염하려 하였으나 미적거리다가 해내지 못하고 말았다. 그 후에 나는 배천 군수가 되고 공 역시 외읍으로 나갔으며 문 위 그림은 남이 빼앗아가게 되었는데, 이럭저럭하는 사이에 20여 년이 지났고 공은 또한 돌아가서 사적이 쓸어낸 듯하니 정말 슬프구나.

내가 이제 늙어 움직일 수가 없어서 공이 돌아가고 장기(葬期)가 며칠 앞으로 다가왔으나 아직 가서 곡을 하지 못하였으니 공에게 잘못함이 많다. 공의 여러 자손이 만어(挽語)로 나에게 부탁하거늘 차마 한마디 말이 없을 수 없다. 이에 감히 억지로 병을 무릅쓰고 애사(哀辭) 한 통을 지어내 슬픔을 쏟아내노니, 이 하나로 공의 대강을 볼 수 있다 하겠다. 사(辭)로 말한다.

"두 번 골살이로 봉양하니, 좋은 반찬 거르지 않고. 삼세(三世)에 추은(推恩)하니, 영요(榮耀)가 극하구나. 성주(聖主)께서 그 호를 부르시니, 가마꾼도 그 이름 아네. 옛사람들 이름이 이루어짐 중히 여겨서 혹은 의술로 혹은 검술로 혹은 바둑 장기로 하기도 하고, 심지어 빨간 불길 속에 몸을 던져 그 죽고 삶을 돌아보지 않기도 하였으니, 그러므로 이르기를 군자는 죽어서 이름나지 않는 것을 싫어한다 하였네. 비록 공 세우고 덕 세울 수 없었다 하나, 살아서 일세에 이미 이름났고, 죽어서 100대 이후까지 내려갈 테니, 가히 죽어도 썩지 않는 것이라 말할 수 있네."

단발령망금강산(斷髮嶺望金剛山), 1711년, 견본담채絹本淡彩

세계 최고 수준의 우리 그림을 보여주다

겸재는 조선중화사상이 팽배하던 시기에 태어나서 조선의 고유사상인 조선성리학을 전공하는 사대부이자 그 조선성리학을 사상적 바탕으로 하여 조선의 고유색을 세상에 높이 드러내는 진경문화를 주도해간 장본인으로, 우리 산수의 아름다움을 그림으로 표현해내기 위해 그에 알맞은 진경산수화법을 창안해내어 우리 고유의 회화미로 표현해내는 데 성공한 진경산수화풍의 창시자이자 대성자였다.

그의 진경산수화풍은 이후 많은 사대부 화가들과 화원 화가들에게 영향을 끼쳐 우리 국토의 아름다움을 우리 고유 화법으로 표현해내게 하였을 뿐만 아니라, 그렇게 해서 세계 최고 수준의 우리 그림이 있음을 보여주어 후손들에게 영원히 민족적 자부심과 자존심을 잃지 않게 하였으니, 마땅히 화성으로 추앙해야 할 인물이라 하겠다.

최완수 진경시대 문화 연구의 대가이자 겸재 정선 연구의 일인자이다. 1942년 충남 예산에서 태어났으며, 서울대학교 사학과를 졸업했다. 1965~1966년 국립박물관을 거쳐, 1966년부터 지금까지 간송미술관 학예실장으로 있다. 그동안 서울대학교, 이화여자대학교, 중앙대학교, 연세대학교 등에서 강의를 했다. 지은 책으로 《그림과 글씨》, 《우리 문화의 황금기 진경시대 1, 2》, 《조선왕조 충의열전》, 《겸재를 따라가는 금강산 여행》, 《겸재의 한양진경》, 《한국 불상의 원류를 찾아서 1, 2, 3》이 있으며, 주요 논문으로 〈간다라 佛衣攷〉, 〈釋迦佛幀圖說〉, 〈謙齋眞景山水畵考〉, 〈秋史實紀〉, 〈秋史 一派의 글씨와 그림〉, 〈玄齋 沈師正 評傳〉, 〈尤庵 당시의 그림과 글씨〉 등이 있다.

10

한국의 건축

가장 한국다운 집, 한옥

임석재 이화여대 교수

◉ 한옥은 말 그대로 '한국의 가옥'이다. 한옥은 보통 조선시대 양반 가옥으로 알고 있지만, 뿌리를 따지면 이보다는 더 오래되었고, 그 범위도 훨씬 넓다. 한반도에서 오랜 기간 사람들이 살면서 자연환경, 문화, 사상 등이 종합적으로 작용한 결과 공통적 주거형식이 만들어졌고, 이것이 조선시대에 들어와 정형화된 형식으로 자리 잡게 된 것이다. 한옥은 보통 조선시대 반가를 말하지만 반드시 그럴 필요는 없다. 민가도 한옥이며, 실제 양반들의 한옥에 근접한 요소들이 들어 있다.

한옥의 성립과정을 발생학적으로 봐도 '초가삼간'이라 부르는 가장 작은 주거단위가 마치 세포가 증식하듯 뻗어나가 완성된다. 한옥은 언뜻 보면 복잡해 보이지만 초가삼간이라는 씨앗 요소가 여러 방향으로 분화하는 외파(explosion)를 구성 원리로 삼아 이루어진다. 이 때문에 초가삼간이라는 원형 요소를 공통매개로 삼아 기층민중과 지배계층이 한옥이라는 한곳에서 만난 것이며, 따라서 한옥은 한국을 대표하는 가장 한국다운 집이라 할 수 있다. 단, 좁혀보자면 조선시대 반가에서 형식적 완성을 이루었으므로 한옥은 우리가 흔히 알고 있는 '조선시대 양반 가옥'으로 한정할 수 있다.

한민족의 전통과 함께한 한옥

한옥을 낳은 배경은 몇 가지로 정리할 수 있다. 웅장하지는 않으나 변화무쌍한 산과 강, 사계절이 뚜렷하면서 빛이 좋은 해, 겨울에는 서북

풍이 불고 여름에는 남동풍이 부는 것 등이 자연환경 요소이다. 문화 요소로는 상대주의 국민성을 대표적 예로 들 수 있다. 획일적인 것을 싫어하고 그때그때 각 집마다 사정에 맞춰 개성을 충분히 살린다는 뜻이다. 사상은 고려시대 때 융성했던 노장이 제일 큰 밑바탕을 이루며, 여기에 유교의 형식미가 가미되면서 완성되었다.

고려시대 주거는 외형은 조선시대의 한옥과 유사하나 많이 단순해서 변화무쌍하고 아기자기한 한옥 특유의 특징은 아직 완성되지 않았다. 이 차이는 유교 형식미의 유무에 따른 결과이다. 원래 유교 형식미는 매우 엄숙하고 정형적이지만, 이것이 노장사상 및 한국적 상대주의와 합해지면서 규칙적이면서도 동시에 변화무쌍한 다양성으로 나타나게 된 것이다. 심지어 불교의 영향도 파악할 수 있다. 불이(不二)사상이나 윤회에서 나온 원통(圓通) 등의 개념은 한옥 공간에 중요한 영향을 끼쳤다.

요즘 말로 하면 융합 또는 통섭의 좋은 예일 수 있는데, 실제로 노장사상과 유교사상의 영향권 아래 드는 한·중·일 삼국의 주거를 비교해 봐도 한옥이 제일 변화무쌍한 특징을 보인다. 더 근원적으로 따지자면 유교와 노장은 서로 반대편에 서는 사상인데, 이 둘을 하나로 합해서 규칙적 정형성과 변화무쌍한 다양성을 동시에 얻어낸 예는 가히 한옥이 유일하다. 한국인 특유의 혼성 기질이 여지없이 드러난 대표적 예가 바로 한옥인 것이다. 이런 내용을 보여주는 구체적 특징으로 가장 대표적인 것 세 가지를 요약할 수 있다.

햇빛과 친하고 바람이 잘 드는 한옥

첫째, 한옥은 바람과 햇빛을 받아들여 이용하는 데 매우 뛰어난 가옥 구조를 자랑한다. 집 밖과 집 안에 그 비밀이 있는데, 집 밖에서는 자연 지세에 맞추어 집을 짓는 풍수지리가 그 비밀이다. 집 안에서는 통(通)을 최대한 살린 배치구도가 그 비밀이다. 두 가지를 합해보면 이렇다. 바람도 자동차처럼 다니는 길이 있는데 그 길목에 집을 짓되, 그것이 거추장스럽지 않게 집을 짜면 집 안에는 항상 시원한 바람이 오간다. 해도 마찬가지이다. 늘 다니는 길로만 다니는데, 이를테면 해바라기처럼 거기에 맞춰 집도 쫓아다니면 집 안에는 항상 따뜻한 빛이 가득 찬다. 물론 겨울에는 바람을 피하고 여름에는 햇빛을 피하는 상식쯤은 가장 잘 지키는 지혜로운 집이 또한 한옥이다. 바람은 여름에 유리하고 햇빛은 겨울에 유리하니 한옥을 친환경 주택이라 부르는 이유이기도 하다.

둘째, 통을 살린 배치구도는 곧 한옥의 공간적 특징으로 발전하는데, 물 흐르듯 막힘이 없는 구조가 그것이다. 문을 다 열면 각목으로 짠 상자 뼈대처럼 되는데, 여기서부터 문을 하나씩 닫을 때마다 집은 끊임없이 다양하게 변한다. 뚫리고 막히는 방향과 정도를 마음대로 조절할 수 있다. 이쪽을 막고 저쪽을 뚫을 수도 있고, 이쪽저쪽 다 막고 요쪽만 뚫을 수도 있다. 가히 가변형의 최고봉이라 할 만하다. 그것도 힘들이지 않고 창문 여닫을 힘만 있으면 누구나 가능하다.

한옥의 다양성을 살려주는 마당의 미학

셋째, 한옥은 마당과 함께 있어야 건물의 장점이 충분히 발현된다. 한옥의 건축적·공간적 성격은 집 안에서 끝나지 않는다. 집 밖의 빈 마당이 있어야 완성된 의미를 가질 수 있다. 예를 들어 한옥에서는 많은 방들이 앞뒷면에 모두 창이나 문을 갖는데, 이것의 의미를 충분히 살리기 위해서는 앞뒷면에 모두 마당이 있어야 한다. 그래야 사람도 다닐 수 있고 바람도 잘 통하며 풍경도 감상할 수 있다. 혹은 한옥은 각 채에 꺾임이 많은데, 이것을 담아내는 주변의 여백이 있어야 불편해지지 않고 오히려 공간이 풍부해지는 장점이 될 수 있다.

이 외에도 많은데, 중요한 것은 한옥의 특징들은 번호 붙여 나열할 성질은 아니라는 점이다. 여러 특징들이 교합으로 작동하면서 다양한 특징들을 추가로 탄생시키기 때문이다. 몇 가지 예를 들어보면, 통은 식구들 사이의 간접 의사소통을 늘려주면서 동시에 집 안에서 환기와 통풍을 최대로 늘려준다. 사람 사이에 연락이 오가는 길과 바람이 통하는 길은 결국 같기 때문이다. 물 흐르듯 막힘이 없는 구조는 남향을 면한 벽의 면적을 늘려서 겨울에 햇빛을 집안 구석구석에 들이는 데 유리하다. 한옥은 마음만 먹으면 북향 방이 하나도 안 나오게 할 수도 있는 구조를 갖는 가옥이다. 물 흐르듯 막힘이 없는 구조는 마당의 장점을 극대화하는 효과도 준다. 사실 마당 없는 한옥은 흔히 하는 말로 '앙꼬 없는 찐빵'과 같다. 이런 여러 내용들이 종합적으로 잘 드러나도록 돕는 것이 마당이다.

규칙성을 거부하는 한옥의 창문 구성

이상의 세 가지 특징은 실제 한옥살이에 그대로 드러나 독특한 경험적 특징을 만들어낸다. 이것 역시 세 가지로 요약할 수 있다. 리얼리즘, 인상, 순환공간이다. 리얼리즘은 창문의 구성에 잘 드러난다. 한옥의 창문은 불규칙하다. 행랑채처럼 기능이 중시되는 채를 제외하고 같은 창이 반복되는 법은 드물다. 이유가 있다. 너무 빤하기 때문에 너무 위대한 이유이다. 그냥 그게 좋아서이다. 조금 따져보자. 한 집에는 각기 다른 다양한 구성원들이 있다. 이들이 자신들의 방에서 바라는 것들은 모두 다르다. 각 방들도 처한 상황들이 다 다르다. 방 안에서 일어나는 일들도 다르다. 식구들이 각자 방을 차지하고 생활한다는 것은 이처럼 여러 변수를 가지고 있다. 절대 한 가지 같은 패턴으로 고정될 수 없는 이유이다. 한옥처럼 각 방의 창들이 제각각 다르게 나타나야 하는 이유이다. 이 창문이 이 크기 이 형상으로 이쪽 구석에, 저 창문이 저 크기 저 형상으로 저쪽 위에 난 이유는 그것이 그 방에 사는 사람한테 가장 잘 맞기 때문이다.

이런 상식적인 이유가 왜 위대한가. 창문은 방 안에 사는 사람이 외부와 소통하는 숨통이다. 경치나 옆방 같은 주변 환경에 대한 태도에서부터 햇빛, 바람, 하늘 같은 자연환경에 대한 태도를 결정하는 중요한 요소이다. 이런 태도들은 방 안에 사는 사람의 정신적, 심리적, 정서적 건강과 직결되는 중요성을 갖는다. 방 안에 사는 사람들이 각각의 인격체로서 모두 다른 개성이 있고, 그런 다름이 존중되고 지켜져야 되는 것과 똑같이 창문도 크기, 형상, 위치, 개수 등에서 자유롭게 구성되어야 한다. 이런 자유가 한옥에 나타난 리얼리즘의 첫 번째 요체이다.

이것으로 끝나지 않는다. 한옥의 창문은 한국의 전통적인 민족정서나 인간관계를 은유적으로 표현한다. 리얼리즘의 정수이다. 한옥의 창문들을 보고 있노라면 고즈넉한 겸손이나 넉넉한 여유 같은 한국의 전통적인 정서가 물씬 느껴진다. 이런 정서를 대표하는 것이 가족살이에 유추될 수 있는 인간관계이다. 한옥의 창문에는 이 가운데에서도 부모와 자식 사이의 친자의 정이 특히 많이 표현된다. 큰 창문이 작은 창문을 데리고 나란히 나 있는 모습을 보면 가슴이 훈훈해진다. 무척이나 닮은 모습으로 친자의 정을 표현한다. 어미가 새끼를 거느린 형국이다. 한국 사람들에게는 이 한 마디면 충분하다. 모든 한국인이 가슴 시려하며 똑같이 나누어갖고 있는 가장 보편적인 정서이다. 작은 창문의 방이 자녀의 방이고, 큰 창문의 방이 부모의 방이기 때문에 이런 은유는 더 제격이다.

인상은 품새에 잘 나타난다. 품새란 집의 내용과 형식 사이의 일체를 의미한다. 외관에 나타나는 집의 모습은 형식이며, 이것은 그 집에서 살아가는 가족의 분위기인 내용이 반영된 결과라는 의미이다. 품새란 내용으로 말미암는 형식이 얼마나 보기 좋고 품위가 있는지 가늠할 수 있는 척도이다. 혹은 형식이 표현해주는 내용이 얼마나 내실 있고 격조 있는지를 가늠할 수 있는 척도이다. 인상은 이런 품새의 종합적 상태이다.

한옥의 전경은 인상을 드러낸다. 멀리서 눈을 지그시 뜨고 뒷짐을 진

채 집의 앉은 품새를 보면 그 집의 길흉과 가풍을 점칠 수 있는 우리만의 전통적인 지혜, 이것이 한옥이 갖는 인상의 기능이다. 한마디로 집안이 경박한지 점잖은지가 가감 없이 진솔하게 집의 외관에 반영된 상태를 의미한다. 사람의 얼굴 인상조차도 마음속 상태의 발로일진대 집은 더 말할 필요도 없다. 싸움이 잦은 집안은 서까래 하나를 올려도 티가 나는 법이다. 반대로 화목한 집안은 문짝 하나를 달아도 또 티가 나는 법이다.

정이 깊고 기가 융성하는 한옥

인상은 정심(情深)과 기성(氣盛)으로 발전한다. 정심이란 말 그대로 정이 깊은 상태를 의미하는데, 집에 적용시키면 건축 구성의 반듯함, 장식 사용의 똑바름, 축조의 알맞은 짜임새 등과 같이 건설 단계에서 확보되는 외형적 감정이다. 집을 지은 목적, 장인의 건축 행위, 집주인의 기대와 성품 등이 하나로 어우러져 나타나는 자연스러운 힘이다. 가세를 솔직하게 표현하려는 것 이상의 욕심을 바라지 않는 절욕의 멋이다. 과시적 허망을 배제한 상태가 만들어내는 집의 정직한 품격이다.

기성은 정심이 발전해서 기가 전성을 누리는 상태이다. 집에서 느껴지는 인간적 풍부함, 쓰임새의 친절함, 인간을 돕고자 하는 친밀감과 우호감, 탕탕한 가풍, 호연한 풍모 등에 유추될 수 있다. 정심의 상태로 지어진 집을 오랜 기간 즐겁게 사용하다 보면 논리적으로는 설명이 안 되는 기품이 쌓인 상태이다. 집은 사람을 이롭게 하고 사람은 집을 아끼는 상호존중과 애호가 쌓여 집안이 화목하고 융성해진 상태이다. 혹은 이런 상태에서만 느낄 수 있는, 뭐라 말로 표현할 수 없는 애애(靄靄)와 풍요의 상태이다.

순환공간은 전체 구성에 잘 나타난다. 한옥의 실내 구성은 막히거나 일직선이 아니라 돌고 돈다. 술래잡기를 해보면 안다. 숨을 곳도 많고 도망칠 구멍도 많다. 순환성이다. 순환은 여러 형식으로 나타난다. 외부에서 창과 방을 지난다고 끝이 아니라 다시 외부로 나올 수 있다. 그랬다가 다시 방으로 들어가며, 또다시 외부로 나갈 수 있다. 각 방들은 크기와 위치가 조금씩 어긋나지만, 창을 모두 열면 꼬챙이로 꿸 수 있는 일직선 축이 형성된다. 이 축은 곧 바람이 통하는 길이다. 순환이란 '통(通)'이다. 통은 자연현상 가운데 음양이 협조하고 정기가 유창하여 아름다움에 이른 상태로 정의된다. 한비는 말한다. "자연에서는 음양(=정기)이 작동하고 변화하여 만물을 만들어낸다. 날고 달리기에 나아가며, 아름답기에 좋고, 자라기에 기르며, 지혜롭기에 맑은 상태이다. 물을 뚫어 썩음을 막고 병을 쫓아 악을 차단한다."

순환공간은 한마디로 집 안 내부적으로, 그리고 집 안과 집 밖 사이에 막힘이 없이 두루 통한다는 의미이다. 여름에 바람을 받아들이고 겨울에 햇빛을 받아들이는 열린 자연관이라는 의미이다. 이 방과 저 방 사이에 단절이 아닌 소통이 유지된다는 의미이다. 프라이버시를 보호하되 다양한 간접소통 장치가 마련되어 있다는 의미이다. 자연과 통하니 육체가 건강하고, 사람과 통하니 정신과 마음이 건강하다. 집이 인간에게 줄 수 있는 최고를 해준 셈이다.

안동 의성 김씨 종택

대청 천장은 높고 방의 천장은 낮다

이처럼 한옥은 알수록 인간과 친밀하다. 인간이 먼저이고 집이 다음이다. 이것을 잘 알 수 있는 것이 한옥에 넘쳐나는 휴먼 스케일이다. 한옥에서 대청의 천장은 높고 방의 천장은 낮다. 당연하다. 대청은 넓고 방은 좁기 때문이다. 건축에서 얘기하는 스케일이라는 것이다. 우리말로 하면 척도인데, 단순히 잰다는 뜻이 아니라 '상대적 비율'이라는 뜻이다. 광장 앞에 들어서는 건물은 따라서 커야 하며, 키 큰 사람이 신발도 큰 걸 신는 것 등이 모두 스케일의 개념이다. 한옥에서는 이를 잘 알고 지킨다. 대청 천장을 굳이 안 막고 구조를 다 드러낸 이유는 여름에 바람을 시원하게 들이려는 환경적 목적이나 구조미학이라는 조형적 목적 때문이기도 하지만, 스케일에 맞춰 천장을 높게 하기 위한 목적도 크다.

방과 대청 사이의 천장 높이 차이는 기능적인 면도 있다. 좌식생활에 맞게 방의 천장은 낮다. 앉아서 생활하기 때문에 천장이 높을 필요가 없다. 좌식생활 때문에 조선이 호연지기를 잃고 앉은뱅이처럼 찌그러들었다는 지적도 있지만, 공간의 관점에서 보면 낮은 천장이 주는 아늑하고 포근한 매력을 즐길 수 있다. 창호지 문이라도 닫고 가만히 들어앉아 있으면 어머니 품 안에 안긴 것 같다. 좌식생활에 불편한 점이 있는데도 입식생활에서는 절대 느낄 수 없는 공간적 특징이다. 한 공간에서 바닥 면적과 천장 높이 사이의 관계가 왜 중요할까. 한마디로 방이 작으면 천장이 낮아야 사람은 심리적으로나 정서적으로 안정감을 느끼

창덕궁 연경당

게 된다.

대청은 좌식생활과 입식생활이 함께 일어나는 곳이다. 실내도 아니고 실외도 아닌 전이공간이라는 곳인데, 좌식의 실내생활과 입식의 실외생활이 교차하는 중간지대이다. 그렇기 때문에 천장 높이를 입식생활에 맞게 높게 냈다. 대청은 한옥을 완전한 앉은뱅이 공간으로만 놔두지 않는 역할도 한다. 작은 방들이 다닥다닥 붙어 있고 꺾임이 많은 한옥에서 분명히 제일 장쾌한 공간이다. 방과의 스케일 대비가 심하기 때문에 그 효과는 그만큼 커진다. 가부장제 아래에서 주인마님의 체통을 제일 잘 살려서 영을 세워주는 장면은 사모관대를 갖춘 양반이 대청에서서 호령하는 장면일 것이다. 어머니 품같이 아늑한 방과 양반의 체통을 살려주는 장쾌한 대청은 스케일의 미학을 대표하는 좋은 예이다. 이 둘을 한 채 안에 나란히 두어서 대비의 미학을 살려낸 것은 스케일의 미학을 제대로 구사해서 응용할 줄 아는 단계에 이르렀음을 보여주는 증거이다.

오르내림과 꺾임이 많은 한옥 구조의 휴먼 스케일

한옥은 오르내림이 많고 꺾임도 많다. 현대인들은 이것을 불편하다고 느끼지만 사실은 그 반대이다. 인간을 돕는 이로움의 과학이다. 사람 몸은 자주 움직여야 건강이 유지되기 때문이다. 평평하고 밋밋한 집에서 개구리 겨울잠 자듯 살다 보면 점점 몸을 움직이기 싫어지고 건강은 쇠약해진다. 오르내림과 꺾임이 많은 집에서 살면 이런 일이 안 일어난다. 일상생활에서 자신도 모르는 사이에 몸을 많이 움직이게 되기 때문이다.

한옥은 구성 부재 수가 많은 건축물이다. 이런 부재들은 보기 좋으라고 둔 것이 아니다. 분명 걸려서 넘어지는 일도 잦았을 테고, 밥상을 들고 오르락내리락하려면 힘이 들었을 것이다. 이런 불편을 몰랐을까. 아는데도 굳이 집을 이렇게 만든 데에는 이유가 있을 것이다. 사람 몸 관절의 섬세한 치수에 맞추기 위해서이다. 한옥에서 오르내림과 꺾임은 관절을 많이 쓰게 만든다. 그러나 절대 연골이 닳을 정도로 과하지는 않다. 마당에서 대청으로 오르는 수직이동은 대개 다섯 걸음 이내라서

도편수 이승업 가옥

몸에 무리가 가지 않는 범위 안이다. 관절을 많이 쓰면 뇌에 적절한 자극을 준다. 사람의 뇌는 가끔씩 경험하는 웅변과 카타르시스의 큰 감동도 필요하지만, 평생 이어지는 일상에서 느끼는 자잘한 자극도 꼭 필요하다. 이것이 결여될 때 사람들은 다른 데서 그것을 찾게 되고, 자칫 알코올이나 도박, 담배, 게임, 인터넷, 섹스 같은 각종 중독증에 빠지게 된다.

마당에서 기단으로 오르고 다시 댓돌을 밟고 마루로 오른다. 기단을 쌓고 다시 그 위에 마루를 띄워 깐 것은 집을 지열과 습기에서 보호하려는 목적에서이지만, 이렇게 하다 보니 관절을 많이 쓰게 만들 수 있다는 것을 알아챘을 것이다. 한옥에서는 이처럼 여러 목적과 기능이 종합적으로 일어난다. 기단과 댓돌의 높이도 다양하다. 어떤 집에서는 무릎을 크게 굽혀 한 걸음에 오르고, 또 어떤 집에서는 잔 오름 두 번으로 나눈다. 한 집에서도 사랑채와 안채가 다르다.

—

엉성함의 미학—기, 예, 교

한옥은 엉성해 보인다. 짓다 만 것 같기도 하며, 애는 썼지만 마무리가 깔끔하지 못해 보인다. 재료부터 잘 다듬지를 않는다. 너무 흉해 보이지만 않고 안전성에 결정적인 문제만 없으면 인공적 손질을 최소화한다. 엉성함의 미학이다. 나무야 1년 이상 잘 말려야 하지만 형상을 다듬는 데에는 신중하다. 기둥은 집의 전체 인상을 결정하니 곧은 것이 좋은데, 이 경우에도 휜 놈을 다듬기보다는 처음부터 곧은 놈을 골라 썼다. 반면 대청 천장에 들어가는 대들보나 2차 보, 그리고 서까래 등에는 휜 나무를 다듬지 않고 그대로 썼다.

집에 들어가는 건축 재료도 하나의 객체로서 주체인 나와 관계를 형성하는 것으로 보았다. 집이 사람 사이의 관계를 투영시키고 대응시키기에 좋은 대상이기 때문이다. 사람 사이의 관계에 대한 철학을 집에도 적용시킴으로써 그런 철학을 훈련하고, 항시 잊지 않고 마음에 새기는 장으로 활용했다는 뜻이다. 건축 재료를 생명체가 없는 단순한 물질로 보지 않았다. 그 가치와 존재를 존중해야 할 객체로 보았다.

객체에 대한 태도를 기술의 개념에 적용시키면 한국 특유의 공예미학이 탄생한다. 우리의 전통 장인은 기술을 인간의 솜씨나 재주를 뽐내는 경연장으로 생각하지 않았다. 그보다는 각 재료의 고유한 성질이 잘 발현되도록 도와주는 통로로 생각했다. 만약 재료가 사람의 손길 없이 자기 혼자서 스스로를 깎고 다듬어 건축부재가 되었다면 그렇게 되었을 법한 상태에 가급적 가깝게 놔두려 했다.

이것이 우리의 전통 장인이 생각했던 기술의 의미이다. 각 재료의 고유한 성질을 파악하고, 이것이 잘 발현되어서 자재로 만들어지도록 이끌어주는 능력을 기술의 요체로 본 것이다. 자재 속에 원래 재료의 자연적 성질과 장점이 가급적 많이 남아 있도록 보존해내는 능력을 기술로 보았다. 그러기 위해서는 각 자연재료의 개성을 잡아낼 줄 알아야 하며, 무엇보다 자신의 손재주가 튀어나와 이것을 갈아 없애지 않도록 참는 인내심이 절실했다. 이런 큰 인내심까지도 능력으로 보았고 기술로 보았다. 그래서 기술을 재주나 솜씨나 산업으로 보지 않고 예술로 보아 '기예'라 불렀으며, 이런 경계에 오른 상태를 진정한 기교로 보았다. '기, 예, 교'이다.

모든 재료는 각자의 몫이 있는 법이다. 곧은 나무는 잘려나가고 휜 나무가 남아서 산을 지킨다지만, 휜 나무조차도 건축부재로서 자신의 역할을 충분히 할 수 있다고 믿었으며 실제로 그렇게 활용했다. 이는 매우 과학적이기도 해서 건축부재의 내력 기능은 재료 자체의 강도와 단면적에 좌우되는 형상과는 큰 상관이 없다. 목질만 단단하고 단면적만 충분히 확보되면 건축부재로서 역학기능을 수행하는 데 아무 문제가 없다는 뜻이다. 남는 건 받아들이는 사람의 마음뿐이다. 휜 나무기둥은 구조적으로 불안할 것이라는 선입견도 사실 알고 보면 곧은 형상을 선호하는 것을 합리화하기 위한 핑계일 수 있다. 괜히 우리의 호불호에 따라 대상을 편견하고 처음부터 좋은 놈, 나쁜 놈을 가리지 말자는 것이다. 보기 좋고 예쁜 것을 좋은 것으로 단정하는 것은 우리의 시각욕망을 만족시키기 위해 대상에 대해 공정치 못한 핍박을 가하는 것일 뿐이다.

임석재 1961년 서울에서 태어났다. 서울대학교 건축학과를 졸업하고 미국 미시간대학교 건축학 석사, 펜실베이니아대학교 건축학 박사 학위를 받았다. 지금은 이화여자대학교 건축학부 교수이다. 동서양을 망라한 건축 역사와 이론이 주전공 분야이며, 현재까지 44권의 책을 저술했다.

11

한국의 과학

오래된 과학과 기술, 문화적 감성으로 감응하기

정인경 고려대 과학기술학연구소 선임연구원

◉ 내 기억은 10여 년 전으로 거슬러 올라간다. 인생에서 우연히 일어났던 일이 지속적으로 영향을 미치면 우린 그걸 인연이라고 부르고 싶어 한다. 나에게는 과학관 일이 그렇다. 처음 맡았던 일은 우리나라 전통 과학기술을 문화상품으로 만드는 기획이었다. 직접적으로 과학관 일은 아니었지만 과학관과 박물관의 매장에서 판매될 상품을 디자인하는 일이었다. 물론 내가 디자인하는 게 아니라, 디자이너가 상품을 구상할 수 있도록 설명해주는 전문가로 일했다. 명색이 전문가였는데, 회의 때마다 내가 했던 말은 고작 "이거 어려운데요." 아니면 "만들어봐야 볼품없을 텐데요."가 대부분이었다. 실제로 전통 과학기술에 관련된 유물들은 만들기 어렵고 예쁘게 생기지 않았다.

전통 과학기술은 고리타분하다!

일을 시작할 때부터 절망적인 말을 쏟아낸 것은 아니었다. 운동화 끈을 조여매고 산을 오르는 기분으로 출발은 산뜻했다. '세종대의 과학기술'이라는 제목으로 A4 용지 수십 장에 이르는 참고자료를 조사했고 낭랑한 목소리로 발표했다. 천상열차분야지도(天象列次分野之圖), 앙부일구(仰俯日晷), 자격루(自擊漏), 옥루(玉漏), 일성정시의(日星定時儀), 간의(簡儀), 혼의(渾儀), 혼천시계(渾天時計) 등 조선의 과학기술을 대표할 수 있는 천문도와 해시계, 물시계, 천문시계가 우선적으로 거론되었다. 이름도 거창하고 모양도 범상치 않은 천문기기에 기대 어린 눈빛이 반사되었다.

그런데 그 순간은 오래가지 않았다. 한국의 과학문화재는 문헌자료만 남아 있고 복원되지 않은 상태라는 발표가 이어졌기 때문이다. 자격루와 혼천시계 등 몇몇 유물의 복원이 이뤄지고 있으나 아직 제대로 된 복원물이 나오지는 못한 실정이라고 솔직히 말했는데, 듣고 있는 사람들의 표정이 어두워졌다. 그들은 속으로 변변한 복제품도 없는데 문화상품은 어림도 없겠구나 하면서 한숨을 쉬는 듯했다. 변명하는 것처럼 과학문화재의 형태와 기능이 매우 복잡하다고 덧붙이고 회의를 끝냈다.

다음 회의에서는 조선시대의 과학기술, 즉 전통 과학기술을 서양의 근대 과학과 비교해서는 안 된다는 점을 강조하고 고유의 문화적 가치를 부각시키려고 애썼다. 한국의 과학문화재가 서양 과학의 관점에서는 과학적이지 않지만 분명 과학적이라는, 이상하게 들릴 법한 논리를 제시했다. 전통 과학과 근대 과학을 비교하지 말라, '과학적'이라는 개념에 차이가 있다는 식으로 목청을 높였다. 예로 든 것이 자격루의 부정시법(不定時法)이었다.

알다시피 자격루는 세종시대 장영실이 만든 물시계이다. 기계식 시계가 없었던 전통시대에는 낮에는 그림자의 길이로 시간을 측정하는 해시계를 사용했고, 해가 없는 밤에는 물시계를 이용했다. 요즘은 해가 뜨는 시간과 지는 시간을 몇 시 몇 분이라고 일기예보에서 알려주는데, 이것은 정시법(定時法)이다. 계절에 상관없이 하루를 24시간으로 등분해서 시간을 알리는 방법이다.

하지만 전통시대에는 부정시법을 썼다. 부정시법은 절대적 시각이 아니라 해가 뜨고 지는 자연현상을 기준으로 하는 방법이다. 이 시법에서는 해가 진 뒤부터 뜨기 전까지의 밤을 다섯으로 나누어 각각 초경(初更), 이경(二更), 삼경(三更), 사경(四更), 오경(五更)으로 불렀다. 계절에 따라 밤낮의 길이가 다르기 때문에 초경과 오경 사이를 5등분한 1경의 길이는 매일 조금씩 달라진다. 그래서 자격루는 계절에 따라 각각 다른 잣대를 사용하며 정확하게 해 뜨는 시각과 해지는 시각을 알렸다.

정시법과 부정시법 중에 무엇이 더 과학적인가. 지금은 해가 뜨나 지나 상관없이 전깃불 아래서 일하지만, 날이 밝아야 일터로 나가던 농경시대에는 부정시법이 훨씬 편리하였다. 그런 이유로 부정시법에 의해 밤 시간을 나누는 경점법(更點法)과 태양의 움직임을 반영한 24절기 등 정확한 관측과 시각법이 이루어졌다.

여기까지 숨차게 말했는데 분위기는 썰렁했다. 다음에는 천상열차분야지도를 살펴보며, 동양 천문학의 특징을 설명했다. 서양 천문학이 동양 천문학보다 우월한 게 아니라, 각각에는 고유의 특징이 있음을 보여주려 했다. 그 증거로 동양 천문학은 적도 좌표계를 쓰고, 서양 천문학은 황도 좌표계를 쓴다고 말하려는데, 꼭 내가 네안데르탈인은 호모 사피엔스 네안데르탈렌시스가 아니고 호모 네안데르탈렌시스라고 해야 옳다고 말하는 듯한 기분이 들었다. 적도 좌표계는 뭐고 황도 좌표계는 뭔데! 더 말했다가는 대놓고 그만하라고 할 것 같았다.

회의를 거듭할수록 말끝은 흐려지고 얼버무려서 끝내기 바빴다. 조선의 과학기술은 어렵고 고리타분한 인상을 줄 뿐이었다. 자격루에 대해서 장영실의 솜씨와 정교한 기술을 설명해도 물통 몇 개와 궤짝밖에는 보이지 않았다. 부정시법, 경점법, 24절기의 평기법(平氣法) 등 어려운 개념들을 알아야 복잡한 구조와 기능에 접근할 수 있으니 점점 할 말이 없어졌다. 내가 했던 말이라고는 겨우 용무늬 운운이었다. 남들은 나보고 전문가라고 하는데 상처받았다고 할 수도 없고, 뻔뻔하게 '너희가 조선의 과학기술을 알아?' 하기에는 내가 봐도 매력이 없고 따분했다.

—

서양의 그늘에 가려진 것이 아닐까?

그러다가 심기일전의 기회가 왔다. 자연사박물관과 과학관에 관한 일들이 들어온 것이다. 그 일에서는 전체 주제를 구상하는 것에서부터 전시물 하나하나를 제안하는 일까지 꽤 다양한 경험을 할 수 있었다. 특히 해외의 좋은 과학관에 가볼 기회가 많아져서 안목이 생겼다. 미국의 스미스소니언 박물관, 영국의 과학박물관, 프랑스의 라 빌레트 과학관을 처음 방문했을 때는 벌어진 입을 다물 수가 없었다. 무엇 하나 버릴 것이 없을 정도로 완벽하다고 느껴졌다. 서양 과학기술이 자기네 역사였으니, 과학관이 일상생활처럼 자연스러운 것은 당연했을 것이다.

그곳에서 남의 옷을 입은 것처럼 어색한 한국의 과학관이 떠올랐다. 한국의 과학문화와 과학관에 쏟아지는 수많은 비판들까지 말이다. 그 문제들을 해결할 길은 한국적인 것을 찾는 것이 아닐까? 해외의 선진 과학관과 경쟁하기 위해서는 우리만이 보여줄 수 있는 문화적 전통과 현대 과학기술과의 조화를 찾아내야 한다는 생각이 들었다. 그런데 한

첨성대로 올라가는 모습

국의 과학관 안에서 전통 과학기술은 생뚱맞고 초라하게 자리 잡고 있는 것이 현실이었다. 주변의 다른 전시물과 어울리지 못한 채 자기 가치를 다 보여주지 못하고 있는 것이다.

과학관 일을 하다 보면 종종 이런 일이 벌어진다. 고대 천문학의 대표적인 유물인 첨성대를 전시하는데, 꼭 천문대로 설치해달라는 과학관 측의 요구가 있었다. 첨성대는 종교적 의미를 가진 구조물인지, 아니면 실제 천문대였는지 학자들 사이에서 지금까지 논쟁 중인 구조물이다. 호리병 모양을 가진 첨성대는 사다리를 놓고 오르내리며 관측을 해야 하는 불편한 구조를 가지고 있기 때문이다. 그런데도 천문대로 설치해달라고 고집하는 이유는 첨성대의 가치가 종교적 제단보다는 과학기술에 있다고 보는 것은 아닐까?

동양에서 천문 관측 활동은 현대적인 의미의 과학기술이라기보다는 문화적 행위였다. 고대인들은 하늘 아래 세상이 평안하기를 바라는 간절한 마음에서 하늘의 뜻을 헤아렸고, 그러기 위해서 천문을 관측했던 것이다. 자연에 경외심을 가졌던 고대인과 자연을 탐구의 대상으로 여겼던 근대인의 태도는 달랐다. 근대 과학의 실험과 관찰이 제아무리 우수한 방법이라고 해도 우주의 신비를 다 밝힐 수는 없다. 전통 과학기술에는 근대인이 갖지 못한, 자연에 대한 겸허한 성찰이 담겨 있다. 그러므로 첨성대의 의미를 오직 천문 관측의 장소로 국한시키는 것은 우리 조상님의 과학 문화를 축소시키는 것이다.

영국 과학박물관에는 고대의 신화적 인물까지 당당하게 전시되는데, 우리의 첨성대는 눈치를 보고 있다는 느낌이 들었다. 근대 과학의 잣대에서 자유롭지 못하고, 전통 과학기술의 문화적 맥락을 자신 있게 내놓지 못하고 있는 것이다. 이런 성찰을 하다가 열등감이 문제라는 생각에 이르렀다. 내가 처음 과학문화재를 문화상품으로 만들 때 스스로 주눅이 들어 있다는 느낌을 지울 수 없었듯이, 우리 내면에는 전통 과학기술의 가치를 폄하하는 선입견이 감춰져 있는 것이다. 이미 머릿속에서 근대 과학은 승리자요, 전통 과학은 패배자라는 생각이 자리를 잡고 있는 것이다. 근대 과학기술과 서양 문화가 지배하는 세상에서, 근대와 서양의 반대편에 서 있는 전통과 동양, 한국, 조선의 과학기술은 그보다 열등하다는 생각을 몰아내지 못하고 있다.

전통 과학기술에 관해서 꼭 짚고 넘어가야 할 문제이니 다시 물어보기로 하자. 전통 과학이 근대 과학과 견주어 아무런 가치가 없고 열등한 것이라면 왜 우리가 지금 전통 과학기술에 관심을 기울이고 있는가. 단지 우리 민족의 문화적 전통을 과시하기 위해서 전통 과학기술을 들먹이는 것은 아닐 것이다. 문화적 전통은 현재의 자신을 이해하고 앞으로 나가갈 방향을 찾는 중요한 참고자료이다. 전통 과학기술을 어떻게 평가하고 다룰 것인가? 아직 답을 찾지 못한, 대단히 어려운 문제임을 솔직히 인정한다. 이 자리에서 시원한 해답을 제시할 수는 없지만, 열등감에서 벗어나고 싶어서 몇 가지 소견을 모아보았다.

긴 역사적 안목에서 보면

지금 우리 눈앞에 펼쳐진 과학기술의 발전은 역사적 현상일 뿐인데, 이것을 전부인 양 착각하고 있는 것은 아닐까? 4,000년의 장구한 과학기술의 역사에서 근대 과학은 300년의 역사를 가졌다. 근대 과학 이전에 과학과 기술은 밀접한 관계를 가지지 않았고, 사회적으로 중요하지도 않았다. 또 18세기까지 중국을 비롯한 동양의 과학기술은 서양에 뒤지지 않았다. 그러나 서유럽에서 17세기에 근대 과학이 출현하고 18세기에 산업혁명이 일어나면서 전세는 역전되었다. 19세기에 제국주의로 성장한 서양이 세계를 지배하게 되자, 서양 과학은 주류학문으로 급부상하고 동양 과학은 주변부로 밀려났다. 그렇다고 오늘날 큰소리를 치고 있는 서양 과학기술이 그 기세를 계속 이어갈 수 있을까? 과학기술에 대한 위기감이 날로 커지는데, 앞으로 과학기술이 고급 학문과 문화, 경제의 중심으로 계속 사회를 지탱해나갈지는 아무도 장담할 수 없는 일이다.

그리고 놓치지 말아야 할 문제는 우리에게 서양 과학기술은 외래문화라는 사실이다. 중국이 인도에서 불교를 받아들여서 자기네 문화로 융화하기까지 800년이 걸렸다. 서양 문화와 근대 과학기술이 준 충격을 생각하면, 지난 100년 남짓한 시간은 너무도 짧은 기간이었다. 또한 열등감은 지난 세기에 식민지 지배에 혈안이 된 제국주의자들이 조장한 것이었다. 그러니 아직까지 열등감에 시달릴 이유는 없다고 말하고 싶다.

또 하나, 과학사에서 과학과 기술에 대한 단일한 이미지는 없다고 본다. 유럽중심주의자들은 그리스 과학에서 서양 과학의 전통을 찾고 근대 과학을 보편과학이라고 말하지만, 우리가 모르는 다른 시대와 다른 문명권에는 다양한 과학과 기술의 활동이 있었다. 과학과 기술을 규정하는 형식은 없으며, 언제 어디서 누가 보느냐에 따라 과학과 기술의 정의는 달라질 수 있다.

장영실을 과학자로 볼 것인가, 기술자로 볼 것인가 하는 논란이 그 예이다. 장영실은 노비 출신이고, 자격루와 같은 시계 제작자로 명성을 날려서, 과학자라기보다는 기술자라는 의견이 분분했다. 세종시대의 장영실과 같은 존재는 중세의 이슬람 과학에서도 찾을 수 있다. 12세기 이슬람 천문학자인 알 자르칼루는 대장장이 출신이었지만 아스트롤라베 등 여러 천문도구를 개발하고 정확한 천문학표를 작성했다. 중세에 나올 법한 레오나르도 다 빈치 같은 인물이었던 것이다. 이들이 갈릴레오나 뉴턴이 아니었다고 해서 과학자가 되지 말라는 법은 없다. 그런데 근대 과학의 이미지를 다른 시대와 다른 문명권에 투영하는 일이 어느덧 익숙해져서 전통시대까지 있는 그대로 보지 못하고 있는 것이다.

—

우리가 모르고 지나친 것들

과학관의 새 프로젝트를 진행하면서 전통 과학기술에 대한 나 자신의 생각부터 돌아보게 되었다. 마음의 벽이 조금씩 허물어지는 상쾌한 경험 끝에는 창의적인 아이디어가 떠올랐다. 억눌렸던 감정을 훌훌 털어버리니, 내가 전통 과학기술에서 느꼈던 감동과 즐거움을 다른 사람들에게 알려주고 싶은 마음이 생겨났다. 한국적인 가치를 복원하고 현대생활을 접목시키는 새로운 시도를 하고 싶었다. 애석하게도 나의 제안은 받아들여지지 않았지만, 몇 개월의 작업기간은 의미 있는 시간이었다. 다음에 소개하는 전시물에 대한 구상은 그때 진행시켰던 프로젝트이다.

처음 구상 단계에서 원칙 몇 가지를 정했다. 전통 문화라고 해서 우리 것은 마냥 좋은 것이라고 강요하지 않기. 잘 알려진 과학문화재에 의존하지 않기. 잘못하다가는 관제 냄새를 풍기는 홍보관처럼 보일 수 있기 때문이다. 딱딱하고 무거운 전통에서 벗어나 가벼워지기. 푸근한 우리 조상님들의 삶을 느끼기. 무조건 재미있게. '어메이징 파크'가 될 수는 없겠지만 참신할 것. 근대 과학의 강박에서 벗어나서 즐기기. 그리고 마지막으로 중세적 기품 누리기. 중세적 기품은 내가 조선의 과학기술에서 느꼈던 감동 중 하나이다. 과학사의 꽃은 단연 근대이고 서유럽일 것 같지만, 사실은 그렇지 않다. 중세시대에는 근대에서 찾아볼 수 없는 기품이 있다. 조선의 과학기술에는 기계로 대량생산된 물건이 아닌 직접 사람의 손길이 닿은 물건들, 상식적이고 겸손한 세계관, 자연과의 조화로운 삶, 유교 인문주의의 중용과 절제의 미덕 등이 담겨 있다.

가장 경계해야 할 것은 서양 근대 과학의 틀에서 전통 과학기술을 해석하는 일이다. 한국의 전통 과학과 서양의 근대 과학은 패러다임이 다르다. 중세의 아리스토텔레스 우주체계와 근대의 뉴턴 역학체계처럼 서로 소통이 불가능한 학문체계이다. 전통 과학이 질적이고 유기체적인 자연관을 가졌다면, 근대 과학은 양적이고 기계론적인 자연관을 가졌다. 그런데도 전통 과학기술에서 근대 과학의 특징을 뽑아서 확대해석하다 보면, 전통 과학기술이 가지는 고유의 특성을 잃어버린다. 첨성대에서 천문대의 역할만 강조하는 것처럼 말이다.

근대 과학의 훈련을 받은 사람들은 내가 구상한 전시기획에 대해서 이게 무슨 과학이냐는 의문이 들 수 있다. 하지만 최근에 벌어지는 근대 과학기술의 위기상황에서 우리나라의 전통 과학기술이 새로운 해결책을 제시할 수 있다는 생각을 했다. 특히 자연과 인간의 삶을 통합적으로 보는 시각에 주목했다. 이러한 아이디어는 프랑스 라 빌레트 과학관에서 얻는 것이다. 그곳의 전시 주제는 근대 과학기술이 가져온 진보와 재난을 동시에 조명하고, 다양한 문제제기와 해결책을 끌어내는 데 역점을 두고 있었다. 그 전시에서는 과학기술에 대한 한 가지 지식만 강요하는 게 아니라 다양한 견해를 수용하고 있었다. 다양한 문화권의 생활방식과 역사를 통해 인류가 어떻게 문제를 해결해왔는가를 이야기하는 그 전시 방식이 인상적이었다.

한국적인 것을 찾아 즐기기

나는 전시 주제를 '오래된 것에서 미래를 상상하기'로 잡았다. 만약 홍보를 한다면 '전통 과학기술의 유혹'과 같은 도발적인 광고 문안을 넣자고 상상했다. 전통 과학기술에는 매력을 발산하고 마음을 사로잡는 그 무엇이 있다고 말하고 싶었다. 그 생각이 스스로도 황당해서 혼자 웃었지만, 그 순간에는 행복했던 것 같다. 전달하고 싶은 이야기의 짜임새는 대강 이랬다. 도입부에서 '하늘과 땅, 인간이 조화롭게 연결되어 있다.'는 메시지를 전달하면서 전통 과학기술의 특징을 보여주고, 미래과학의 방향성을 제시하고 끝맺는 것이다. 끝부분에는 '세상을 조화롭게 만드는 인류의 지혜가 미래의 과학기술이다.'라는 거창한 문구를 달았다.

여기서는 내 기획의도를 잘 보여주는 '내가 살고 싶은 마을 디자인하기'를 소개한다. 그동안 전통 과학기술이 지루했던 이유는 현재 우리의 생활과 동떨어진 옛날이야기였기 때문이 아닐까? 일단 관람객의 감성을 자극하고 일상적인 경험에서 배울 수 있도록 다가서는 게 필요했다. 무엇보다도 지식을 주입식으로 전달하는 기존방식에서 벗어나야 했다. 다양한 상상이 가능하고, 자신의 생각이 무엇인지 돌아볼 수 있도록 질문을 던지기로 했다. 먼저 전통시대 고지도를 감상하고, 그다음에 전통마을을 탐색하고, 마지막에 '내가 살고 싶은 마을 디자인하기'로 연결했다.

우리나라 고지도는 보여줄 거리가 무궁무진하다. 고지도에는 우리

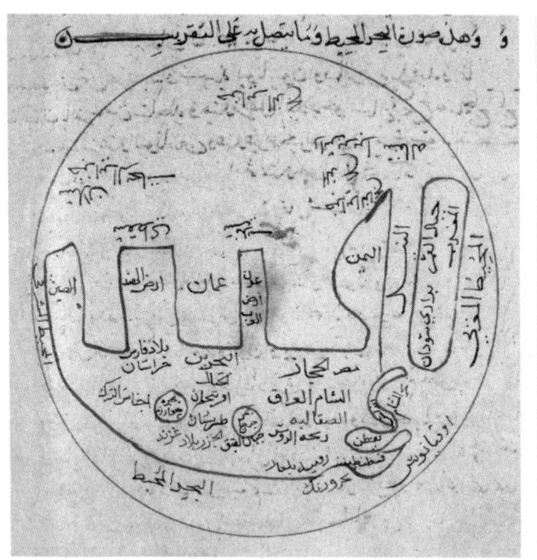

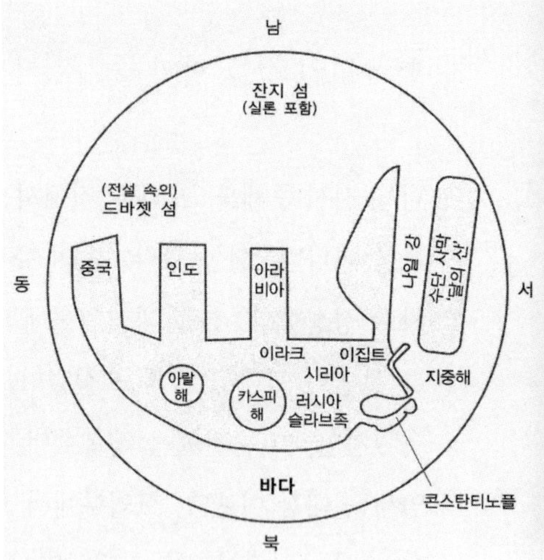

알 비루니의 지도

조상의 자연에 대한 인식체계가 담겨 있고, 종이와 인쇄술, 지도제작의 정교한 기술이 총망라되어 있다. 우선 고지도의 아름다움과 중세적 사고방식을 다양한 각도에서 비춰본다. 국립과천과학관에서는 자연사박물관에서 생물의 진화단계를 어류, 양서류, 파충류, 조류, 포유류 등으로 나열하듯이 우리나라의 대표적인 지도들을 단계적으로 배치했는데, 이런 전시는 피하고 싶었다.

내가 기획한 전시에서는 우리나라뿐만 아니라 세계의 독특한 고지도를 함께 펼쳐볼 것이다. 11세기 이슬람의 지도, 13세기 중세 유럽의 지도는 아이들이 그린 것처럼 단순하다. 이것과 조선의 천하도를 비교해 보면 재미있다. 조선의 천하도는 17세기 유학자들이 이상향을 그린 지

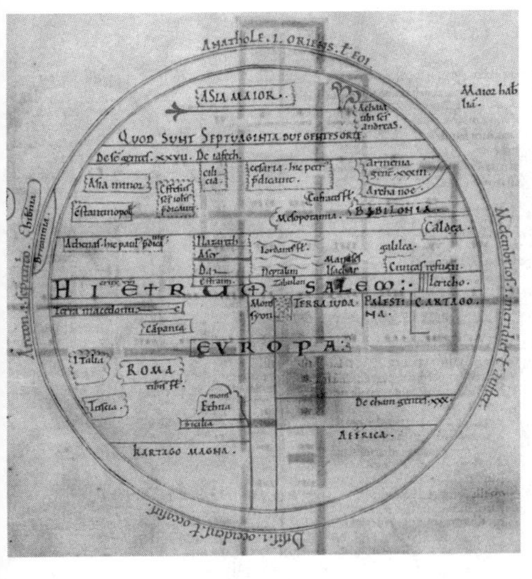

12세기 유럽 지도

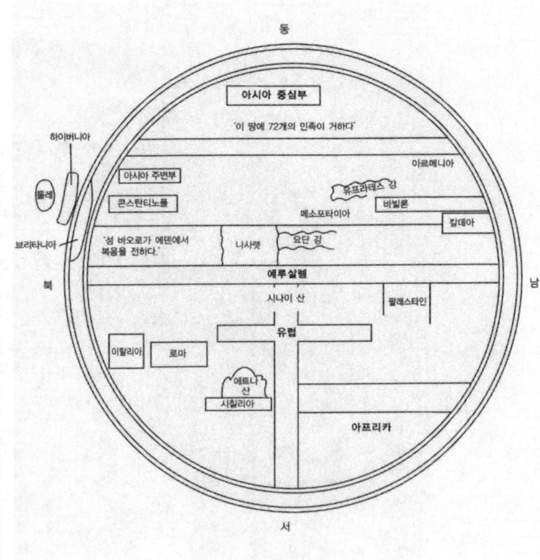

13세기 유럽 지도

도인데, 중세 서양에도 이와 비슷한 지도가 있다는 사실을 알면 놀랄 것이다. 그리고 각종 군현 지도와 한양을 그린 도성도 등을 보면서 근대적 지도에서는 볼 수 없는 깨알 같은 재미를 발견한다. 산을 그려도 특징에 따라 모양을 다르게 그리고, 물줄기를 그려도 배가 다니는 것과 다니지 않은 것을 구별해놓았다. 근대인에게는 산의 높이와 강의 길이가 중요하겠지만, 전통시대에는 산의 생김새 하나하나를 살폈고, 사람이 이용할 수 있는 방법을 표시했던 것이다.

김정호의 〈대동여지도〉는 이러한 특징을 모두 담은 고지도의 교과서이다. 김정호는 우리나라 산천을 하나의 살아 숨 쉬는 생명체로 표현했다. 백두산과 백두대간에서 갈라져 나온 산줄기와 물줄기는 땅 위의 뼈

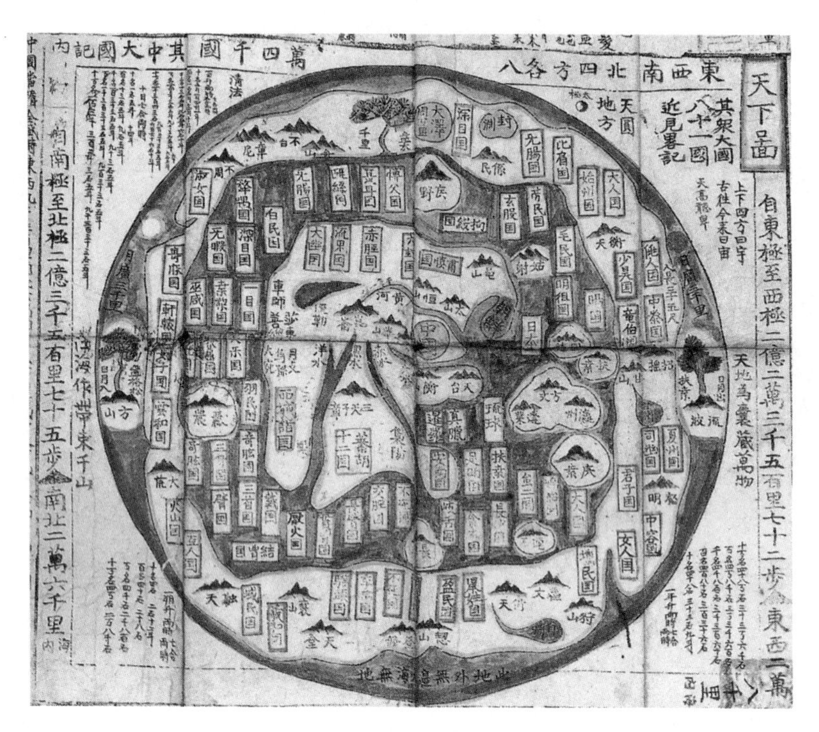

조선의 천하도

대와 핏줄이었다. 뼈대와 핏줄이 분리될 수 없는 것처럼 산맥과 강이 하나의 연결된 줄기로 표시된다. 큰 산에서 큰 강줄기가 나오는 식으로 산줄기와 물줄기가 서로 연결되었다. 또한 물줄기 주변은 생활권과 지역권을 분리하여, 자연환경에 따른 인문환경까지 고려하였다. 물줄기를 따라 형성된 조선시대의 생활권을 충실히 반영한 결과였다. 이렇게 우리나라의 전통적인 자연관은 자연의 생태와 인간의 삶을 분리하지 않고 통합적으로 인식하였다. 그 전시를 따라가는 동안 조상의 사고방

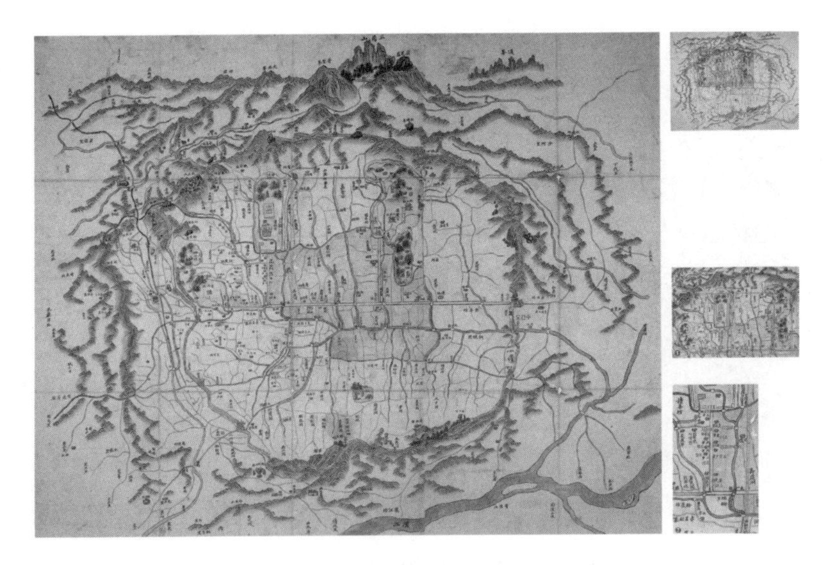

도성도

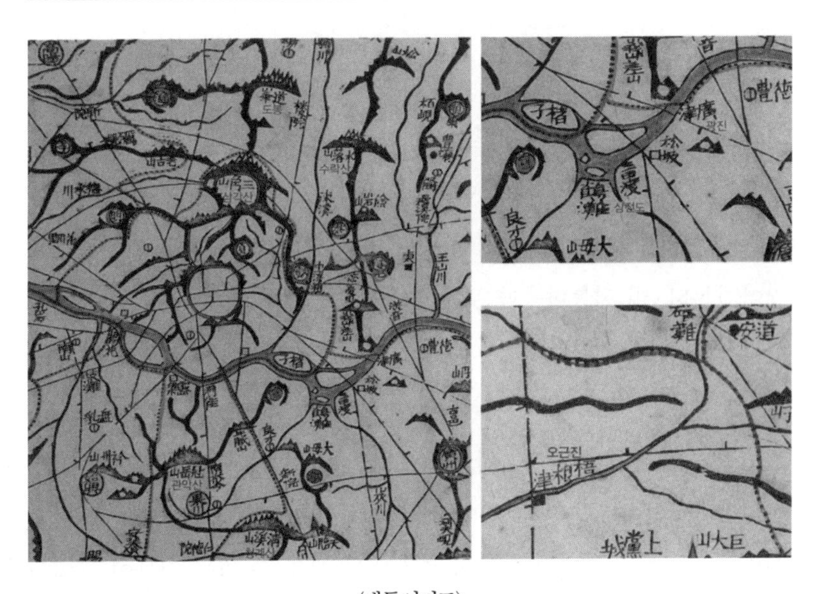

〈대동여지도〉

원터마을의 연못과 앞쪽 경관

식을 곱씹어보는 소중한 시간이 될 것이다.

그다음은 자연친화적인 한국의 전통마을을 소개하는 것이다. 지금까지 잘 보존되어 있는 경북 김천의 원터마을과 충남 아산의 외암마을을 찾아가본다. 이 전통마을들은 자연생태계를 최대한 유지하면서 자원순환과 에너지 절감 시스템을 갖추고 있다. 원터마을에 있는 연못은 생활하수와 빗물을 정화하고, 외암마을의 북서쪽 구릉에 있는 소나무 숲은 겨울철의 찬바람을 막아준다. 길과 집, 숲의 배치에서는 마을이 지닌 취약점을 극복하고 자연조건에 적응하기 위한 지혜를 발견할 수 있다. 이렇게 전통마을을 돌아보면서 과거에서 배울 수 있는 것들이 무엇인지 확인한다. 자원을 낭비하지 않는 전통적 방법, 토양을 비옥하게 하는 생태적인 농업기술, 책임 있는 가축 사육과 다양한 작물 재배 등을 찾을 수 있을 것이다.

내가 살고 싶은 세상을 꿈꾸네

드디어 '내가 살고 싶은 마을 디자인하기'에 도착했다. 여기는 관람객이 참여하는 공간이다. 나는 평소에 전통 과학기술을 체험하는 방법에 불만이 많았다. 탁본이나 칠교놀이와 같이 초보적인 놀이는 이제 유치원 아이들도 재미없어 한다. 우리나라 전통 과학기술에 이런 것들만 있는 것이 아닌데, 디지털 기술을 이용한 인터렉티브(interactive) 매체로 관람객의 적극적인 참여를 유도하는 것은 어떨까? 터치스크린, 증강현실, 시뮬레이션, 홀로그램, 멀티미디어 등 이름에서부터 첨단 냄새가 나는 것들을 체험할 수 있도록 해보자. 미국 실리콘밸리의 과학관 '더 테크(The Tech)'에는 이러한 첨단장치로 건물이나 마을 디자인하기 같은 전시물을 설치하고 있다.

과학관은 답을 주는 곳이 아니라 생각하는 곳이다. 이 단계에서는 지금 내가 살고 있는 마을과 앞으로 살고 싶은 마을을 떠올려보는 일부터 시작한다. 그다음에 우리나라 고지도처럼 정겹게 느껴지는 구불구불한 선으로 마음껏 그려본다. 산과 강, 집과 도로, 각종 시설을 그리고, 자연환경과 어떻게 공존할 것인가를 생각하며 미래의 공동체 마을을 상상한다. 자원을 절감하고 생태계를 유지하면서 편리한 생활을 할 수 있는 마을을 꾸며본다. 묻고 대답하는 형식으로 우리가 사는 세상이 더욱 지속 가능하기 위해서 무엇을 해야 하는지를 생각한다. 친환경의 의미를 알고 먹을거리, 에너지, 경제활동 등의 통합적 사고를 가지고 마을 공동체를 디자인한다.

나는 살기 좋은 세상을 꿈꿔보고 싶었다. 조선의 유학자들이 그렸던 이상향처럼 살기 좋은 세상은 그 어딘가에 있는 것이 아니고 우리 마음속에 있다. 관람객에게 그것을 꺼내보게 하고 싶었다. 스스로 살기 좋은 세상에 대한 전망을 제시하고 직접 만들어보는 기분을 느낄 수 있도록 말이다. 한편 녹색 기술(Green Technology)과 같은 첨단 과학기술이 얼마나 살기 좋은 세상을 만드는 데 기여할 것인가도 함께 질문하고 싶었다.

과학기술을 책으로 배우는 우리는 자연과 사물에 대한 감성을 잃어버린 상태이다. 찬찬히 우리 조상의 삶과 전통 과학기술을 들여다보면, 현대 생활에서 지나쳐버린 '문화적 감성'을 찾을 수 있다. 큰 그림으로 세상을 보고 근본적인 질문을 해보면 서양의 근대 과학기술이 놓쳤던 주제들을 마음으로 느낄 수 있다. 하늘과 땅, 인간이 연결되어 있고, 하늘과 인간이 서로 감응한다. 그동안 이러한 전통 과학사상을 하찮게 여겨서 얼마나 많은 것들을 잃었던가. 자연을 느끼는 감응능력은 우리가 앞으로 책임감 있는 과학기술의 방향을 잡아가는 데 큰 밑거름이 될 것이다.

정인경 고려대학교 수학과를 졸업하고 서울대학교 과학사 및 과학철학 협동 과정에서 한국과학사를 전공했으며, 국립과학관에 관한 논문으로 고려대학교 과학학 과정에서 박사학위를 받았다. 지금은 고려대학교 과학기술학연구소에서 과학기술, 역사, 과학관에 관한 연구와 글쓰기를 하고 있다. 최근 주된 관심은 한국의 문화적 토양에서 '과학기술 하기'이다. 과학관의 현장 경험을 통해 우리나라 교육 현실에서 '과학기술 하기'가 얼마나 어려운가 절감하였다. 어린이와 청소년 및 과학기술 전공자가 아닌 일반인들에게 어떻게 하면 과학기술의 문화적 감성을 잘 전달할 수 있을까 고심 중이다. 지은 책으로는 《청소년을 위한 한국과학사》, 《과학관 사이언스》 등이 있다.

12

한국의 역사

숨겨진 역사 코드,
반성하는 한국사

남경태 저술가

◉ 강한 나라는 좋은 걸까? 나라가 강국이라고 해서 국민의 삶이 반드시 행복한 것만은 아니지만 일단 강국은 좋은 것이라고 가정하자. 그럼 강국의 조건은 뭘까? 일단 두 가지를 꼽을 수 있다. 첫째는 땅이다. 땅이 넓을수록 가용 토지가 풍부하고 자원이 많으므로 넓은 국토를 가진 나라는 강국이라고 할 수 있다. 그 다음은 사람이다. 좁은 국토에 국민의 수가 지나치게 많은 경우는 예외가 되겠지만, 일반적으로는 인구가 많을수록 노동력이 풍부하고 이른바 '인적 자원'도 많으므로 사람이 많은 나라는 강국에 해당한다.

땅과 사람, 강국의 이 두 가지 조건은 지금 와서는 변화의 여지가 별로 없다. 땅은 현대 국가 체제가 탄생할 때 임자가 확정된 경우가 많고, 인구는 제한된 국토와 자원을 고려할 때 마냥 늘리기 어렵다. 현대 세계에서 강국의 서열을 역전시키기가 쉽지 않은 이유다. 그러나 그 두 조건에 비해 또 다른 강국의 조건은 아직도 변화될 가능성이 충분하다. 그것은 바로 역사다. 역사는 늘 '진행 중'이기 때문에 변화의 여지가 있으며, 앞으로 전개될 미래의 역사는 인위적인 노력으로 바꿀 수도 있다.

땅과 사람은 누구나 공감할 수 있는 강국의 조건이지만, 역사가 강국의 조건이라는 것은 쉽게 공감되지 않을지도 모른다. 그러나 어떤 의미에서 역사는 땅과 사람보다도 더 결정적인 조건이다. 땅이 좁고 사람이 적어도 강국인 나라가 있고, 반대로 땅이 넓고 사람이 많아도 강국이 되지 못하는 나라가 있다는 것이 그 점을 증명한다.

그렇게 보면 한국이 강국의 조건에서 가장 자격미달인 분야는 땅이나 사람보다 역사다. 한국은 자원이 풍부하지는 않으나 그런대로 식량 자급이 가능할 만큼의 땅이 있고, 사람은 높은 인구밀도가 말해주듯이 약간 지나칠 정도로 많은 데다 전통적으로 교육열이 높아 문맹률이 거의 제로다. 그런데도 강국의 반열에 오르지 못하는 이유는 역사가 약하기 때문이다.

다행히 역사는 고정불변이 아니므로 얼마든지 역전과 반전이 가능하다. 다만 그러기 위해서는 역사의 비판이 반드시 선행되어야 한다. 과거의 잘못을 반성하고 현재까지 흔적을 남기고 있는 부정적 요소를 바로잡지 않고서 향상과 발전을 기대할 수 없다는 것은 개인에게만이 아니라 국가에게도 상식이다.(역사 비판이라면 1970년대의 '새마을운동식 역사관'이나 1990년대 초의 '역사 바로잡기 운동'을 생각할 수도 있겠지만, 당시 정권들은 미래를 위한 비판보다 권력을 정당화하기 위한 이데올로기로 역사를 이용했다.)

장차 엄정하고 체계적인 토대에서 정식 한국사 비판이 이루어지기를 기대하며, 여기서는 그 단초로 한국사 전체를 관류하는 몇 가지 비판 요소를 추출해본다.

고조선의 문제

우선 고조선의 문제가 있다. 흔히 우리 역사를 반만년 역사라고 말하지만, 따지고 보면 우리 역사가 '반만년'이나 되었다는 역사적 증거나 흔적은 거의 없다. 실은 '반만년'이라는 근거도 원래 있던 게 아니라 만들어진 것이고, 그 시기도 '반만년'은커녕 1,000년이 채 안 된다. 기원전 2333년 단군왕검이 아사달에 도읍을 정하고 고조선을 세웠다는 것이 근거인데, 그 연대 추정은 고려 말인 13세기 말에 이루어진 것이기 때문이다. 몽골 지배기였던 당시 일연과 이승휴가 민족의식을 고취하려는 의도에서 《삼국유사》와 《제왕운기》에 단군신화를 역사로 포함시켰고, 이를 토대로 몽골이 물러간 뒤 백문보가 공민왕에게 단군기원을 쓰자고 건의하면서 비로소 '반만년 역사'라는 관념이 탄생했다.

문제는 아무리 취지가 좋다 해도 이데올로기적인 목적에서 역사의 기원만 잔뜩 늘려놓았기 때문에 역사의 내용을 채우는 데 허점이 많이 생길 수밖에 없다는 점이다. 고조선만 해도 단군 시대 이후 역사의 공백이 무척 길다. 그 기간을 설명하는 우리 자체의 문헌은 전혀 없고, 중국 역사서에 고조선이 등장하는 것도 기원전 12세기의 기자조선과 기원전 2세기 사마천의 《사기》에 나오는 위만조선이 고작이다. 중국 측 기록을 사실로 받아들인다 해도 기원전 2333년에서 1,000년간, 또 기원전 12세기부터 기원전 2세기까지 1,000년간, 도합 2,000년의 역사적 공백이 있다. 더구나 그것은 앞으로도 도저히 메울 수 없는 공백이다.

연속성이 없는 것은 역사가 아니다. 고조선, 특히 단군조선은 역사로 끌어안을 게 아니라 신화로 취급되어야 한다. 신화를 역사로 취급하면 민족적 자긍심을 주기는커녕 역사적 의구심만 키울 뿐이다. 어느 나라나 건국신화는 있지만 우리처럼 그것을 '정식' 역사로 포장하는 경우는 드물다. 더구나 건국신화에 근대의 산물인 민족주의의 옷을 입히는 것은 허구적인 단일민족의 이데올로기를 조장하려는 지배계급의 의도가 숨어 있다는 점에서 위험하고 불순하다.(단군신화는 다른 민족의 신화와 달리 특이하게도 천지창조에서 시작하지 않고 지배계급이 국가를 이루어 피지배계급을 다스린다는 데서 시작하기 때문에 더욱 그런 혐의가 짙다.)

—

'민족'이라는 범주 착오

교과서에서 역사를 배우는 학생들이 보이는 공통적인 반응이 한 가지 있다. 삼국시대에 부쩍 흥미를 보이다가 신라가 삼국을 통일하면서부터 역사에 흥미를 잃는 것이다. 아마 외세를 끌어들여 같은 민족인 고구려와 백제를 멸망시키고 굴욕적인 통일을 이루었다는 생각 때문일 것이다. 하지만 과거의 역사에 오늘의 잣대를 직접적으로 적용하는 태도(심지어 감정이입까지 하는 태도)는 역사 해석의 전형적인 오류를 빚게 된다. 당시 고대 삼국 간에 동질적인 민족의식이 확고하지 않았다는 사실을 고려하면, 근대적 의미의 '민족'이나 '외세'의 개념으로 7세기의 역사를 평가하는 것은 치명적인 범주 착오다.

신라의 잘못은 삼국통일 자체보다 그 이후에 있다. 이미 진덕여왕 시절인 648년에 신라는 당나라의 의식(儀式)을 따르고 관복을 중국식으로 정했으며, 그 이듬해에는 독자적으로 쓰던 연호를 버리면서 당의 연호를 채택했고, 674년에는 당의 달력까지 도입했다. 그래도 여기까지는 고구려와 백제가 적국으로 존재했기에 외교적으로 이해할 수 있는 일이지만, 문제는 삼국통일 이후 중국에 대한 사대주의를 더 적극적이고 노골적으로 전개했다는 점이다.

당시 당은 신라를 중국의 지방정권으로 간주했고, 신라도 어느 정도 그런 위상을 인정했다. 그런 예로, 신라는 당에게서 대동강 이남까지를 직할 영토로 승인받았는데도 멸망할 때까지 수백 년 동안 수도를 경주에서 전혀 옮기지 않았다.(지금의 대전이나 적어도 대구까지는 올라와야 얼추 영토의 중심에 수도가 자리 잡게 된다.) 통일 직후인 689년 신문왕이 대구 천도를 계획했다가 경주 귀족들의 반발로 실행에 옮기지 못한 게 고작이다.

거기서 더 나아가 신라는 중국화를 공식 정책으로 삼고, 당에서도 강권하지 않은 중국식 제도를 적극적으로 도입한다. 8세기 중반 경덕왕 시절에 관제를 중국식으로 개정하고 수많은 지명들마저 중국식으로 고친 것이 그런 사례다.(이때부터 전통 지명 대신 전주, 상주, 웅주 등 '주(州)' 자를 붙인 중국식 도시 명칭이 사용되었다.)

이 자발적인 사대, 중국화 드라이브는 신라에게도, 이후 우리 역사에게도 혹심한 피해를 남겼다. 장기적으로는 이때부터 우리 역사는 오랜 사대주의의 길을 걷기 시작했을 뿐 아니라 단기적으로는 당대의 신라도 호된 대가를 치러야 했다. 8세기 중반부터 당은 일찌감치 말기적 증상을 보이기 시작하는데, 중국사에서는 이것을 당이 멸망한 뒤의 오대 시대와 합쳐 당말오대(唐末五代)라고 부른다. 동아시아의 중심이 격변의 회오리에 휘말려 있는데도 신라 정권은 여전히 국제 정세에 무지한 채 변함없이 당을 추종했고, 심지어 경덕왕은 안사의 난을 맞아 쓰촨으로 도망친 당의 현종에게 특별 위로 사신을 보냈다.(현종은 시 한 수를 보내 신라의 충성을 치하했다.) 당의 중앙집권 체제가 붕괴하자 신라도 그때부터 똑같이 말기적 증상을 보였고, 결국 중앙권력의 약화를 틈타 일어난 호족 세력에게 나라를 내주게 되었다. 당시 당에게 사대했던 주변 국가들 가운데 당과 당말오대를 함께하고, 나아가 멸망까지도 함께 한 나라는 신라가 유일하다. 당말오대의 초기에 견당사(당에 보내는 사신)를 중지하고 중국화에서 주체 노선으로, 즉 당풍(唐風)에서 국풍(國風)으로 재빨리 돌아선 일본과 크게 대비되는 순간이다.

서양보다 앞선 중앙집권제

서양의 역사학자들이 동양의 역사를 알면 크게 놀라는 요소가 두 가지 있다. 하나는 고대부터 중앙집권제가 발달했다는 점이다. 불과 150년 전까지도 동·서양을 통틀어 정보가 전달되는 가장 빠른 속도는 말이 달리는 속도였다. 이런 상황에서는 해안지대에 태풍이 닥쳐도 수도에 전달되는 데 적어도 며칠이 걸리며(중앙에서 대비 명령을 내릴 때쯤이면 태풍은 이미 해안을 휩쓸고 간 뒤다), 병력을 소집하는 명령이나 심지어 국왕이 사망했다는 중대한 소식도 지방에 시차를 두고 전달된다. 실제로 이런 근본적인 제약 때문에 서양에서는 16세기에 들어서야 동양식 왕조와 유사한 절대왕정이 성립했다. 하지만 사직을 중시하고 유학 이데올로기를 통치이념으로 삼은 동양식 왕조는 고대부터 중앙의 권위가 지역에까지 일사불란하게 통했다. 행정력과 정보력보다 유사종교적 권위가 중앙집권을 지탱한 것이다.

또 한 가지 서양의 역사에서 볼 수 없는 요소는 과거제다. 근대에 탄생한 합리주의를 중요한 지적 자산으로 삼는 서양의 관점에서 볼 때, 동양에서 일찍부터(중국은 6세기, 한반도는 10세기부터) 시험을 통해 '합리적으로' 관리를 선발하는 제도가 있었다는 사실은 경이의 대상이다. 하지만 동양의 역사를 내밀히 알지 못하는 서양의 역사가들은 과거제가 실제로 어떤 의미를 가졌고, 사회에 어떤 영향을 미쳤는지 이해하기 어렵다.

겉으로 보면 과거제는 서양의 고대사에서 보기 어려운 합리적인 제도인 듯하다. 서양의 경우 17세기에야 비로소 선(線) 개념의 국가(영토국가)가 확립되었고, 그 이전까지는 거의 점 개념의 국가(도시국가)였기 때문에 특별한 관리 선발 제도가 필요하지 않았고, 왕과 귀족, 성직자가 자의적으로 중앙권력을 주무를 수 있었다. 그러나 동양식 왕조는 거의 국가가 탄생한 초기부터 영토국가의 개념이 성립했으므로 관리를 선발할 수 있는 강력한 중앙권력이 존재했다.(거꾸로 말하면 서양의 역사에서는 과거제의 관념이 있었다 해도 절대왕정기에 들어서야 비로소 실현이 가능했을 것이다.)

과거제를 시행할 만큼 중앙권력이 강했던 동양식 왕조에서는 과거제를 이용해 관리 인력을 중앙에서 전일적으로 통제할 수 있었다. 실은 과거제를 처음 시행한 중국의 수 문제나 과거제를 처음 도입한 고려의 광종이 노린 것도 바로 그 점이다. 즉 과거제는 왕권 강화를 위한 중요한 도구였던 것이다.

여기까지는 단점이라고 지적할 만한 것은 아니다. 그러나 과거제는 단순히 정치적 의미를 넘어 지배 이데올로기를 강화하는 데 결정적 역할을 한다. 무엇보다 과거의 과목이 그 점을 말해준다. 고려와 조선의 과거 과목은 크게 명경과와 제술과였다.(그 밖에 기술직을 뽑는 잡과가 있었고, 조선에서는 승려를 뽑는 승과를 폐지하고 무관을 뽑는 무과를 포함시켰으나 전부 중요치 않은 관직이었다.) 명경이란 유학의 경전을 얼마나 읽었는지 시험하는 것이고, 제술이란 그 공부를 토대로 글을 짓는 과목이다. 기본적으로 오늘날 대학입시의 수능시험과 논술고사나 다를 바 없다.

동양식 왕조에서 최고의 직업은 단연 국록을 먹는 관직이었다.(오늘날에도 그런 관념은 '고시'에 대한 동경의 형태로 남아 있다.) 과거제는 관직을 희망하는 모든 사람에게 유학이라는 지배계급의 통치 이데올로기를 직접적으로 주입하는 훌륭한 도구였던 것이다.

지식의 속성은 특정한 계열의 지식이 우세해지면 다른 계열의 지식을 배제하는 데 있다. 유학 이데올로기가 압도적으로 권장되고 강요되자 다른 지식은 발전하기도, 심지어 생겨나기도 어려워졌다. 동양식 왕조가 국호와 지배계급의 명패가 바뀌어도 체제 자체가 변하지 않은 이유, 시대가 변해도 사회가 업그레이드되지 않고 반복적인 양상을 보인 데는 과거제가 결정적인 역할을 했다.

노블레스 오블리주의 부재

상류층의 의무, 즉 노블레스 오블리주란 원래 전쟁에서 나온 관념이다. 고대 그리스와 로마시대에 군대의 지휘관들은 원정을 벌일 때나 전쟁이 일어나면 병사들을 이끌고 앞장서서 전장에 나갔다. 300명 결사대를 이끌고 강적 페르시아군을 저지하다 병사들과 함께 전사한 스파르타 왕 레오니다스, 원정군을 거느리고 직접 멀고 험한 동방원정을 감행한 마케도니아 왕 알렉산드로스, 십자군 원정에 참여한 잉글랜드 왕 리

처드와 프랑스 왕 필리프, 30년전쟁에서 자신의 왕국을 선진국의 반열로 끌어올리기 위해 직접 조련한 군대를 거느리고 발트 해를 건너 활약하다가 전사한 스웨덴 왕 구스타프 아돌프가 모두 전장에서 노블레스 오블리주를 실천한 인물들이다.

그런 점에서 보면 우리 역사는 대단히 심각하다. 우리 역사에서는 삼국시대 이후 원정은커녕 침략자에 맞서 나라를 지키는 전쟁에서조차도 국가의 최고 지도자가 친히 군대와 생사를 함께한 사례가 전무하다. 11세기 고려의 왕 현종은 자신이 거란에 대해 강력한 압박정책을 추진했으면서도 그 보복으로 거란이 남침하자 멀리 전라도 나주까지 도망쳤다. 또 15세기 조선의 왕 선조는 임진왜란이 일어나자 남쪽에서 북진하는 일본군의 위세에 놀라 잽싸게 북쪽 끝단의 의주까지 피신했다. 당시 선조는 부끄러움을 알았던지 가족과 측근들만 거느린 채 한밤중에 폭우를 뚫고 몰래 야반도주했다.

그래도 고려의 현종과 조선의 선조는 궁색하게나마 변명이 가능하다. 동양식 왕조에서 왕국의 오너는 왕이고 가장 중요한 일은 사직을 보존하는 것이었으므로 수많은 백성이 희생된다 해도 일단 왕이 살고 사직을 구하는 것은 어쩔 수 없었다고 치부할 수 있다. 그러나 1950년 한국전쟁이 발발한 지 겨우 사흘이 지났을 때 대통령이던 이승만은 수도 서울을 사수하겠다던 약속을 헌신짝처럼 팽개치고, 수백 명의 피난민들을 희생시키며 한강 인도교를 끊고 남쪽으로 도망쳤다. 명색이 공화국 체제인 대한민국에서 국정의 최고 지도자가 대국민 약속을 어기고 국민을 희생시켜 제 목숨을 보존한 것은 엄연한 범죄 행위다. 하지만 전쟁이 끝나고서도 이승만은 처벌을 받기는커녕 거뜬히 대통령으로 재선되었고, 지금까지도 우리 사회의 일각에는 이승만을 국부로 섬기자는 세력이 있다.

흔히 노블레스 오블리주는 도덕의 덕목으로 알지만 실은 역사적인 개념이다. 그 기원은 보통 기원전 3~2세기에 벌어진 포에니 전쟁에서 찾는다. 지중해의 패권을 놓고 카르타고와 싸운 이 전쟁에서 당시 로마의 귀족들은 스스로 전쟁 비용을 부담했을 뿐 아니라 평민보다 먼저 전장에 나가 싸우다 죽는 것을 명예로 여겼다.

서양의 역사에서 흔히 보는 노블레스 오블리주가 동양의 역사에서 보기 어려운 이유는 동양 세계가 부도덕했기 때문이라기보다는 신분제의 성격이 달랐기 때문이다.(그래서 노블레스 오블리주는 '덕목'이 아니라 역사다.) 신분제는 인류 역사에 공통적으로 존재했으나 동양의 신분제와 서양의 신분제는 상당히 다른 측면이 있었다. 사회 조직의 기틀이었고 차별적인 성격을 지닌 점은 마찬가지지만, 동양의 신분제는 지배층이 피지배층을 지배하기 위한 서열의 의미가 강한 반면, 서양의 신분제는 사회적 역할과 기능을 규정했다.

동양의 신분제는 상위 신분과 하위 신분, 지배자와 피지배자의 위상으로만 나뉠 뿐, 신분이 사회적 기능이나 역할을 규정하지는 않았다. 동양 사회 특유의 병농일치 개념이 그 예다. 중국 당 제국의 골간이었던 부병제는 농민이 전시에 병사로 복무하는 병농일치의 제도였으며, 고려와 조선의 군사제도도 기본적으로 마찬가지였다.

그와 달리 서양의 역사에서는 고대부터 농민과 병사가 확실히 구분되었다. 농민들은 국가의 경제적 토대를 담당하는 역할이었고, 병사는 국가를 방어하거나 적을 정복해 영토를 늘리는 역할이었다. 이집트의 파라오는 용병을 고용할지언정 자국 농민을 병사로 부리지 않았다. 로마제국에서도 농민들은 농사를 지었으며, 로마 군단이 정복을, 게르만 용병이 변방의 방어를 맡았다.

군대에서 생겨난 노블레스 오블리주는 다른 분야로도 전이되었다. 높은 신분은 그 신분에 어울리는 사회적 역할을 가진다. 그렇다면 권력을 합법적으로 행사하는 권력자는 말할 것도 없이 노블레스 오블리주를 가져야 한다. 그 점을 잘 보여주는 인물은 로마의 카이사르다.

제국이 성립되기 직전, 기원전 1세기에 카이사르는 로마 최고의 권력자로 폼페이우스, 크라수스와 함께 삼두체제를 이루었다. 로마가 공화정 단계를 넘어 제국으로 가야 한다고 본 그는 당연히 제국의 리더, 즉 황제가 되고 싶었다. 그러나 원로원 의원 정도의 정치적 야심이라면 몰라도 로마의 최고 지배자가 되려 한다면 반드시 구비해야 하는 자격이 있었다. 그것은 바로 전쟁 지휘관의 경험이다. 이 자격을 갖추기 위해 그는 직접 군대를 거느리고 갈리아 정복에 나섰다. 아무리 영웅이라 해도 카이사르가 죽을 위험성이 있는 전장에 가고 싶어 갔을 리는 만무하다. 다만 그는 로마의 황제가 되려는 정치적 야심을 가졌기에 그 위험을 감수해야 한다고 여겼을 뿐이다. 따라서 그의 행위를 도덕이나 개인적 용기의 문제로 봐서는 안 된다. 그보다는 당시 로마의 사회적 메커니즘이 그런 지도자상을 요구했던 것이다. 바꿔 말해 당시 로마의 지배층에게는 노블레스 오블리주가 충분조건이 아니라 필요조건인 사회였다. 거꾸로 말하면, 동양 사회에서 지금까지도 노블레스 오블리주의 실천이 부족한 원인은 도덕성이 모자라기 때문이 아니라 그런 역사가 부재했기 때문이다.

사대부 정치의 역사

조선은 14세기 말부터 20세기 초까지 500여 년 존속한 왕국이지만, 엄밀하게 구분하면 명실상부한 왕국이었던 시기는 초기 100년과 18세기 영·정조시대뿐이었다. 이른바 반정(反正)으로 즉위한 중종부터는 사실상 왕국이라기보다 사대부들이 국정을 좌지우지한 '사대부국'이었다. 15~17세기까지 200년 동안 사대부들은 왕위 계승자를 직접 발탁하기도 했고(중종, 선조, 인조, 영조) 자신들의 입맛에 맞지 않으면 쫓아내기도 했다(소현세자, 광해군). 근대 민주주의가 탄생하기 전까지는 왕정이 선진적인 국가 체제였다고 보면, 조선의 사대부들은 국가의 진보를 가로막은 수구적인 역할을 톡톡히 한 셈이다.

사대부들이 저지른 폐해는 그것만이 아니다. '사대부국' 전반기에 그들은 각종 사화를 통해, 후기에는 당쟁을 통해 치열한 권력다툼을 벌였다. 더 큰 역사적 비판의 대상은 그 다툼이 몹시 치졸하고 비열한 양상을 띠었다는 점이다.

우선 사대부들은 항상 왕을 방패막이로 이용하면서 왕의 명령을 빌려 반대파를 제거하는 방식을 취했다. 조선이 왕국인 이상 국왕은 형식상으로 절대권력자이며, 따라서 사대부들이 입안하고 집행하는 모든 명령은 왕명의 형식을 취해야 한다. 실권을 쥔 사대부들은 그 점을 악용해 왕을 좋게 말해 상징적 절대권력자, 실상은 꼭두각시로 만들고 왕명을 이용해 자신들의 의도를 실행하고 정당화했다.

일반적으로 지배집단 내부에 이해관계나 정치이념에 따라 분열이 생겨나면 반란이나 내전으로 사태가 해결되는 게 보통이다. 여기서 승자가 새로 권력을 장악하거나 새 왕조를 개창하게 마련이다. 하지만 조선의 사대부들은 공식적으로 권력의 전면에 나서지 않고 왕의 이름을 빌려 반대파를 제거하는 지극히 부도덕한 책략을 택했다. 그렇기 때문에 사화와 당쟁이 거의 예외 없이 모함과 중상을 통한 '말만의 역모'로 벌어진 것이다.(내전은 피를 부르지만 말만의 역모보다 덜 부도덕하다.) 말만의 역모와 허울만의 반역자가 양산되고 각종 사화와 옥사가 빚어지는 조선 특유의 정치문화는 왕과 사대부 집단의 기묘하고 불건전한 이중 권력 구조가 낳은 결과다.

또한 국왕이 상징적 절대자이자 꼭두각시라는 이중적 지위를 가지고 있기 때문에 사대부들은 자기들끼리의 권력다툼에서 무엇보다 '명분'을 최우선으로 삼을 수밖에 없게 된다. 여기에 생리적으로 명분을 중시하는 성리학적 정치이념이 더해지면서 조선의 사대부 정치는 거의 명분다툼으로만 전개되었다. 명분의 정당성이란 원래 논리적으로 도출될 수 있는 게 아니므로 사대부들은 자신의 명분이 다수 의견으로 채택되도록 하기 위해 자파의 세력을 늘리는 데 부심하게 된다. 그것이 바로 당쟁으로 나타났다. 그러므로 당쟁은 조선의 정치역학에서 필연적으로 발생할 수밖에 없는 것이다.

그런 사대부 정치의 결정판은 영·정조의 왕국화 드라이브가 실패로 돌아간 뒤 19세기 초부터 전개된 60년간의 세도정치다. 서양의 제국주의 열강이 군함을 앞세워 동양 세계의 문호를 강제로 열어젖히려 하던 중대한 시점에 조선은 세도 가문들이 중앙정치를 장악한 채 사적 이득을 취하고 탐학과 부패를 일삼는 가운데 사실상 무정부 상태에 빠졌다.

국제적으로 중대한 시기에 황폐하기 그지없는 세도정치는 결국 나라를 신출내기 제국주의에게 빼앗기는 비극을 초래했다. 인맥과 파벌이 여전히 주요한 변수인 현대 한국의 정치문화는 멀리 사대부 정치의 역사에 뿌리를 두고 있다.

정경유착이라는 고질병

조선 사회는 정치적으로 이중권력 체제였던 것만이 아니라 경제적으로도 모호한 이중성을 가지고 있었다. 그 점을 잘 보여주는 사례가 과전법이다. 과전법은 토지제도라기보다는 관리에 대한 급료제도라고 할 수 있지만, 민간 경제 부문이 취약했던 조선 사회에서는 중요한 경제적 의미를 가졌고 사실상 토지제도의 역할을 했다.

화폐경제가 도입되기 이전에 관리의 급료는 화폐가 아니라 토지로 주었다. 하지만 여기에는 근본적인 체제상의 문제점이 있었다. 동양식 왕조는 원칙적으로 나라의 모든 것(토지와 백성)이 국왕의 소유였다. 사유재산의 관념이 고대부터 있었던 서양과 달리 동양 세계에서는 왕이 국가의 최종적인 소유자였다. 그것을 왕토사상(王土思想)이라고 부른다.(더구나 중국이나 일본과 달리 한반도 역사에는 봉건시대가 없었으므로 왕이 항상 국가의 단독 '오너'였다.)

관리를 임용하면 급료를 줘야겠지만 왕만이 소유할 수 있는 토지를 급료로 내줄 수는 없었다. 그래서 관리에게는 토지의 소유권 자체가 아니라 조세를 수취할 권리, 즉 수조권만 부여했다. 바로 여기서 토지의 소유권이 모호해지는 현상이 생겨났다.

과전은 급료이므로 관직에서 물러나면 수조권을 반납해야 한다. 하지만 신분제 사회인 조선에서는 관직에 있던 아버지가 받은 수조권이 자연스럽게 자식에게 상속되는 관행이 처음부터 자리 잡았다. 이것은 조선 초기부터 경제적 문제를 빚었다. 3대 왕인 태종 때 이미 과전이 부족해져 경기도로 한정했던 과전을 삼남지역으로 확대했는가 하면, 그로 인해 중앙으로 오는 양곡이 부족해지자 다음 왕인 세종은 다시 과전을 경기도로 제한했다. 이렇게 갈팡질팡하던 과전법은 정난을 통해 집권한 세조가 공신 세력을 제거한 덕분에 잠시 숨통을 틔우지만, 과전이 누적되자 곧이어 성종 때 또다시 똑같은 문제가 되풀이된다.

이처럼 토지가 현실적으로는 (상속되고 간혹 매매되었으므로) 사유화되었으면서도 원칙적으로는 국가, 즉 왕의 재산인 이중적 토지소유 구조를 취했기 때문에 조선에서는 사유재산의 관념이 생겨나지 않았고, 따라서 민간 경제가 발달할 여지가 거의 없었다. 국가와 사회의 거의 모든 부문은 관(官)에서 장악했다. 경제가 늘 정치에 종속되었던 역사는 현대에 들어 정경유착의 고질병으로 흔적을 남기고 있다.

과거 역사를 오늘의 잣대로 평가하거나 비판하는 것은 범주 착오의 대표적인 예다. 하지만 과거의 시점에서 볼 때도 명백한 잘못을 후대에 비판하지 않거나, 오늘에 영향을 미치는 과거의 장기적인 폐해를 바로잡지 않으면 (과거와 오늘을 분리시킨다는 점에서) 더 큰 범주 착오에 빠질 수 있다.

미국이 과거 인종정책을 자기비판하듯이, 로마 교황이 수백 년 전 십자군 원정의 잘못을 시인하듯이 역사의 비판은 현대 사회를 살아나가고 미래를 개척하는 데 필수적이다. 과거에 외부의 침탈을 많이 겪은 약자였다고 해서 역사 비판의 면죄부가 주어지는 것은 아니다. 오히려 약자일수록 뼈아픈 자기비판이 없으면 과거의 강자가 범했던 잘못을 되풀이하게 된다.(한 예로, 미국의 강압과 권유에다 눈앞의 이익에 급급한 나머지 우리와 아무런 상관도 없는 베트남에 전투 병력을 대거 파병한 것은 영원히 지워지지 않을 역사적 범죄 행위다.)

무엇보다도 과거의 약한 역사를 다시 반복하지 않으려면 그 약한 역사의 원인을 분석하고 비판해야 한다. 그리고 잘못된 역사가 지금까지 미치고 있는 영향력이 있다면 과감히 끊어낼 필요가 있다. 혁명이 부재했던 우리 역사에서는 한 번도 과거와의 단절이 이루어진 적이 없었다.(일제강점기의 유제를 완전히 척결하지 못한 것도 '잘못된 연속'의 사례다.) 마약을 끊는 고통을 고통이라고 부르지 않듯이, 구체제의 오랜 역사적 폐단을 근절하는 고통은 무용한 고통이 아니다. 역사적 자기비판이 신랄할수록 강국의 마지막 남은 조건은 더욱 힘을 얻을 것이다.

남경태 서울에서 태어났고, 서울대학교 사회학과를 졸업한 후 1980년대에 사회과학 출판운동에 매진했다. 이후 인문학 대중화를 모토로 내걸고 역사와 철학 등 인문학에 관련된 책을 쓰고 옮겼다. 지은 책으로는 《종횡무진 역사》, 《개념어 사전》, 《철학》, 《역사》 등이 있고, 옮긴 책으로는 《비잔티움 연대기》, 《반룬의 예술사》, 《생각의 역사》, 《30년 전쟁》 등이 있다.

13

한국의 정체성

한국사 서술과 21세기 한국인의 정체성

김기봉 경기대 교수

◉ 태초부터 한국인, 중국인, 독일인, 프랑스인, 러시아인, 미국인 등이 있었던 것이 아니라 각각의 민족은 역사적으로 형성됐다. 우리는 한국인으로 태어난 것이 아니라 한국인으로 만들어졌기에, 한국인이란 역사성을 가진 개념이다. 역사성을 가진 개념은 고정된 실체가 아니라 변화하는 것이므로 정의할 수 없고, 역사를 통해서 그 의미가 해석될 수 있을 뿐이다. 한국인이란 누구인지 정체성의 변화를 역사적으로 해명하는 일을 하는 사람이 바로 한국사학자다.

한국인 없는 한국사 극복을 위한 '문화적 전환'

하지만 오늘날 한국사학자들이 쓴 한국사를 읽고 한국인의 정체성을 이해할 수 있을까? 예컨대 어느 외국인이 영어로 번역된 이기백의 《한국사신론》을 읽고 한국인의 인간성을 이해할 수 있을까? 그 역사책을 읽은 사람은 한국사가 언제 어떻게 시작해서 무슨 일들이 벌어져서 오늘의 남북분단 상황에까지 이르렀는지에 대한 역사적 지식을 얻을 수는 있어도, 도대체 한국인이 어떤 사람들인지에 대해서는 잘 알지 못할 것이다. 신채호가 주변의 비아(非我)와의 투쟁이 없었다면 조선 민족이라는 '역사적 아'가 생겨나지 않았을 것이라고 말한 것처럼, 한국인의 정체성은 외부의 도전에 대한 내부의 응전의 결과로 만들어진 역사적 형성물이다.

과거를 연구하는 역사가는 일차적으로 "과거는 낯선 나라다."라는 말을 명심해야 한다. 지난 세기 한국인들은 서구가 300년 동안 이룩한 일을 단 30년 만에 달성하는 경제성장을 이뤄냈고, 그 성과로 "흰쌀밥에 고깃국을 먹는다."는 이른바 반만년 역사를 가진 한국인의 꿈을 이뤄냈다. 이 꿈을 현실로 실현하기 위해 20세기 한국인들은 내면에 대한 성찰을 할 여유 없이 앞만 보고 달리는 '돌진적 근대화'를 해야 했다. 근대로의 이행에 지각해서 20세기 초 일제 식민지로 전락했다는 뼈저린 경험이 20세기 후반의 한국 현대사를 앞만 보고 돌진하는 역사로 만들었다.

전통시대 한국인들은 동아시아에서 가장 느린 삶을 살았다고 한다. 비가 와도 뛰지 않고 팔자걸음을 걷는 조선시대 양반이 전근대 한국인의 모범이었다. 하지만 21세기 지식정보 사회에서는 '빨리 빨리'의 심성이 한국인의 최대 장점으로 말해지고 있다. 한국인이라는 집단적 자아는 하나가 아니라 복수로 존재하며 각 시대마다 달랐다. 삼국시대에는 고구려, 백제, 신라라는 적어도 세 유형의 한국인들이 있었고, 고려시대에는 고려 나름의, 그리고 조선시대에는 조선 특유의 한국인이 있었으며, 최근에는 남한과 북한에 각기 다른 유형의 한국인이 생겨나고 있다. 그렇다면 한국 역사든 한국 문학이든 한국 철학이든 모든 한국학이 해명해야 할 가장 중요한 문제는 이처럼 시대마다 각기 다르게 나타난 한국인들을 하나의 한국인으로 포괄하는 범주로서의 한국인이란 과연 무엇인지를 규명하는 일이다.

범주로서의 한국인을 규정하는 일차적 인자가 문화다. 문화란 한 집단이 세계에 의미를 부여하는 방식을 결정하는 코드이며 생존방식이다. 인간의 육체 그 자체는 컴퓨터의 '하드웨어'와 같아서 '소프트웨어'에 해당하는 문화가 입력되어야 하나의 인간으로 존립할 수 있다. 인간이 없으면 문화가 없지만, 문화 없는 인간도 있을 수 없다. 우리가 인간이 된다는 것은 모든 인간(Everyman)이 되는 것이 아니라 특정한 종류의 인간이 되는 것이며, 이 특정한 종류의 인간을 만드는 것이 바로 문화다.[1] 따라서 오늘의 한국인 없는 한국사 서술을 지양하기 위해서는 한국사의 '문화적 전환'이 필요하다.

'문화적 기억'으로 보는 한국사

인간의 정체성을 형성하는 것은 무엇보다도 그가 가진 기억이다. 기억이란 한 주체가 자신의 과거를 현재와 관련짓는 정신적 행위이자 자기성찰 과정이다. 한 사회도 개인과 마찬가지로 기억을 토대로 하여 집단 정체성을 형성한다. 이처럼 특정 사회를 문화적으로 정초해주는 기억을 독일의 문화학자 얀 아스만(J. Assmann)은 '문화적 기억'이라고 지칭했다. 문화적 기억이 한국인의 문화유전자로 기능하여 한국인의 집단적 자아의 정체성을 형성한다.

고대, 중세, 근세, 근대와 현대라는 한국사의 시대 구분은 한국인 정체성을 결정하는 문화적 기억의 코드 전환과 거의 일치한다. 한국사에서는 고대 국가가 성립하는 시점을 일반적으로 고구려, 백제, 신라가 불교를 국가 종교로 공인하는 연도로 잡는다. 세 나라 모두에서 불교를

1 클리퍼드 기어츠 지음, 문옥표 옮김, 《문화의 해석》, 까치, 1998, 74면.

받아들이는 데 선봉의 역할을 한 것은 왕실이다. "왕실에 의하여 불교가 강력히 지지·발전하게 된 것은 왕권 중심의 지배체제를 유지하는 정신적 지주로서 적합한 때문"이었다. "하나의 불법에 귀의하는 같은 신도라는 신념은 하나의 국왕을 받드는 같은 신민이라는 생각과 함께 국가의 통일에 큰 역할"을 했다.[2]

삼국 가운데 가장 늦게 불교를 공인했지만 이를 통해 국가 통합을 이룩하여 삼국통일의 과업을 달성한 나라는 신라다. 신라는 원래 6개 씨족집단의 연합체에서 출발했고, 각 씨족에게는 그 시조와 연관된 토속신앙이 있었을 것으로 추정된다. 각 씨족 대표자들의 회의라고 할 수 있는 화백회의에서 만장일치로 왕위 계승자와 같은 국가의 중대사를 결정했다는 것은 초기 신라의 특징을 잘 보여준다. 이 같은 연맹국가에서 중앙집권적 귀족국가로의 개혁을 완성한 왕이 법흥왕이다. 그는 불교를 공인하여 귀족세력의 정신적 근거지가 됐던 토속신앙을 누르고 왕권을 강화하는 전기를 마련했다. 토속신앙과 불교의 문화 헤게모니 투쟁에서 발생한 사건이 '이차돈의 순교'다. 법흥왕은 이차돈의 죽음을 신화화하는 불교의 문화적 기억을 만들어내는 방식으로 고대 국가의 왕권을 확립했다. 이후 신라의 왕들은 석가족의 후예임을 천명하는 방식으로 왕권의 정통성을 확보했다.

후삼국시대를 여는 데 결정적인 역할을 한 궁예는 자신이 석가시대 이후에 도래할 새로운 메시아로서 미륵의 화신임을 선언함으로써 귀족불교가 아닌 민중불교의 문화적 기억을 만들어내고자 했다. 아래로부

2 이기백, 《한국사신론》, 일조각, 1999, 77면.

터의 불교라는 그의 비전은 실패했지만, 신라 골품제 사회를 와해시킴으로써 중세 사회로의 전환을 가져왔다. 태조 왕건에 의한 고려 건국은 궁예가 마련해놓은 터전 위에서 가능할 수 있었다. 고려의 문화적 기억은 모호하고 모순적이고 복잡하다. 국호로 보면 고구려의 후예이지만, 지배세력은 신라와의 연속선상에 있었다. 고려 왕실은 근친결혼과 정략결혼의 형태로 왕조의 정체성 문제를 해결하지 않고 봉합했다. 그러다가 마침내 국가 정체성을 형성하는 문화적 기억의 중심이 고구려인가 신라인가를 둘러싼 권력투쟁의 정점으로 일어난 사건이 '묘청의 난'이다. 고구려 정체성의 대변자인 묘청이 불교의 문화적 기억을 내세웠다면, 이에 대항하는 신라 정체성의 계승자인 김부식은 유교를 국가이념으로 제시했다. 신채호는 이 싸움에서 묘청의 패배를 종교, 학술, 정치, 풍속을 중국 사대주의의 노예로 전락시킨 전기가 되는 '조선 역사상 1,000년 이래 제1대 사건'으로 의미를 부여했다. 여기서 불교는 외래종교가 아니라 낭가사상과 같은 민족 고유의 신앙을 포괄하는 것으로 이해됐다.

불교로 대변되는 낭가사상이 중국 유교에 의해 패배당하는 사건은 묘청의 난 이전 고조선시대부터 일어났다. 이는 일연이 《삼국유사》에서 하늘의 통치자 환인의 서자인 환웅의 아들 단군이 조선을 개국하여 1,500년간을 다스리다가 주나라 무왕이 봉한 기자의 등장으로 역사의 무대에서 퇴장했다고 썼을 때부터 생겨난 한국사에서 장기지속되는 구조다. 일연은 단군에서 기자로의 정권 교체가 어떤 계기로 어떻게 이뤄졌는지에 대해 자세히 기록하지 않았다. 단지 그는 하늘의 자손인 단군이 주나라 무왕이 봉한 기자에게 권력을 이양하고 산신이 됐다고 쓰면서, 환인에 대해서는 "제석(帝釋)을 말한다."는 주석을 달았다. 제석은 수미산 꼭대기에 있는 도리천의 임금을 가리키는 불교 용어다. 따라서 단군에서 기자로의 권력 이동, 곧 단군조선에서 기자조선으로 고조선의 정체성이 변환되는 것을 일연은 토속신앙에서 유교로 문명이 전환된 것으로 이해했고, 이는 결국 종교와 정치의 분화, 곧 제정일치 사회의 종말을 의미한다고 해석할 수 있다.

일연은 김부식의 《삼국사기》라는 정사(正史)에 대한 '지식의 고고학'으로 《삼국유사》를 편찬했다. 김부식의 《삼국사기》가 정치라는 표층의 사건사라면, 일연의 《삼국유사》는 심층의 문화적 기억을 발굴하는 고고학적 역사다. 중국이라는 천하국가를 몽골이 지배하고 고려마저도 그 속국으로 전락한 상황에서 일연은 역사(史)가 배제하고 은폐한 이야기들을 유사(遺事)로 발굴하여 무교적으로 민속화된, 곧 무속적인 불교의 문화적 기억을 토대로 한 고려인들의 정체성을 확립하는 대안적 역사를 쓰고자 했다.

《삼국사기》가 역사적 기억이라면, 《삼국유사》는 문화적 기억을 대변한다. 전자가 역사라면, 후자는 엄밀히 말해 설화에 해당한다. 이병주는 《산하》의 에필로그에서 "태양에 바래면 역사가 되고, 월광에 물들면 신화가 된다."고 썼다. 어느 한 민족의 집단 자의식을 결정하는 것이 사상과 역사라면, 신화와 설화는 집단 무의식을 대변한다. 한 인간의 삶이 현실과 꿈의 두 부분으로 구성되어 있는 것처럼, 한 집단의 정체성은 역사와 신화의 합작품으로 주조된다. 《삼국사기》와 《삼국유사》 모두는 현재의 우리가 삼국시대 한국인은 누구인가를 이해하는 데 없어서는 안 되는 책이다. 그런데 문제는 이 두 책 가운데 무엇이 삼국시대의 고구려인, 백제인, 신라인, 그리고 이 셋을 포괄하는 한국인이란 누구인지를 더 잘 보여주는가 하는 점이다. 결국 사실과 허구의 접합, 즉 '팩션(faction)'인 《삼국유사》가 《삼국사기》보다 한국인의 정체성에 대한 더 많은 정보를 제공한다.

원이 쇠하고 명이 등장하는 천하질서의 변동이 일어나는 14세기 말 한국인들은 자신의 정체성을 재정립할 새로운 문화적 기억을 요청했다. 기자에 대한 고조선의 문화적 기억을 근거로 새 왕조가 조선이라는 국호를 명나라로부터 하사받았다. 명이 조선이라는 국호를 선택했다는 사실은 조선이 고조선의 후예라는 점을 공인해줌과 동시에 중국 상고시대 주나라와 기자조선의 관계를 부활시킨다는 의미를 가졌다. 이처럼 한국사에서 조선왕조의 건국은 고대 기자조선의 부활, 곧 '르네상스'에 해당한다.

불교는 한국사에서 고중세의 1,000년 이상을 지배한 문화적 기억이다. 정도전과 같은 조선의 건국자들은 이 같은 불교의 기억을 지운 후 대신 유교라는 새로운 문화적 기억을 주입하고, 명나라가 주도하는 중화세계질서에 조선이 편입하는 것으로 조선왕조의 정통성을 세우고자 했다. 하지만 17세기에 명나라가 몰락하고 청나라가 중국을 지배하는 천하질서의 변동은 조선의 정체성에 중대한 위기를 불러왔다. 임진왜란에서 조선이 망하지 않고 왕조를 유지할 수 있었던 것은 명의 원조 덕택이었다. 명나라의 은혜로 국가를 재건했다는 재조지은(再造之恩)이 임란을 통해 크게 손상된 조선의 정통성을 재확립하는 논리가 됐다. 이 논리를 명분으로 해서 명나라, 청나라와 등거리 외교를 했던 광해군을 몰아내는 인조반정이 일어났다.

하지만 그 반정의 대가로 조선은 병자호란을 치러야 했다. 척화파 김상헌과 주화파 최명길의 이념투쟁은 결국 조선의 정체성에 관한 논쟁이었다. 후자에게는 조선왕조의 생존이 중요했다면, 전자에게는 천조(天朝)인 명나라에게 의리를 지키는 것이 지상과제였다. 조선의 정치적 헤게모니를 장악한 전자의 사대부들은 재조지은이라는 문화적 기억을 만들어서 잃어버린 중화세계를 복원하는 '북벌'을 해야 한다는 미션 임파서블의 주장을 했다. 하지만 북벌이란 청이라는 외부의 적을 이용하여 내부의 저항세력을 잠재우는 부정적 통합의 이데올로기에 불과했다. 결국 강희제 이후 옹정제와 건륭제로 이어지면서 청의 중국 지배가 확고부동한 18세기에 이르러 이제 조선만이 중화의 문물을 간직하고 있다는 자부심으로 '조선중화' 의식이 생겨났다. 하지만 조선중화란 기본적으로 중화사상을 문화적 기억의 토대로 삼아 성립하기 때문에 조선 정체성의 근본적인 변화는 아니었다. 이와 더불어 18세기 조선의 지식인들 사이에 청나라를 부정하는 북벌이 아니라 청나라에게서 배우자는 '북학'을 주장하는, 후대에 '실학자'로 총칭되는 새로운 유형의 지식인들이 나타났다.

북벌에서 북학으로 인식이 전환되는 것은 분명 탈중화화의 징조라고 볼 수 있다. 실제로 18세기 조선에서도 중국이 세계의 중심이라는 중화사상에 대한 회의를 통해 중화와 이적의 구분에 문제를 제기하는 지식인들이 나타났다. 중화사상의 기원은 중국사의 정통성을 주나라로 설정하고 역사를 편찬했던 공자의 《춘추》라고 말할 수 있다. 이에 대해 지구가 자전한다는 과학적 지식을 알았던 홍대용은 중화세계질서를 해체하는 '역외춘추론(域外春秋論)'을 제기했다. 그는 주나라를 종주국으로 여긴 공자가 주를 정통으로 《춘추》를 편찬함으로써 중국사의 계보가 만들어진 것이고, 만일 공자가 중국 바깥에서 태어났다면 '역외춘추'를 썼을 것이라고 주장했다.[3]

하지만 중요한 문제는 중화주의를 해체하고 난 이후 조선의 정체성을 어떻게 재규정하느냐 하는 점이었다. 18세기 조선 지식인들은 중화 세계질서의 대안이 될 수 있는 세계관을 제시하지는 못했다. 그들은 단지 중화사상의 문화적 기억에서 벗어나 오랑캐인 청과 서구에게서 문물을 배워야 한다는 자세를 견지함으로써 오늘날의 세계화론자와 같은 생각을 했지만, 근대를 향한 내재적 발전의 선구자 역할을 하지는 못했다.

동학운동이 촉발한 청일전쟁에서 일본이 승리함으로써 조선은 중화 세계질서로부터 공식적인 해방을 이룰 수 있었다. 중화질서에서 벗어난 조선은 1897년 대한제국으로 국호를 바꾸고 독립국임을 선언했다. '대한'이라는 국호는 삼한에서 비롯했다. 고종은 제국으로서 국가의 위상을 재정립할 목적으로 중화문명의 일원인 기자조선이 아닌 삼한정통론에 입각해서 근대국가로의 전환을 꾀했다.[4] 고종은 기자에서 삼한으로 문화적 기억을 바꾸는 방식으로 탈중화화하여 조선을 대한제국으

3 임형택, 《문명의식과 실학》, 돌베개, 2009, 94면.

4 1897년 10월 국호를 변경할 때 고종과 신하들은 다음과 같은 논의를 하였다. "상(上)이 이르기를, '우리나라는 곧 삼한의 땅인데, 국초에 천명을 받고 하나의 나라로 통합되었다. 지금 국호를 대한이라고 정한다고 안 될 것이 없다.' 하니, 심순택이 아뢰기를, '삼대(三代) 이후부터 국호는 예전 것을 답습한 경우가 아직 없었습니다. 그런데 조선은 바로 기자가 옛날에 봉해졌을 때의 칭호이니, 당당한 황제의 나라로서 그 칭호를 그대로 쓰는 것이 옳지 않습니다. 또한 대한이라는 칭호는 황제의 계통을 이은 나라들을 상고해보건대 옛것을 답습한 것이 아닙니다.' 라고 하였다." (《고종순종실록》 36권, 광무 1년 10월 11일)

로 탈바꿈시켰다.

대한제국의 멸망으로 한국의 근대는 '식민지 근대'의 형태로 성취됐다. 이 같은 역사적 사실을 인정할 수 없는 한국사 연구자들은 일제에 의해 좌절된 내재적 발전의 가능성을 확인할 수 있는 문화적 기억을 만들어내고자 했고, 이 같은 노력으로 20세기 국학자들은 일본의 고학을 본보기로 실학이라는 개념적 허구를 발명했다.[5]

한국사에서 현대란 식민지 근대 이후의 시대를 지칭한다. 해방 후 한국 역사학의 첫 번째 과제는 일제가 심어놓은 식민주의 문화적 기억을 대체하는 민족주의 문화적 기억을 상기하는 한국사를 쓰는 것이었다. 20세기 한국사학자들의 화두는 민족주의 문화적 기억으로 한국인의 정체성을 만들어내는 '국사' 패러다임의 정립이었다. 하지만 21세기에 우리는 밖으로는 세계화시대, 안으로는 다문화 사회로 변모하는 현실에 부응해서 "한국인은 누구인가?"를 다시 정의하는 새로운 한국사 서술 모델을 요청한다.

문명교류사적인 한국사 서술을 위하여

전근대에서 우리 조상들이 중화세계질서와 연관된 문화적 기억을 중심으로 집단 정체성을 규정했다면, 근대 이후에는 그것으로부터의 독립을 강조하는 민족이 한국인의 정체성을 규정하는 코드가 됐다. 하지만

5 김용옥, 《독기학설》, 통나무, 2004.

오늘날 민족을 코드로 해서 한국인의 정체성을 규정하는 민족주의는 외부와 내부의 이중 도전에 직면해 있다. 먼저 외부적으로는 2007년 8월 중순 유엔 인종차별철폐위원회가 지적한 것처럼 이제 한국인들은 '단일민족국가'라는 허상에서 벗어나 누가 한국인인지를 재규정해야 할 시점에 도달했다. 그리고 내부적으로는 북한을 대한민국의 안보를 위협하는 적으로 보는 사람들이 많아지면서 민족과 국가 사이에서 한국인 정체성의 혼란이 일어났다.

현실사회주의가 몰락한 이후 남북한 체제 경쟁은 사실상 끝났으며, 한국전쟁의 폐허를 딛고 세계 경제대국 10위권에 진입한 대한민국의 성공은 세계사에서 유례없는 일로 평가받고 있다. 대한민국은 제2차 세계대전 이후 원조를 받던 나라가 원조를 주는 나라로 발전한 세계 유일의 국가다. 그런데도 통일을 지상과제로 여기는 사람들은 대한민국은 불완전한 민족국가라고 평가절하하는 경향이 있었다. 이에 대해 뉴라이트 진영은 좌파의 역사관은 대한민국의 국가 정체성을 훼손한다는 비판을 제기했다. 이 같은 맥락에서 한국 근·현대사 해석을 둘러싼 역사논쟁은 내전을 방불케 했다. 한국사를 구성하는 주체를 계속해서 민족으로 설정하려는 진보진영과 국가로 바꾸려는 보수진영 사이의 담론투쟁으로 전개되는 역사 내전은 결국 민족주의와 국가주의의 충돌이다.

이 둘의 대립을 지양할 수 있는 제3의 대안이 한국사를 국가와 민족이 아닌 문화적 기억으로 재구성하는 방안이다. 인간은 자기 정체성을 문화적 기억으로 인식한다. 내가 한국인인 이유는 내 부모가 한국인이기 때문이라기보다는 내 머리 속에 한국인이라는 문화적 기억이 주입돼 있기 때문이다. 내 부모가 미국으로 이민을 가서 내가 거기서 성장하고 교육을 받았다면 나는 미국인이 됐을 것이다. 21세기 세계화시대에 국경을 넘어선 이주가 많아지면서 점점 정체성을 형성하는 인자가 생물학적인 유전자에서 문화로 바뀌고 있다. 다문화 사회로 바뀌면서 생기는 문제는 한편으로는 서로 다른 문화의 차이를 이해하고 인정하면서도, 다른 한편으로는 다양한 문화를 가진 사람들을 한 국가 시민으로 어떻게 포섭하느냐이다. 문화란 소통의 코드이면서 동시에 정체성을 형성하는 인자다.

한 민족과 국가의 문화는 태초부터 있었던 것이 아니라 긴 세월 동안 역사적 경험이 축적되어 만들어진 것이다. 문화는 다양성으로 만들어지고 진화한다. 한국사는 문명교류사로 전개됐다. 대표적인 한국의 전통문화인 불교와 유교는 고유문화가 아닌 외래문화를 우리가 전유한 것이다. 문화적 소통으로 오늘의 한국 문화가 생겨났고, 이러한 문화를 문화적 기억으로 해서 한국인의 정체성이 생겨났다. 결국 한국인이란 누구인가는 민족과 같은 혈통이 아니라 문화적 유전자로 해명돼야 한다. 따라서 21세기 한국 사회가 다인종 다문화 사회로 변모하는 것에 부응하여 한국사 연구와 서술은 단일민족을 형성하는 생물학적 DNA가 있다는 것을 전제로 해서가 아니라, 문명의 교류를 통해 진화되어온 한국 문화의 DNA를 해명하는 것을 목표로 삼아야 한다.

한국사의 문화적 전환을 위해서는 무엇보다도 먼저 민족을 주체로 역사를 '아와 비아의 투쟁'으로 보는 '국사' 패러다임에서 벗어나야 한다. 고대부터 지금까지 한국사는 기본적으로 문명의 융합과 혼융, 문화의 비빔밥으로 전개되었다. 한국사의 문화적 소통방식은 보편과 개체였다. 전근대에서는 중화 문명이라는 보편 속의 개체로 한국인의 문화적 정체성을 형성했다면, 개체적 정체성을 규정하는 보편이 중화문명에서 서구문명으로 바뀜으로써 한국사는 근대로 이행되었다.

"한국인은 ~이다."라고 할 때, 한국인이 주어라면 '이다'는 술어다. 예컨대 "한국인은 사람이다."에서처럼 한국인이라는 주어가 개체라면 사람이라는 술어는 보편에 해당한다. 그런데 전근대와 근대에서 주어와 술어가 관계를 맺는 방식이 다르다. 원래 주어라는 영어 단어 '서브젝트(subject)'는 논리학에서 술어에 의해 무엇이라고 규정되는 문법적 주어를 지칭했던 라틴어 '수브옉툼(subjectum)'에서 유래했다. 수브옉툼의 본래 의미는 '종속된다'이다. 전근대에서 한국사와 중국사의 관계는 이 같은 술어에 의한 주어의 종속관계로 구현됐다. 이것을 전형적으로 보여주는 것이 현재 전하는 최초의 한국사인 김부식의 《삼국사기》다. 김부식은 《삼국사기》의 편찬을 끝냈음을 왕에게 보고하면서 올린 글에서, "지금의 학사대부(學士大夫)들은 오경(五經)과 제자(諸子)의 글 및 진한(秦漢) 이래 역대의 역사에는 두루 통하여 상세히 말하면서도 우리나라의 일(吾邦之事)에 대해서는 그 시말(始末)을 까마득히 알지 못하니 심히 한탄스러운 일입니다."라고 썼다. 이 같은 김부식의 개탄은 고려 지식인들이 "본국사는 중국사다."라는 주술관계로 고려의 정체성을 인식함으로써, 개체사인 본국사를 보편사인 중국사 속에 해소시켰다는 사실을 알려준다.

조선시대까지 교육은 《천자문(千字文)》을 배우는 것으로 시작했다. 아이들은 《천자문》을 습득하는 과정에서 자연스럽게 중국을 세계의 중심으로 설정하는 중화주의 담론을 내면화했다. 《천자문》을 뗀 다음 서

당에서 일반적으로 배우는 것이 조선 중기 박세무가 저술한《동몽선습(童蒙先習)》이다. 여기서도 보편사인 중국사가 먼저 나오고 뒤에 자국사가 '본국사'의 이름으로 부록처럼 붙어 있다.

근대로의 전환은 보편적인 술어로부터 개체적인 주어가 독립을 선언하는 것으로 일어났다. 이러한 독립선언이 데카르트의 "나는 생각한다. 고로 존재한다."는 테제다. 근대에서 주어인 나는 세계를 인식하는 주체가 됨으로써, 술어에 의해 종속되는 개체가 아니라 술어를 규정하는 존재가 되었다. 모든 개체가 주체가 될 때 술어는 이제 개체를 종속시키는 보편이 아니라 주체에 의해 전유되는 객체의 위치로 전락했다.

이 같은 주술관계의 전도를 반영해서 개체사와 보편사의 위상 변화가 나타났다. 중화세계질서의 해체와 함께 성립한 대한제국은 갑오개혁을 통해 전통시대 개체와 보편의 관계로 설정된 본국사와 중국사 대신에 본국사와 만국사로 역사교육 체계를 재편성했다. 여기서 본국사가 국사의 전신이라면 만국사란 세계사의 원조다. 갑오개혁은 "인민에게 먼저 국사(國史)와 국문(國文)을 가르칠 것"을 교육개혁의 기본 방향으로 설정함으로써 중국사라는 보편을 해체하고 자국사의 관점으로 세계사를 인식하겠다는 의지를 표명했다.

한국사학사에서 술어인 중국사로부터 주어인 한국사의 독립을 선언한 역사가가 한국 근대 역사학의 아버지 신채호다. 전근대에서 조선왕조의 정통성은 중국의 천하질서에 종속된 개체라는 것을 확인하는 것으로 확보될 수 있었다면, 중화세계질서가 무너진 근대의 만국공법질서 속에서 독립된 국가를 유지하기 위해서는 개체적 역사의 주체성을 확립해야 했다. 이 같은 문제의식으로 신채호는 역사를 아와 비아의 투쟁으로 정의함으로써, 아의 역사로서 국사와 비아의 역사로서 세계사의 분리가 확정됐다. 신채호의 민족주의 역사학은 한국사의 주체성을 정립하는 성과를 낳았다. 하지만 이를 통해 보편적 문명과의 연관 속에서 자국사를 문명교류사로 파악하는 역사인식 태도는 사대주의 내지는 식민사관으로 폄하되어 비판받았다.

하지만 세계화시대에서 "민족주의는 반역이다."라는 주장이 제기됨과 동시에,[6] 문명사의 관점에서 한국사를 재구성해야 한다는 제안이 등장했다.[7] 전근대에서는 개체가 보편에 종속되는 방식의 의사소통 관계를 지향했다면, 근대에서는 데카르트적 자아가 세계라는 타자를 규정하는 방식으로 의사소통 관계가 전환되었다. 역사는 돌고 돈다는 말처럼, 민족주의시대가 저물고 유럽 공동체와 동아시아 공동체가 미래의 기획으로 떠오르면서 전통적인 개체와 보편의 관계가 복원되는 방향으로 역사가 흘러가고 있다.

세계화시대에서 한국이라는 주어를 종속시키는 술어가 바로 글로벌리티(globality)라는 관계망이다. 오늘날 대한민국의 성공은 보편적 세계문명과 소통한 성과로 이룩된 것이고, 선진국으로의 도약 역시 글로벌 스탠더드에 얼마나 빨리 도달하느냐에 달려 있다. 20세기 초 서구 근대문명이라는 보편으로의 진입에 뒤처졌기 때문에 일제 식민지로 전락한 우리 역사가 21세기에는 세계화라는 또 다른 보편사적인 도전에 직면해 있다. 이 같은 문명사적인 도전에 대한 응전을 해야 한다는 새

6 임지현, 《민족주의는 반역이다》, 소나무, 1999.
7 이영훈, 〈민족사에서 문명사로의 전환〉, 《국사의 신화를 넘어서》, 휴머니스트, 2004, 35~99면.

로운 과제를 짊어지고 있는 21세기 한국사는 민족사적인 아와 비아의 투쟁의 역사가 아니라 문명교류사적인 문화적 기억을 상기하는 역사 서술을 해야 한다.

김기봉 1959년 대전에서 태어났다. 지금은 경기대학교 사학과 교수이다. 대학의 역사가들이 주로 역사 지식의 생산에만 전념하는 데 반해, 그는 역사비평가로서의 역할을 자임한다. 역사란 기본적으로 삶의 비평을 목적으로 한다. 오늘의 역사학 위기는 역사가 삶에 대한 비평적 기능을 상실했기 때문에 발생했다. 역사가 동시대를 사는 사람들을 위한 삶의 지도가 되려면 역사 지식의 생산뿐 아니라 어떻게 소비할 것인가의 문제에 대해 성찰하는 역사 비평이 활성화돼야 한다. 그는 전문 역사학자들만 읽는 논문을 쓰기보다는 역사학 밖의 대중과 소통할 목적으로 《역사들이 속삭인다: 팩션 열풍과 스토리텔링의 역사》, 《팩션 시대: 영화와 역사를 중매하다》, 《'역사란 무엇인가'를 넘어서》, 《역사를 통한 동아시아 공동체 만들기》, 《가족의 빅뱅》 등을 썼다.

14

한국의 경제

능력과 공정한 경쟁, 그리고 갈림길에 선 '한국적인 것'

류동민 충남대 교수

2011년 여름, 우리의 자화상

식민지에서 독립된 이후, 한국 경제는 짧은 시간에 실로 급속한 성장을 이룩하였다. 당초 정통성 없는 군사정권이 자화자찬격 문구로 내세웠던 '한강의 기적'은 부인하기 어려운 현실이 된 것이다. 한때 케임브리지 대학의 유명한 여류 경제학자 조앤 로빈슨(Joan Robinson)이 〈한국, 1964: 경제적 기적(Korea, 1964: Economic Miracle)〉[1]이라 이름 붙일 정도로 놀라운 성과를 보였던 북한 경제의 쇠퇴과정과 비교해보더라도 이러한 경제성장이 세계사적 기준에서 얼마나 놀라운 것인가를 새삼 확인할 수 있을 것이다.

어떻게 이러한 기적적인 경제성장이 가능했는가, 그것을 가능하게 만들었던 한국적인 특성, 또는 한국인의 정체성은 무엇인가, 그리고 거꾸로 급속한 성장과정이 한국인의 정체성에 미친 영향은 무엇인가는 대단히 흥미로운 연구주제임에 틀림이 없다. 특히 서구에서 생성되고 발전된 탓에 서구중심적일 수밖에 없는 경제학 분야에서 항상 보편적인 것보다는 특수한 것, 중심적인 것보다는 주변적인 것으로 여겨져 왔던 한국적인 것이 세계적인 의미를 부여받을 수 있는 소중한 기회이기도 할 것이다.

그렇다면 예컨대 '정의란 무엇인가?'라는 제목의 책이 공전의 베스

1 이것은 조앤 로빈슨이 1964년에 북한을 방문하고 와서 1965년에 미국의 좌파학술지인 《먼슬리 리뷰(Monthly Review)》에 발표한 논문의 제목이다.

트셀러가 되고, 정치 지도자부터 사회의 기층에 이르기까지 공정한 사회에 대한 외침이 일반화하고 있는 2011년 여름, 한국인의 자화상은 어떤 모습을 하고 있을까?

목숨을 건 도약

모든 것이 상품으로 바뀌는 사회에서 모든 잠재적인 상품은 시장에서 자신의 '상품다움', 즉 상품으로서의 쓸모 있음을 드러냄으로써 그 값어치 있음을 입증해야만 한다. 그것은 다름 아닌 상품으로서의 삶과 죽음을 가르는 길이며, 마르크스가 재치 있게 갖다 붙인 바 있는 '목숨을 건 도약(salto mortale)'이라는 구절로 표현되는 상품이 화폐로 전환되는 과정, 즉 판매과정이다.[2] 1980년대 이후 세계경제의 흐름에 대해 마치 새삼스러운 현상이라도 되는 것처럼 신자유주의니 시장만능주의니 하는 이름들이 붙여지곤 했지만, 거창하게 말하자면 자본주의 시장경제의 본질은 원래부터 그러한 것이었다.

비슷비슷하면서도 서로 다른 여러 가지 상품들이 소비자의 눈에 들어 선택받기 위해 죽기 살기로 경쟁하는 과정은 적어도 그 구매를 결정하는 시점에 놓여 있는 소비자들에게는 큰 기쁨이자 축복이다. 사회주의를 비롯한 온갖 형태의 집산주의가 그 활력을 잃고 역사의 뒤편으로

2 '목숨을 건 도약'은 카를 마르크스가 《자본론》 제1권에서 상품이 판매를 통해 화폐로 바뀌어야 자신의 가치를 실현할 수 있다는 점을 설명하면서 사용한 표현이다.

사라져야 했던 까닭은 바로 이러한 경쟁이 제대로 이루어지지 못하고 억압되었기 때문이 아니던가?

그러나 즐겁게 구매 여부를 결정하며 상품으로서의 목숨을 좌지우지 하던 소비자들은 뒤돌아서는 순간, 비유하자면 리모컨의 채널 버튼을 누름으로써 프로그램의 시청률을 결정하다가 TV를 끄고 집 밖으로 나서는 순간, 스스로의 능력—그것이 선천적으로 주어진 재능의 결과이든 후천적 노력의 결과이든 간에—을 제값 받고 팔기 위해 이번에는 자신이 '목숨을 건 도약'을 감행해야 하는 처지가 된다.

시공간 압축

한국 경제가 언제부터 시스템으로서의 자본주의를 갖추게 되었는지에 관해서는 아직도 학술적으로는 논란의 여지가 있는 것으로 알고 있다. 그렇지만 1960년대부터 시작된 이른바 개발연대가 이와 같은 자본주의적 특성을 압축적으로 갖추어온 과정이라는 것은 그 누구도 부인하지 못할 것이다. 그러므로 어떤 이들은 한국에서의 1년은 서구에서의 10년에 해당된다고 말하기도 한다. 경제지리학자들이 말하는 '시공간 압축(time-space compression)'[3]은 흔히 포스트모더니티의 물질적 조건으로 여겨진다. 그러나 한국에서 그것은 이미 근대적 경제의 출발점에서부터 주어진 현상이었다. 한국 경제, 나아가 한국 사회가 때때로 전근대와 근대, 그리고 탈근대가 어울리지 않게 공존하는 포스트모던한 특성을 나타내는 듯 보이는 것도 이 때문이다.

이를테면 경제학자들은 흔히 시장과 정부를 두 가지의 대립항으로 삼는 분석틀을 이용하여 주어진 경제를 설명하고자 한다. 정부의 개입이 확대되는 것은 시장의 자유를 축소시키는 것이고, 반대로 시장의 자유가 확대되는 것은 정부의 개입을 감소시키는 것, 즉 시장과 정부가 서로 길항적인 관계에 놓여 있다는 분석틀이 바로 그것이다. 그러나 이러한 분석틀로는 종종 권위주의적 정부 개입과 시장만능주의적 방임이 동시에 나타나는 현대 한국 경제의 특성을 제대로 파악하기 어려워진다. 의외로 많은 서구의 좌파들이 박정희 정권의 권위주의적 발전국가를 시장만능주의에 대한 대항이라는 의미에서 긍정적으로 평가하거나, 보수주의자들이 시장의 자유로운 기능과 정부의 강력한 '지도'에 대한 주문 사이에서 갈팡질팡하는, 언뜻 이해하기 어려운 현상들도 이와 관련이 있을 것이다.

그런데 시간적 길이와 공간적 거리가 짧아질수록 경쟁의 과정은 격화될 뿐 아니라, 그것이 갖는 모순도 아주 분명하게 드러난다. 뉴욕 시 맨해튼의 번영과 아프리카 어느 작은 나라의 절대빈곤은 물리적 거리를 확보함으로써 동시에 그 모순이 드러날 가능성도 안전하게 제어할 수 있는 것이다. 빈곤이 풍요로움의 바로 길 하나 건너편에 있는 경우라면 얘기는 달라진다. 이것은 빈곤한 세계가 풍요로운 세계를 공격할

3 '시공간 압축'이라는 개념은 경제지리학자인 데이비드 하비(David Harvey)에 의해 확립되었다. 다음의 구절을 참조하라. "이 용어[시공간 압축 인용자]는 공간과 시간의 성질들이 아주 급격하게 변화하여 우리가 세상을 표현하는 방법을 바꾸어야 하는 (때로는 완전히 근본적으로) 과정을 가리킨다. 자본주의의 역사는 생활의 속도를 빨라지게 하는 특징을 가지는 한편, 공간적 장벽을 극복하는 능력이 커짐에 따라 세계가 때때로 우리 내부로 내려앉는 듯하므로, 나는 이를 가리켜 '압축'이라는 단어로 사용한다." (데이비드 하비 지음, 구동회·박영민 옮김, 《포스트모더니티의 조건》, 한울, 1994년, 294면.)

수 있는 잠재적인 위험요소로서 등장하는 것을 알림과 동시에, 더욱 발전하기 위한 자극이면서 동력으로 작용하기도 한다. 은폐되지 않고 공개되는 빈곤—또는 풍요로움—이야말로 정보의 자유로운 흐름이라는 상위 개념 속에 포함되는 것이기 때문이다. 인터넷의 등장으로 인한 사이버 공간의 확장과 소셜 네트워크 서비스의 보급이 정보 확산을 통해 정치적 민주주의에 대한 요구의 확산을 가져오는 중요한 동력이 되는 것과 같은 이치일 것이다.

공정한 경쟁: 능력주의에 대한 믿음

봉건적 신분사회가 무너지고 근대 시민사회가 나타나면서 사람들의 성공과 실패를 판단하는 기준은 개개인의 능력으로 바뀌었다. 그런데 여기에는 두 가지 측면이 존재한다. 하나는 순수한 의미에서 측정할 수 있는 능력이 실제로도 어떤 개인의 성공 여부를 설명한다는 사실(fact)이고, 다른 하나는 그렇게 되어야 마땅하다는 대중의 믿음(belief)이다. 앞의 것이 '현실이 그러하다'를 설명하는 존재(sein)의 문제라면, 뒤의 것은 '현실은 마땅히 그러해야 한다'는 의미에서 당위(sollen)의 문제인 셈이다. 다른 많은 경우들처럼 여기에서도 존재의 문제와 당위의 문제는 별개의 것이며, 서로 일치하지 않을 가능성도 크다.

그런데 순수한 의미에서의 능력이 성공과 실패를 결정한다면, 성공한 이는 그에 값하는 노력, 최소한 능력을 갖추었을 것이므로 부러움과 칭찬의 대상은 될지언정 공격적 비난의 대상이 될 이유는 없을 것이다.

다른 한편, 더할 나위 없이 냉혹한 평가이지만, 실패한 이는 반면교사로서 동정의 대상은 될지언정 더불어 살기, 늦게 가도 함께 데리고 가기의 대상이 될 가능성은 줄어든다.

사실과 상관없이, 즉 성공과 실패를 결정하는 기준이 설사 운이나 부모의 정치적·경제적·문화적 뒷받침, 심지어는 본인의 유전자 탓이라 하더라도, 능력이 그 기준이라는 믿음은 시스템을 안정적으로 유지하고 재생산하는 이데올로기의 역할을 수행한다. 시스템 안에서 살아가고 있는 많은 이들이 그와 같은 믿음을 유지하지 못하는 순간, 사실 여부와 어느 정도는 독립적으로 그 시스템은 불안정해지며, 심한 경우 붕괴될 위기에 빠지게 된다.

역사학계의 논쟁거리 중 하나이기는 하지만, 한국에는 봉건제가 없었다고 한다. 논쟁의 다른 쪽 의견을 받아들여 봉건제가 있었다고 인정하더라도, 그것은 일본의 식민지 지배, 그리고 결정적으로 한국전쟁과 농지개혁 등을 거치면서 그 흔적을 대부분 잃어버렸다. 한국자본주의, 정확하게 말해 경제성장의 시작점에서 대부분의 사람들은 비슷한 출발선에 서 있었던 셈이다. 이를테면 도시빈민인 알프레도의 할아버지 알프레도는 200~300년 전에는 봉건제 아래의 농노였고, 도시 부르주아지 그 누구의 할아버지는 200~300년 전에도 알프레도의 생사여탈권을 쥐고 있던 봉건지주였던 사회와는 다른 것이다. 재벌왕국의 총수는 불과 한 세대 전에 쌀집 배달부였을 수도 있다. 그러므로 서구 사회가 몇백 년에 걸친 시민혁명과 산업혁명의 과정을 통해 얻어낸 '기술의 근대성'과 '해방의 근대성'이 한국 사회에서는 불과 한 세대라는 짧은 기간 동안에 시공간 압축의 과정을 통해 획득되었다.

'스펙' 쌓기 경쟁과 88만 원 세대의 절망

능력에 따라 성공 여부가 결정된다는 믿음이 깨질 때, 개인이 반응하는 즉자적 방식은 분노와 절망이다. 개개인의 분노와 절망이 쌓여서 모일 때, 때로 그것은 사회적 분노와 절망으로 드러난다. 그러나 사회적 분노와 절망이 쉽게 폭발하는 것은 아니다.

자주 그것은 알아서 포기하는 '체념의 균형'으로 귀결되기도 한다. 이솝 우화에 등장하는 여우는 자신의 능력으로는 도저히 따먹을 수 없는 포도를 바라보며 "저 포도는 틀림없이 실 거야."라고 말한 채 돌아선다. 비유컨대 이것은 결국 성공의 트랙으로 들어설 수 없는 개인이나 계층이 스스로 포기하고 돌아서는 체념의 상황을 묘사하고 있다.

또는 분노의 폭발이나 체념의 균형이 성립하기 전에 개개인은 주어진 경쟁구조 안에서 살아남기 위해 절망적으로 노력하는 모습으로 대응한다. 21세기 한국 사회에서 초등학생부터 대학생, 직장인에게까지 일반화된 이른바 '스펙'을 쌓기 위한 치열한 경쟁이 바로 그것이다. 물론 신자유주의니 뭐니 하는 말과 상관없이, 사회가 발전할수록 모든 분야에서 경쟁은 치열해지게 마련이다. 그러나 사람들이 한 세대에 걸친 높은 성장과 눈부신 변화에 익숙해질 대로 익숙해져버린 한국 사회에서 경쟁이 갖는 의미는 각별한 것이다. 이른바 88만 원 세대의 절망, 어려서부터 '스펙' 쌓기에 많은 비용을 들였으나 제대로 된 정규직 일자리 하나 잡기 힘든 초라한 현실 앞에 맞닥뜨린 젊은 세대의 절망은 지금의 기성세대가 한 세대 전에 계획하고 실현에 옮기기 위해 노력했던,

그리고 어느 정도는 실현 가능했던 꿈이 이제는 가능하지 않을 수도 있다는 사실을 확인하는 데서 출발하고 있다.

한국 경제성장의 원동력

그런데 역설적이게도 비약적인 한국 경제성장의 원동력은 이러한 분노와 절망에서 비롯된 것이었다. 분노 또는 절망과 동전의 앞뒷면처럼 밀접한 관계를 이루고 있는 것은 '내 탓이오'라는 자기반성과 '나도 하면 된다'는 노력에의 채찍질이다. 한국 경제성장의 요인으로 흔히 지적되는 교육열, 그리고 그에 바탕을 둔 질 높은 노동력의 존재는 바로 여기서 나온 것이다. 소 팔아 만든 돈으로 자식을 대학에 보내고(이른바 우골탑), 일류 중학교에 떨어진 학생들의 부모가 시험 출제의 오류를 증명하기 위해 무로도 엿을 만들 수 있음을 실연해 보였던 나라가 바로 개발연대의 한국이었다.

이러한 노력의 결과, 사회적으로 생산성이나 경쟁력이 높아졌을 수도 있고 아닐 수도 있다. 그것을 엄밀하게 검증하는 것은 교육학자나 경제학자의 몫일 것이다. 그러나 여기에서 다시 문제는 사실이 아니라 믿음이다. 서구의 학자들은 국가의 공식적이고 형식적인 물리적 힘과는 별도로 사회 시스템의 지배원리를 안정적으로 유지·재생산하기 위한 좀 더 부드러우면서도 중립적인 겉모습을 지닌 교육이나 언론 등의 도구를 이데올로기적 국가장치라고 불렀다.[4] 그런데 적어도 개발연대 이후 한국 사회에서 가장 중요한 이데올로기적 국가장치의 역할을 한 것은 바로 이러한 믿음이었다. 전형적인 권위주의적 이데올로기 통치 형태의 하나였던 국민교육헌장이 다름 아닌 교육에 관한 것이었다는 점 또한 이를 상징적으로 보여주는 예일 것이다.

나도—또는 내 자식도—잠 안 자고 노력하여 실력이나 능력을 쌓으면 이웃집의 누구처럼 성공할 수 있다는 믿음, 이 믿음은 사실 여부와 상관없이 사회구성원들로 하여금 시스템 자체의 정당성을 받아들이게 하는 역할을 수행한다. 고도성장과 급격한 사회변동의 시기에 이러한 믿음은 분명히 효과적으로 작동했으며, 어느 정도 사실로 실현되는 측면도 있었을 것이다. 그러므로 능력에 입각한 공정한 경쟁에 대한 믿음은 시스템의 정당화 논리로 작동했던 것이다.

시뮬라크르—왜 나는 조그만 일에만 분개하는가

시인 김수영이 '왜 나는 조그마한 일에만 분개하는가'라고 시를 읊었던 것은 이미 이른바 386세대들이 한창 태어나고 있던 1965년의 일이다. 물론 한국인들이 작은 일에만 분개했던 것은 결코 아니다. 멀리는 1960년의 4·19혁명이 있었고, 1980년 5월의 광주민주화운동이 있었으며, 1987년 6월항쟁을 통해 군사정권의 억압을 뚫고 형식적 민주주의를 복원해낸 사건도 있었다. 그러나 경쟁에 내몰리면서 경쟁을 극도로

4 '이데올로기적 국가장치(ISA: ideological state apparatus)'는 프랑스의 철학자 루이 알튀세르(Louis Pierre Althusser)가 제시한 개념이다. 억압적 국가장치와는 달리, ISA는 시민사회 영역 안에서 성립하고 작동한다는 특징을 갖는다.

혐오하거나 두려워하면서도 경쟁이 순수한 의미에서의 능력에 따라 이루어질 것이고, 이루어져야 한다는 믿음은 그 형태를 바꾸면서 계속 존재해왔다.

이와 같은 믿음이 흔들릴 때, 그리고 완전히 무너질 때, 역설적으로 한국은 '선진국'이 되고 한국 사회는 '선진' 사회가 될지도 모른다. 다른 이들의 성공을 나와는 거리가 먼 것으로, 이미 내게 주어진 환경에서는 그러한 성공을 거두는 것은 고사하고, 성공을 얻기 위한 '능력'조차 쌓을 수 없다는 것을 깨달을 때, 오히려 사회는 당분간 안정궤도에 접어들 수도 있기 때문이다. 앞서 말한 체념의 균형이 그것이다. 양극화가 심한 사회, 심지어는 선진국에서 사회의 안녕과 공공질서를 위협하는 빈민들은 도시 한복판의 슬럼가에 모여 살며 '관리' 당하고, 지배층은 교외의 저택에 모여 사는 사회적 '격리'가 진행되는 것도 그 때문이다.

그러나 격리되고 관리되는 이들에게는 분노할 대상, 그리고 그 분노를 드러낼 수 있는 공간이 주어져야 한다. 공간이 주어지되, 그것은 분노의 폭발을 안전하게 처리할 수 있는 통제된 공간이어야 한다. 그런데 이 격리와 통제는 양날의 칼과도 같다. 분노를 안전하게 관리하는 것은 발전의 원동력을 무력하게 제거하는 것과 일맥상통할 수도 있기 때문이다.

세계 최고 수준을 다투는 인터넷 보급률과 댓글문화 등을 통해 한국의 네티즌은 여러 가지 사회적 이슈에 대해 활발하게 생각을 펼치곤 한다. 때로는 인기가수의 병역 기피나 학력 위조, 때로는 정치 지도자들의 비리와 실언, 때로는 TV 프로그램의 내용에 이르기까지 대상을 가리지 않는다. 그러나 비판적으로 보면 그와 같은 활발함은 실제로 대중이 분노하고 참여해서 고쳐나가야 할 어딘가에 따로 있을 실재를 대신하는 의제적 참여가 되기도 한다. 그것은 바로 장 보들리야르가 말하는 '시뮬라크르(simulacre)'라는 개념이 지시하는 바이기도 하다.[5] 즉, 현실에 대한 분노는 가짜 세상에 대한 분노로 대체된다. 현실 세상의 운영규칙이 공정해야 한다는 믿음은 가짜 세상의 불공정한 규칙에 대한 분노로 드러난다.

수십만 명의 시민들이 수도의 시가지를 '점령'함으로써 2008년 세계를 놀라게 만들었던 한국의 촛불시위는 하루아침에 사그라짐으로써 다시 한 번 세계를 놀라게 했다. 한편에서는 그 시위의 위력 앞에서 무서움에 떨어야만 했던 이들도, 다른 한편에서는 그 위력을 투쟁역량으로 높여서 고전적인 혁명의 힘으로 바꾸어보려고 노력했던 이들도 모두 놀랐을 것이다. 이처럼 사회적 이슈가 되는 사건을 한마디로 평가하는 건 곤란하겠지만, 그것이 그처럼 평화롭게 사라져버린 것은 한편으로는 시뮬라크르에 대한 분노라는 측면도 가지고 있었기 때문일 것이리라. 1980년의 광주가 계엄군의 총칼에 무력으로 맞서는 진짜 세계에서의 삶과 죽음의 문제였다면, 2008년의 촛불시위는 복제된 세상에서의 싸움이었을 가능성도 있다. 한국의 수많은 '인터넷 워리어'들은 정확히 시뮬라크르의 세계에서 싸우고 있는지도 모른다.

5 '시뮬라크르'는 원래 프랑스의 철학자 질 들뢰즈(Gilles Deleuze)에 의해 제안된 개념이다. 시뮬라크르, 그 명사형으로서의 시뮬라시옹(simulation)은 어쩔 수 없이 진짜를 복제·모방한 가짜이지만, 가짜 나름대로의 독립적인 역동성을 갖는 가짜를 가리킨다.

‘한국적인 것’, 그 변화의 갈림길에 서다

한국 경제의 성장을 이끌어온 원동력, 그것은 능력에 바탕을 둔 공정한 경쟁이라는 믿음이자 신화였다. 이것은 일정 부분 신화였고 이데올로기였지만, 일정 부분 사실에 바탕을 두고 있었다. 바로 이 점에 봉건적 신분제에서 수백 년에 걸쳐 계급적 지배가 형성되어온 서구 사회와 구별되는 한국 사회의 특징이 있는 것이다. 물론 이를 5,000년에 걸쳐 유구하게 형성된 한민족의 특성이라고 이해하는 것은 불가능하다. 그렇지만 굳이 탈민족주의자들처럼 한민족이라는 개념 자체가 근대사회에 와서 인위적으로 만들어진 개념이라고까지 몰아붙일 필요도 없다. 그것을 압축성장 과정에서 형성되었고, 다시 그 성장과정을 재촉하면서 상호작용을 주고받은 ‘한국적인 것’으로 이해하는 것만으로도 충분하기 때문이다.

문제는 이 한국적인 것이 앞으로 어떻게 전개될 것인가에 있다. 그것이 영화 〈매트릭스〉처럼 잘 짜인 가짜 세상 속에서만 움직이는 잘 관리된 분노로 제한될 것인가? 그렇지 않으면 이른바 산업화와 민주화를 이루어냈던 한국적인 힘으로 다시금 고양될 수 있을 것인가? 2011년의 한국 사회는 그러므로 어쩌면 중대한 갈림길에 서 있는 셈이다. 이것이 한국적인 것에 대한 어느 그렇고 그런 수준의 경제학자가 지닌 단상이다.

류동민 1965년 부산에서 태어나 서울에서 자랐다. 충남대학교 경제학과 교수이다. 전공은 마르크스 경제학이다. 대학에서는 경제학설사도 가르친다. 경제학 자체가 근대 서구를 배경으로 탄생한 학문이니 만큼, 통상의 경제학설사 강의는 애덤 스미스에서 시작하여 존 메이너드 케인스로 끝난다. 즉, 서양 경제학설사인 셈이다. 가르치는 기간이 길어지면서 점점 우리의 경제학, 우리의 경제학자, 우리의 경제학설사를 공부하고 싶다는 생각이 들었다. 비록 서구적 기준에서 부족한 점이 있더라도, 우리 문제를 우리 학자가 우리 머리로 생각한 것들을 되돌아보고 우리의 지침을 얻어야 한다는 생각 때문이다. 지은 책으로는 《정치경제학》, 《프로메테우스의 경제학》, 《경제학의 숲에서 길을 찾다》, 옮긴 책으로는 《자본주의에 대한 비판적 이해》, 《맑스의 경제학》 등이 있다.

15

한국의 드라마

톡 쏘는 한 방의 매운맛, 한국 드라마의 매력

이영미 대중예술 연구자

미드, 일드, 그리고 한드

> '한드는 막장, 일드는 과장, 미드는 긴장'
>
> '한드는 맵고, 일드는 심심, 미드는 느끼'
>
> '한드는 쓸데없이 흥분, 일드는 쓸데없이 열심, 미드는 쓸데없이 진지'
>
> '한드는 안 봐도 스토리 알고, 일드는 봐도 모르겠고, 미드는 끝까지 봐야 안다.'

한 시사주간지에 실린 한국 드라마, 일본 드라마, 미국 드라마의 차이에 대한 언급이다.[1] 기자가 보낸 세 나라 드라마의 차이를 말해달라는 트위터 질문에 일반인들이 보내준 답장들이라는데, 그 촌철살인의 표현에 각운까지 맞춘 수준이 놀라울 뿐이다. 일반인들이 날린 이 촌철살인의 말들에, 평론가란 직함을 가진 자가 무슨 말을 보탤 수 있을까 싶기도 하다.

평론과 연구를 전문으로 하고 있는 사람으로서 할 수 있는 일은 이 말을 반복하는 것이 아니라, 왜 이런 현상이 나타나는가에 대한 분석일 것이다. 왜 한국 드라마는 늘 결혼하려는 아들에 반대하며 사사건건 며느리를 못살게 구는 엄마와, 음모 꾸미고 복수하고 결국은 모두 파멸하다가 극적으로 화해하는 가족들이 등장하는지, 왜 인물들은 필요 이상

1 http://poisontongue.sisain.co.kr/1691, '한드', '일드', '미드'는 각각 한국 드라마, 일본 드라마, 미국 드라마의 줄임말이다.

으로 흥분하고 필요 이상으로 눈물을 쥐어짜는지, 왜 줄거리가 늘 상투적이며 예측가능하고 뻔한 수준을 맴도는지에 대한, 약간 깊이 있는 분석이 필요해 보인다. 왜냐하면 위의 말들에서도 확인되듯, 한·미·일 드라마에 대한 이런 비교는 흔히 한국 드라마가 지닌 특성을 미국 드라마나 일본 드라마에 비해 열등함으로 인식하는 것과 통해 있다. 막장 드라마와 긴장감 넘치는 드라마, 끝까지 봐야 아는 드라마와 안 봐도 줄거리가 충분히 예측되는 드라마 중 어느 것이 더 우월한 작품인지는 물을 필요조차 없다. 그리고 작품은 작가 역량의 소산이라고 믿는 통념에 의거하여, 이러한 결함이 한국의 드라마 창작자들이 지닌 문제점으로 치부되는 경향이 있다.

그러나 흥미로운 것은, 이렇게 뻔하고 불필요한 자극적 요소들로 뒤범벅인 한국 드라마가 여전히 인기를 누린다는 점이다. 그것은 단지 친근한 한국의 배우가 한국어로 연기한다는 점으로만 설명할 수는 없다. 방송사를 살펴보면 1980년대까지 공중파 방송에서 미국 드라마의 인기는 매우 높았고 방영되는 작품 수도 매우 많았다. 그에 비해 1990년대 초반에 이른바 트렌디 드라마라 불리는 새로운 경향의 작품이 시작되면서 외화는 상대적으로 인기를 잃었고, 급기야 공중파의 황금시간대에서 사라지기에 이른다. 2000년대에 〈C.S.I.〉 등 새로운 '미드 열풍'이 불면서 공중파 채널에서도 인기 있는 미국 드라마에 시간을 내주었으나, 시청률은 그리 높지 못해 주말의 심야시간대에 머물러 있는 실정이다. 적어도 공중파에서 미국 드라마는 한국 드라마에 비해 현격하게 낮은 인기를 보이고 있다. 미국 드라마의 그 우월한 지점을 따라가고자 노력했던 한국 드라마 역시 그다지 높은 인기를 모으지 못했고, 이내 한국 드라마가 지닌 특성으로 회귀하는 경향을 보였다.

사정이 이러하다면 한국 드라마가 지니는 독특한 재미와 매력이 분명 있는 것이고, 이는 적어도 한국 시청자들의 취향이나 특성과 조응하는 것임에 틀림없다. 다시 말해 흔히 결함이라 치부되었던 한국 드라마의 몇몇 특성들이 실제로 결함이 아니라 매력과 관련된 것일 수 있으며, 그 특성 역시 창작자의 역량으로만 설명될 수 없는 수용자의 선택과 무관하지 않은 것으로 보는 것이 타당하다. 그뿐만 아니라 텔레비전 드라마가 주도하는 한류가 분명 존재하는 것으로 보아, 아시아권에서 그 재미와 매력은 상당한 호응을 얻고 있는 것으로 보인다. 이 글의 문제의식은 여기에서 출발한다.

엉성한 뼈대에 풍부한 살

한국 드라마의 특성을 뻔한 줄거리라고 말하는 것은 꽤나 그럴듯해 보이지만 좀 더 깊이 생각하면 부적절할 수도 있다. 미국 드라마나 일본 드라마 역시 뻔하다는 점에서는 그리 다르지 않기 때문이다. 한국 드라마가 이들과 다른 점은, 뻔하면서도 단순하다는 것이다. 트위터 대답에서 일본 드라마를 '봐도 모르겠'다고 일갈한 것은, 그런 드라마들이 지닌 선이 가늘고 섬세한 줄거리가 극을 추동하는 강력한 힘으로 작용하지 못하고 있다는 점과 무관하지 않다. 미국 드라마는 선 굵은 중심 갈등이 분명한 작품이 많으나, 주 갈등 축과 함께 섬세한 가닥들도 정교하게 배치되어 있어 한국 드라마처럼 줄거리가 단순하게 느껴지지 않는다.

뻔하고 단순한 줄거리를 가졌다는 것을 매력이라고 말할 사람이 있겠는가. 그렇다면 뻔하고 단순한 줄거리인데도 재미가 있다는 것은 그 외의 요소가 재미를 좌우하고 있다는 것을 의미한다.

나는 이러한 측면이 다른 한국의 극예술에서도 널리 발견되는 특성임을 설명한 적이 있다.[2] 대중적인 텔레비전 드라마뿐 아니라 본격 연극에서도 우리나라의 연극들은 상대적으로 유럽이나 미국의 작품들에 비해 갈등구조가 단순하며 갈등의 집약성과 그에서 발생하는 내밀한 긴장감도 상대적으로 높지 않다. 갈등의 집약성과 논리적인 전개야말로 서구 근대극의 가장 중요한 특성이며 작품의 성패를 가늠하는 가장 중요한 뼈대인데, 이것이 취약한 것이다. 하지만 우리나라 연극은 각각의 부분들에서 매우 풍부한 감정, 서정성, 독특하고 섬세한 질감을 담고 있어, 관객들은 극을 그 매력으로 보게 된다. 말하자면 뼈대가 상대적으로 엉성한 대신, 거기에 붙어 있는 살들이 매우 맛깔스럽고 풍부하며 매력적인 것이다. 따라서 수용자들은 이성적으로 쉽게 분석되는 뼈대의 취약성에 불만을 터뜨리면서도 각 부분이 선사하는 여러 풍부한 매력들을 받아들임으로써 작품을 계속 재미있게 보게 되는 것이다.

텔레비전 드라마에서도 그러하다. 그림에나 나올 법하게 아름다운 남녀 배우와 풍경들, 부모에 의한 결혼 반대, 출생의 비밀, 부모 세대의 원한관계, 불치병, 불륜 등으로 4~5명의 연애가 뒤엉켰다가 해결되는 다소 뻔하고 단순한 줄거리를 계속 반복적으로 보게 되는 것은, 그 줄

2 이영미, 〈엉성한 뼈대에 풍부한 살덩어리〉, 《연극평론》 복간 7호, 통권 27호, 2002. 11.

거리에 진정으로 감동해서가 아니라 각각의 장면들에서 사랑, 설렘, 그리움, 아쉬움, 분노, 억울함 등의 감정이 매우 생생하고 풍부하게 형상화되어 있기 때문이다. 시청자는 전체를 유기적으로 엮은 한 덩어리의 절묘한 짜임새가 아니라 각각의 부분들을 보는 재미로 작품을 즐기게 되는 것이다.

한국 드라마를 즐기는 중국의 시청자들도 바로 이 지점이 한국 드라마의 뛰어난 점이고 매력이라고 지적하고 있다. 어느 중국 수용자는 〈겨울연가〉를 보다가 뻔한 줄거리에 질려서 텔레비전을 끄려고 하는 순간, 이기적인 약혼자 상혁에게 버려진 불쌍한 여주인공 유진이 당황하면서 택시를 잡으려고 해도 잡지 못하고, 길 가운데에서 차에 부딪치려는 순간 이민형이 유진을 잡아당겨 자기 뒤에 있게 한 후, 택시를 잡아 차 문을 열어주고 유진을 태워주는, 대사 한 마디도 없는 그 장면에 매료되어 계속 그 작품을 보게 되었다고 이야기한다.[3] 두 연인이 만날 듯 말 듯 엇갈리는 안타까움, 입으로 사탕을 넣어주는 달콤한 키스, 억울하여 터져 나오는 오열 등, 감정과 느낌이 흐르는 순간을 섬세하게 포착해내는 장면들은 한국 텔레비전 드라마가 지니는 탁월한 지점이며, 바로 이 매력 때문에 드라마를 보게 되는 것이다.

이 특성들은 일차적으로는 한국 드라마 창작자들에게서 나오는 것이면서, 다른 한편으로는 이러한 특성을 좋아하는 한국 시청자들에 기인하는 것이기도 하다. 물론 한국의 시청자들에게도 짜임새 있는 갈등의

3 양은경, '중국의 한국 TV드라마 수용에 대한 연구 심포지엄', 〈대중서사·대중성·수용자〉 발표문, 대중서사학회, 2003. 8. 11.

논리적 전개가 뛰어난 미국 드라마도 즐기는 취향이 있다. 하지만 앞서 지적한 대로 적어도 공중파 채널에서 이러한 미국 드라마가 그리 높은 시청률을 얻지 못할 뿐 아니라, 한국 드라마 중에서도 상대적으로 줄거리가 복잡하게 짜여 논리적으로 전개되는 작품은 시청률 20퍼센트를 거의 넘지 못한다. 예컨대 〈부활〉, 〈신의 저울〉 같은 추리극들은 한국 드라마로서는 매우 논리적으로 잘 짜였다고 열광적인 팬들의 칭찬이 있었지만, 시청률로는 그리 높은 것은 아니다. 즉 이러한 드라마는 이른바 '폐인'[4]이라 불리는 마니아들의 열렬한 지지를 받지만 시청률은 그리 높지 않고, 30퍼센트 이상의 시청률을 얻는 드라마의 대부분은 구조가 느슨하면서 부분 부분의 재미가 뛰어난 작품이다. 결국 창작자들도 다수 시청자들의 지지를 얻기 위해서 그러한 방향으로 나아가게 되는 것이다.

따지고 보면 뼈대에 해당하는 갈등구조가 보장해주는 인식적 각성만큼 상세한 감각으로 형상화된 인물, 그 인물이 불러일으키는 감정의 섬세한 결 같은 것들이 예술에서는 매우 중요한 것이다. 다 알고 있는 서정시나 노래를 반복적으로 읊고 부르게 되는 것, 늘 그 벽에 걸려 있는 그림을 매일 바라보게 되는 것, 내용을 다 알고 있는 수필을 거듭 읽는 것은, 새로운 인식적 각성 때문이 아니라 그 작품이 던져주는 감정이나 감각의 환기 때문이다. 흔히 인식 중심적 예술관에서는 소홀하기 쉬운 이런 측면을 한국의 드라마는 매우 충실하게 지니고 있는 셈이다.

4 일상생활의 리듬이 망가질 정도로 그 드라마에 몰두해 있는 사람이라는 의미.

삽입노래와 명대사 장면의 중요성

이렇게 보자면 왜 한국의 드라마들에서 '명대사'와 뮤직비디오 같은 삽입음악 장면이 도드라져 보이는지를 이해할 수 있게 된다.

1992년 〈질투〉로 이른바 트렌디 드라마라 불렸던 새로운 질감의 드라마가 시작되면서 한국의 드라마에는 종종 뮤직비디오를 방불케 하는 장면들이 배치되는 관행이 생겼으며, 이 경향은 2000년 〈가을동화〉 이후 훨씬 더 강화되었다. 이런 장면은 대사가 거의 없으며, 인물의 행동은 느린 화면이거나 인물의 얼굴을 클로즈업으로 포착하고, 노래가 배경음악으로 흐른다. 화면의 속도를 느리게 만든다는 것은 이런 장면 속의 시간은 다른 장면과 전혀 다른 방식으로 시간이 흐른다는 것을 의미한다. 즉 그 장면은 시간이 다른 속도로 흐를 정도로 매우 주관적인 시선과 느낌으로 포착된 것으로, 인물의 외면적 행동이 아니라 마음속의 감정과 심리적 흐름을 드러내고자 하는 장면인 것이다. 인물의 얼굴을 클로즈업하는 것도 내면을 드러내는 방식이다. 일상을 벗어난 강렬한 느낌과 생각이 그 인물의 마음속을 헤집고 지나가고 있음을 드러내고자 하는 표현이다. 여기에 이들의 내면의 소리를 대변해주는 듯한 노래가 얹힌다.

이는 감정 표현을 강화하는 일종의 시적·서정적 독백과 동일한 효과를 발휘한다. 무대공연물인 연극과 달리, 실사화면으로 이루어지는 영화나 텔레비전 드라마에서 독백은 인물의 입을 통해 직접 발화되는 경우가 그리 흔치 않다. 다른 사람이 있는 공간에서 혼자 긴 시간을 할애

하여 전혀 일상적이지 않은 말을 발화한다는 것은, 현실 속에서는 거의 있을 수 없는 일이기 때문이다. 영화나 드라마에서 이러한 내면의 독백은 배우가 입을 다문 상태에서 녹음된 목소리로만 흘러나오도록 음향 처리를 한다. 그런데 이러한 내면의 소리를 말이 아닌 노래와 배우의 액션으로 대체한 것이 뮤직비디오 같은 장면들이다.

이런 장면의 배치는 1990년대 말 이후 한국의 드라마에서는 매우 보편적으로 쓰이는 방식이지만, 다른 나라의 드라마에서는 전혀 일반적이라 할 수 없다. 특히 갈등의 전개가 긴박한 작품에서 이런 삽입노래 장면을 넣을 경우, 극의 흐름이 툭 끊겨버리기 십상이다. 말하자면 갈등의 짜임새가 빡빡하여 그것이 극을 추동하는 주요한 동력인 작품에는 삽입노래를 넣을 자리가 없는 것이다. 그에 비해 한국의 드라마는 뼈대인 갈등의 짜임새가 느슨하여, 내면의 서정적 독백 같은 삽입노래 장면이 들어간다 하더라도 그다지 큰 문제가 생기지 않는다. 오히려 이러한 장면의 강렬함은 시청자의 시선을 이곳에 머물게 만듦으로써 엉성한 뼈대가 가진 중요성을 덜어내는 효과를 발휘한다.

명대사의 효과도 비슷하다. 명대사 역시 다른 나라의 극예술에서도 흔히 발견되는 것이다. 비단 "사느냐 죽느냐, 그것이 문제로다." 하는 두드러진 독백까지 거론하지 않더라도, 〈바람과 함께 사라지다〉의 "내일은 또 내일의 태양이 뜰 거야.", 〈러브 스토리〉의 "사랑은 후회하지 않는 거예요.", 〈판타스틱스〉의 "엑스트라란 없는 거야. 단지 맡은 역할이 시시할 뿐이지." 같은 대사는 얼마나 인구에 회자되는가.

하지만 한국 드라마에서 '명대사' 또는 '어록'의 중요성은 유별나다. 인터넷으로 드라마 제목과 '명대사'라는 단어로 검색하면 수없이 많은 명대사 관련 사이트들이 나온다. 모두 시청자들이 자발적으로 뽑아서 모아놓은 명대사들이다. 특정 드라마의 팬들이 만든 인터넷 카페에서도 이런 명대사들이 넘쳐나고, 시청자들의 감상기 역시 잊을 수 없는 명대사로 채워진다. 즉 한국의 시청자들은 드라마를 볼 때 유달리 명대사를 즐기고, 이를 여러 번 음미하는 경향이 있는 것이다. 시청자들의 선택이 이러하니 아예 방송사의 드라마 공식 홈페이지마다 명대사를 모아놓는 난이 따로 마련되어 있을 정도이다.

한국의 시청자들은 드라마에 대한 기억을 줄거리나 짜임새보다는 명대사와 그것을 발화한 인물, 그것이 담긴 장면으로 기억하는 경향이 농후한 것이다. 예컨대 2010년 연말과 2011년 초를 뜨겁게 달군 〈시크릿 가든〉도 "이게 최선입니까? 확실해요?", "나한테는 이 여자가 김태희고 전도연이야.", "그래서 앞으로 뭐든 해볼 생각이야. 남의 집 앞에서 누군가를 몇 시간씩 기다리는 멍청한 짓을 포함해서 말이야. (중략) 그러니까 난 지금 그쪽한테 대놓고 매달리고 있는 거라고.", "엄마 아들로 34년 살았으니 이제 남은 생은 그 여자 남편으로 살겠습니다." 같은 대사와 그 대사가 나온 장면으로 기억되는 것이다. 따라서 한국 드라마의 인기 작가들, 특히 2000년대 이후의 인기 작가들은 노희경(〈거짓말〉, 〈우리가 정말 사랑했을까〉, 〈굿바이 솔로〉), 김은숙(〈파리의 연인〉, 〈시크릿 가든〉), 인정옥(〈네 멋대로 해라〉, 〈아일랜드〉)처럼 시청자에게 오래 기억되는 명대사를 잘 쓰는 작가인 경우가 많다.

명대사와 삽입노래 장면은 연결되어 있는 경우가 많다. 시청자들이 감동적인 명대사를 들으면 그 여운과 느낌을 오래오래 음미하고 싶어 하므로, 창작자들은 아예 대사 없이 오로지 느낌만으로 채워지는 삽입노래 장면을 뒤이어 놓아, 대사에서 받은 느낌을 음미하고 증폭시키도록 배려하는 것이다.

앞서 삽입노래 장면이 그러했듯 명대사 역시 뼈대가 아니라 살덩어리이다. 인물의 행동의 일부분인 대사는 분명 갈등을 전개시키는 매우 중요한 힘이므로 뼈대를 이루는 중요 요소이지만, 한국 드라마의 명대사들은 그 정도의 비중을 넘어서서 시청자의 시선과 관심을 강하게 집중시키는 하이라이트의 역할을 한다. 즉 행동에서 파생된 서정적인 삽입노래 장면이나 명대사가 배치된 장면들은, 뼈대에 달려 있으나 뼈대보다 훨씬 더 주목받고 풍부하며 맛깔스러운 살덩어리인 것이다.

뜨거운 것이 좋아—가족과 운명

한국의 드라마가 논리적 짜임새보다는 가슴을 울리는 명대사나 삽입노래가 흐르는 서정적 장면 등 주정적(主情的) 측면이 강하다는 것은 한국 드라마에 가족이나 원한, 출생의 비밀 같은 작위적이면서도 강렬한 설정이 많아지는 것과 무관하지 않다.

한국의 시청자는 드라마에서 높은 감정적 상태를 즐기는 경향이 있는데, 극에서 감정 상태가 높아지려면 인물 간의 대립·갈등을 지속적으로 심화시켜야 가능하다. 그러나 앞서 지적한 대로 한국 드라마는 뼈대인 대립·갈등의 축을 비교적 단순하게 설정하고, 논리적으로 전개시키지 않으며, 시시때때로 주정적 장면들로 시청자의 시선을 빼앗는다. 갈등의 축을 이렇게 만드니, 갈등을 긴 호흡으로 지속적으로 심화시킴으로써 높은 감정 상태에 도달하게 만들기가 쉽지 않다.

대립·갈등의 지속적 축적이 약하면서도 높은 감정 상태를 만들기 위해서는 애초부터 피할 수 없도록 강렬한 대립을 만들어놓는 수밖에 없다. 그저 설정만으로도 높은 감정 상태가 형성될 수밖에 없는 것을 설정하는 것이다. 가족, 출생의 비밀, 불륜, 부모 세대의 원한, 불치병 등이 자주 선택되는 이유는 바로 그것이다.

오랫동안 가족이 세상의 최소 단위라는 사고를 지니고 살아왔고, 식민지와 비민주적 체제를 겪으며 사회 시스템이 아니라 가족에 의해 삶의 질이 좌우된 한국 사회에서 가족의 중요성은 다른 어느 나라에 비해 크다. 이런 사회에서 가족의 문제에 대한 대응은 이성적이기보다는 주정적이며 격렬해질 가능성이 높다. 가족의 성원은 분명 내가 아니지만 남도 아닌 존재, 즉 나의 연장(延長) 같은 존재이기 때문이다. 내가 아니니 내 마음대로 되지는 않으면서, 남도 아니니 나 몰라라 할 수도 없는 존재가 바로 가족이다. 그래서 가족의 죽음, 결혼에 대한 부모의 결사반대, 부모의 파산, 부모형제의 원한 등, 가족과 관련된 사건은 시청자들을 빠르게 높은 감정 상태로 몰아넣기에 유리하다. 출생의 비밀과 불륜은 가족을 위협하는 가장 강력한 장애들이다. 혈연의 문제가 헷갈리면 가족이 아닌 사람이 가족이 되고, 가족이 남이 될 수도 있는 것이며, 불륜은 부부관계뿐 아니라 부모자식 관계까지 망가뜨리는 가정파괴의 핵폭탄이다.

부모 세대의 원한이 자식의 미래에 영향을 끼친다는 설정은 참 시대착오적일 수 있다. 부모 세대에 원수가 되었다 해서 그 자녀들이 연애하는 데에 무슨 관계가 있는가 말이다. 하지만 한국처럼 결혼이 개인의 일이 아니라 가족의 일이라 생각하는 사회에서 이 문제는 그리 호락호락하지 않다. 게다가 급격한 계층 이동이 가능했던 1970~1980년대에 비해 부모의 계층이 그대로 자식에게 대물림되는 현상이 생겨버린 21세기의 한국 사회에서는 젊은이들이 더욱 부모에 의존적일 수밖에 없고, 그에 따라 부모 세대의 일들이 고스란히 젊은이들의 문제로 이양되는 경향이 있다. 누군가 부모의 재산과 건강을 거덜내버렸다면, 그 고통은 고스란히 자식인 자신에게까지 이양되어 회복할 수 없는 상태가 되어버렸을 수 있는 것이다.

불치병이나 치명적 사고 등은 가족보다 훨씬 더 심대한 문제이다. 그것은 자신의 생명이 달려 있는 문제이다. 그뿐만 아니라 이에 따라 가족의 행복과 불행이 달려 있는 문제이기도 하다. 게다가 이런 것들은 모두 자신이 선택한 것이라기보다는, 마치 갑작스럽게 찾아온 교통사고처럼 피할 겨를도 없이 주어진 것들이다. 교통사고가 자신의 선택이 아니었던 것처럼, 인간은 부모를 선택할 수는 없다. 이것들은 모두 운명처럼 주인공에게 덮씌워진 것들이다.

따라서 한국의 드라마에서 자주 쓰이는 이런 설정들은 그저 설정만으로도 시청자를 단숨에 긴장시킨다. 애인이나 가족이 죽는다는데 그 앞에서 멀쩡할 강심장이 어디 있겠는가. 피할 수 없는 고통 속에서 드라마 속 인물들은 흥분하고 울고 몸부림친다. 드라마의 긴장감은 높아지고 시청자의 감정 상태도 높아진다.

그런데 이런 설정 때문에 감정 상태가 높아지는 것이지만, 다시 생각해보면 높은 감정 상태를 만들기 위해서 이런 설정을 하는 측면이 농후하다고도 할 수 있다. 그냥 연애를 하면서 이러저러한 갈등을 겪는 잔잔한 작품보다 폭풍처럼 감정이 몰아치는 작품을 한국의 시청자들이 좋아하는 경향이 있기 때문이다. 그래서 일상에서는 경험하기 힘든, 극단적인 운명적 장애들을 배치하게 되는 것이다. 비교적 냉철한 논리가 요구되는 수사극이나 전문직 드라마에서도 꼬이고 꼬인 심각한 연애나 부모 세대의 원한, 어릴 적의 트라우마 같은 설정을 자주 하는 것도 그런 이유일 것이다.

청양고추의 맛, 한국 드라마

결국 비교적 단순하고 쉽게 이해되는, 그러나 강렬하고 복잡한 감정 상태를 야기할 수 있는 강렬한 갈등을 설정하여 줄거리를 이끌어가면서, 그것으로부터 만들어지는 각 장면의 느낌, 정서, 질감, 인생과 사랑을 한꺼번에 생각하게 하는 명대사를 즐기게 만드는 드라마를 한국의 시청자들이 좋아한다는 결론에 도달하게 된다. 미국 드라마처럼 논리와 이성으로 조직되어 그 짜임새를 즐기는 드라마도 아니고, 그렇다고 일본 드라마처럼 다소 느슨한 짜임새를 보완하는 만화처럼 기발한 발상과 사건이랄 것도 없는 일상의 감각을 섬세하고 독특하게 형성화하는 것도 아닌, 뻔하고 쉬운 인식적 틀 속에 담긴 매우 강렬하고 기막힌 감정적 환기를 즐기는 것이 한국 드라마의 매력인 셈이다. 어쩌면 트위터 이용자들이 지적하듯 '매운' 맛과 가장 통하는 것일 수 있다. 어느 순간 톡 쏘아서 눈물 쏙 빼고 정신을 못 차리게 하여 급기야 이성을 잃게 만드는 청양고추의 맛에 비유할 수 있을까.

물론 이런 특성이 한국인의 본원적 기질(그런 것이 과연 존재하는지 모르겠지만)에서 기인하는지, 특정 시기에 만들어진 특성인지는 쉽게 이야기할 수 없다. 주목할 만한 것은, 대중적 극예술에서의 주정적 특성이나 감상주의가 이미 식민지시대에서부터 있어왔지만 그 양상은 시대에 따라 달라지고 있고, 특히 2000년대 중후반부터 추리적 요소가 강화된 작품이 늘어나고 있다는 점이다. 물론 추리적 요소가 주도하는 수사극은 그리 높은 인기를 얻지 못하는 것이 현실이지만, 부차적 요소로라도 추리적 요소가 늘어나는 현상은 분명 이전의 시청자들에 비해 지금 시청자들이 논리로 사건을 해명하는 재미를 더 많이 요구하고 있다는 의미이기 때문이다. 또한 여전히 비주류적인 경향이었지만 2006년부터 2008년 초까지 〈연애시대〉, 〈달콤한 나의 도시〉 같은 차분한 성찰적 태도가 두드러진 드라마도 간간이 좋은 반응을 얻은 적이 있었다는 점 역시 주목할 만한 지점이다.

하지만 2010년을 막 지나보낸 지금 한국의 텔레비전 드라마는 다시 매운맛 일색이다. 몇 년 동안 매운맛을 줄이고 논리나 성찰적 차분함이 강화되었던 경향은 2008년을 계기로 다시 막장의 강한 매운맛으로 돌아서버렸다. 그 시기가 금융위기로 경제가 엉망진창이 되었고 정치 또한 매우 불안했던 상황이었음을 생각하면, 한국 드라마가 지녀왔던 강렬한 주정성이 21세기 한국 사회의 역동적 불안함과 무관하지 않음을 짐작할 수 있다. 이 험한 세상을 한국인들은 드라마의 매운맛으로 견뎌내고 있었는지도 모른다.

이영미 1961년 서울에서 태어나고 자랐다. 대중예술 연구자이며, 20대 중반부터 연극과 대중예술 분야에서 평론과 연구 활동을 해왔다. 30대 중반부터 12년 동안 한국예술종합학교 한국예술연구소에서 근무했고, 한국 방송 드라마의 역사를 정리하겠다는 각오로 직장을 던지고 전업 연구자의 길로 들어섰다. 그리하여 지금은 대중예술 연구 활동에 힘을 더 기울이고 있으나, 한국의 방송 드라마가 워낙 방대한 영역인 데다가 옛 자료가 거의 남아 있지 않아서 고고학 수준의 더듬기만 계속하는 중이다. 《한국대중가요사》, 《세시봉, 서태지와 트로트를 부르다》, 《한국인의 자화상, 드라마》, 《광화문 연가》, 《흥남부두의 금순이는 어디로 갔을까》, 《대학로 시대의 극작가들》 등을 썼으며, 같이 지은 책으로 《한국현대예술사대계》(총6권), 《남북한 공연예술과의 대화》, 《딱지본 대중소설의 발견》, 《아프레걸 사상계를 읽다》 등이 있다.

16

한국의 영화

한국인의 캐릭터: 송강호, 설경구, 전도연의 몸짓을 통해 보다

김영진 명지대 교수

◉ 코미디가 아닌 대다수 한국 영화에서 주인공들은 죽거나 그에 상응하는 불행한 결말을 맞는다. 남자 주인공 또는 여자 주인공이 임과 함께 행복하게 앞날을 꾸리는 영화들은 손에 꼽을 정도이다. 너무 심한 말이 아니냐고? 한국에서 1,000만 명 넘는 관객을 동원한 인기작품의 결말을 떠올려보자. 〈실미도〉에서 주인공들은 전원 몰사한다. 〈태극기 휘날리며〉에서 형제는 남과 북으로 갈린 전쟁터에서 서로 적으로 싸우다 형이 죽는다. 〈괴물〉에서 주인공은 끝내 딸을 구하지 못한다. 〈해운대〉에서 적지 않은 주요 등장인물들이 가슴 아픈 최후를 맞는다. 이 중 상대적으로 할리우드 영화와 가장 비슷한 해피엔딩의 쾌감을 주는 영화는 남녀주인공이 끝내 살아남는 〈해운대〉였다. 한국 대중의 기호가 바뀌고 있다는 증거일 수도 있지만, 그런데도 뭔가 센 비극적 기운이 끼어들지 않는 한 블록버스터가 성립하지 않는 드라마의 관행은 근본적으로 같다.

이런 상상을 해보자. 마이클 베이의 〈아마겟돈〉을 한국 영화로 다시 만든다면 아마 가관일 것이다. 이 영화는 텍사스 크기의 소행성이 시속 37킬로미터의 속도로 지구로 돌진하자 미국 항공 우주국에서 파견한 굴착 전문 기술자들이 소행성에 구멍을 뚫어 핵폭탄을 장착, 궤도를 바꾼다는 내용을 담고 있다. 클라이맥스에서 브루스 윌리스는 무선폭파 장치가 고장 나자 그곳에 남아 임무를 수행하고, 나머지 대원들은 무사히 지구에 귀환한다. 벤 애플렉이 이끄는 대원들이 착륙하자 그의 애인이자 브루스 윌리스의 딸인 리브 타일러가 기쁘게 마중을 나가는데, 곧 브루스 윌리스가 보이지 않는다는 걸 알게 된다. 아빠의 행방을 묻는 리브 타일러에게 벤 애플렉은 브루스 윌리스가 유품으로 전해준 휘장을 보여준다. 그 휘장에는 '지구를 구하라'라는 문장이 새겨져 있다. 아빠의 죽음을 직감한 리브 타일러는 울음을 터뜨리고, 벤 애플렉과 대원 일행은 그녀를 위로하면서 위풍당당하게 걷는다. 그들 뒤로 성조기가 당당하게 나부낀다.

자, 한국판 〈아마겟돈〉에서 브루스 윌리스를 안성기가, 벤 애플렉을 정우성이, 리브 타일러를 전지현이 연기한다고 생각해보자. 마지막 장면에서 정우성이 전해주는 아빠 안성기의 휘장을 전지현이 바라볼 때 객석에서는 웃음이 터질 것이다. 더구나 그들 뒤로 태극기가 휘날릴 때 실소는 더욱 커질지도 모른다. 심형래 감독의 〈디 워〉가 있지 않느냐고 하겠지만, 요컨대 한국에서 직선적인 영웅의 무용담은 그다지 실감나지 않는다. 강우석 감독의 〈한반도〉 같은 영화가 비슷한 민족주의적 영웅담을 내세웠으나 400만이 넘는 관객 동원이라는 흥행 성적과 무관하게 식자층의 거부감을 샀다.

미국 영화의 영웅주의가 웨스턴에 기반을 둔 서사라면, 곧 총을 든 영웅이 공동체를 구한다는 서사에 기초하고 있다면, 한국 영화에는 그렇게 민족의 유전자에 내재된 영웅주의가 없다. 당장 봉건제에서 식민지 근대로, 다시 개발독재의 과정을 거치면서 남북분단이라는 비극적 역사까지 껴안은 채 전개된 한국의 현대사에서 민족적 영웅들은 대개 불행한 결말을 맞이했다. 미국 대통령이 우주인의 침입에 맞서 싸우는 할리우드의 서사가 한국식으로 바뀌어 이명박 대통령이나 노무현 대통령이 지구의 운명을 구하는 내용의 블록버스터를 만들어 공개한다고 하면, 대중은 아마 제 나라나 잘 지키라고 코웃음을 칠 것이다.

상처 많은 역사를 경험하면서 한국인들의 유전자에는 삶에 승리하는 서사보다는 승리하지 못하더라도 지지 않을 수 있는 주인공을 응원하는 게 더 있음 직하게 여겨지는 경향이 있다. 내 생각에 현대 한국 영화가 보여주는 비극적 유전자를 품고 있는 캐릭터들의 특징은 한국의 역사와 현실에 기초한 발생론적 결과일 가능성이 높다. 그리하여 2000년대 이후의 한국 영화에서는 전형적인 미남 미녀만큼이나 비극적이되 친근함을 주는 역할을 연기할 수 있는 강한 개성의 소유자들이 스타 배우로 등극했는데, 송강호, 설경구, 전도연은 이들 연기파 배우들의 앞줄에 서 있는 배우들이다. 이들이 맡은 주요 대표작들을 통해 현대 한국 영화의 캐릭터들을 소개하는 것은 곧 우리 시대의 가장 친근감 있는 캐릭터들을 스크린에서 만난 증거 목록이라 할 것이다.

한국 영화가 대중문화의 중심으로 다시 서게 된 1990년대 후반의 시대적 흐름 속에서 한국 영화 속 캐릭터들은 사람들의 가슴에 정체불명의 인화성 감정을 장착시키는데, 그 특징이 묘했다. 2000년대에 한국 영화를 장악했던 이른바 연기파 배우들은 사회에서 유리된 채 자신의 트라우마를 껴안고 장렬하게 자폭하는 인물들로 대중의 주목을 끌었다. 앞서 말한 대로 승리의 기억보다 패배의 상처가 더 많은 한국 현대사의 궤적 때문인지 유독 한국 영화에는 비극적 캐릭터들이 많았던 것이다.

허허실실 단독자

김승호가 〈마부〉에서 연기한 아버지처럼, 1960년대까지 한국 영화에서 아버지라는 캐릭터는 시대에 적응하지 못하는 대신 구수한 된장찌개 냄새를 풍기는 서민적 풍모로 인정각박한 세태의 방부제 같은 역할을 보여주었다. 신성일과 같은 모던하고 댄디한 이미지의 스타는 근대화의 물질적 욕망을 제 몸에 새기는 역할로 출세하면서, 동시에 그 근대화의 부작용으로 부식되는 멜랑콜리의 표상으로도 존재했다. 김수용의 〈안개〉와 같은 영화에서 신성일은 물질적 가치에 마모되어 영혼이 버석거리는 우울한 현대인의 초상을 보여준다. 김진규나 최무룡 같은 당대의 남성 스타들, 김지미와 문희와 윤정희 같은 여성 스타들도 비슷한 궤적을 그렸다. 개발독재 근대화의 시대였고, 거기에 적응해 물질적 풍요의 아이콘임을 뽐내거나 근대화와 봉건적 잔재의 경계에 선 부적응자의 표상으로 멜랑콜리와 신파를 모호하게 포개 관객의 누선을 자극하는 역할이 그들의 이미지였다. 1970년대와 1980년대는 한국 영화의 암흑기였고, 영화는 텔레비전에 비해 열등한, 시대를 읽지 못한 정부 프로파간다와 1960년대식 신파와 관음증의 매개 통로에 머물 뿐이었다. 이장호의 〈바보선언〉과 같은 영화에서 채플린을 한국식으로 번안한 동칠과 같은 통렬한 아웃사이더 캐릭터가 등장했으나 어디까지나 예외적인 인물이었다.

이전까지의 역할 분류나 배우들의 개성 면에서 2000년대에 별이 된 송강호라는 배우는 어느 모로나 예외적인 배우였다. 일단 송강호는 멋있는 인물을 연기해 호감을 사는 배우는 아니다. 그는 정물의 피사체로 다가와 강한 이미지를 남기는 배우는 아니다. 그가 피와 살이 붙은 인간으로 다가오는 것은 그가 소리를 내어 말하고 조금씩 바람 빠지는 웃음소리를 내면서 틈을 보이기 시작할 때다. '우헤헤헤'라는 그의 웃음소리와 저음에서 약간 고음으로 올라가는 그의 음성은 배우 같지 않은 외관을 지닌 그가 우리를 무장 해제시키는 힘의 원천이다. 이 배우의 웃음과 억양은 우리의 일상 속에 감춰져 있는 빈틈을 느닷없이 파고드는 시적 진실성을 갖고 있다. 그는 산문형 배우가 아니다. 그는 매우 평범하고 알맹이가 없는 대사를 그야말로 '말하고 있을 때' 빛이 나는 배우다. 그는 밥 먹고 티격태격하는 일상에 툭 처박혀 있다가 어느 순간 감정을 살짝 드러내 보이는 틈새의 언설로 관객에게 저항할 수 없는 친밀감을 안겨준다. 때로는 더듬거리며, 때로는 착 가라앉은 무게 잡는 목소리로, 때로는 애인 앞에서는 절대 들려주지 않을 촐랑거리는 웃음소리로 인간의 다면체적인 모습을 전시하는 것이다.

송강호가 연기한 인물들 가운데 비극적 색채가 가장 덜한 인물은 대한제국 말기에 황성에서 이름을 날린, 한반도 역사상 최초의 야구팀을 소재로 한 〈YMCA 야구단〉의 주인공인 선비 이호창이다. 황성의 선비 마을에 더는 학이 날아들지 않는다고 세태의 변화를 한탄하는 완고한 선비인 아버지에게 오리를 가리키며 "저것은 학이 아니고 무엇입니까?"라고 무심하게 묻는 호창은 구한말의 시대적 흐름과 거의 동떨어져 있는 듯이 보이는 인물이다. 그에게 국운이 쇠하는 시대적 공기는 그저 더는 암행어사를 할 수 없어 안타까운 배경, 그 이상도 이하도 아니다. 선비가 아니라 백치처럼 보이는 그는 야구경기를 할 때도 반상의 구분을 따지는 다른 양반들에 비하면 무심하게 경기에 임하며, 그렇기 때문에 역설적이지만 개화된 인물이다. 그에게 구질서는 이제 아무 의미가 없다. 치고 달리는 야구에서 살아 있는 것의 감각을 만끽하는 그는 거의 완벽하게 새 시대의 기준에 부합하는 인물이다.

〈YMCA 야구단〉에서 호창은 봉건제국의 몰락이라는 무거운 시대의 공기와 아무런 관계가 없어 보인다. 선교사들이 야구를 하는 대갓집 안 정경을 엿보기 위해 돼지 오줌보로 만든 축구공을 마당에 차 넣고 기웃거리는 그의 캐릭터는 일종의 희화화된 영웅이다. "글재주는 없지만 유명세로 따지자면 적어도 유생 가운데 퇴계 선생과는 맞먹지 않을까요?"라고 이 얼빠진 선비는 아버지에게 자랑한다. 그는 선진문명의 산물이자 스포츠인 야구를 위해 태어난 인간이다. '황성 베쓰볼 야구단' 4번 타자인 그는 공부하는 인간, 우국충정에 고뇌하는 인간이 아니라 놀이하는 인간이기 때문이다. 그와 달리 호창의 아버지, 신구가 연기하는 대쪽 선비는 생전 처음 전차를 타보고 어지럼증을 느낀다. 그런 아버지와는 달리, 호창은 느릿느릿 팔자걸음으로 이곳저곳을 기웃거리며 유생과 젠틀맨이 공존하는 대한제국 말기의 황성을 유유자적 돌아다닌다. 당대의 시대적 공기에서 불쑥 빠져나와 시대와 툭툭 부딪치며 해프닝을 만들어내는 것이다. 을사조약에 분개해 자결한 민정림의 아버지 상갓집에서, 대를 이어 훈장 노릇을 하길 바라는 아버지와의 독대 자리에서, 심지어 상것과 어울려 베쓰볼을 하는 야구경기장에서 구경꾼으로 온 아버지를 발견하고 허둥대는 모습에서, 호창은 양반답지 않은 행동으로 시대로부터 일탈하며 자기 멋대로 산다.

좀 더 비극적인 기운이 도입되는 다른 영화들에서도 송강호의 이런 일탈적 기운은 퇴색하지 않는다. 〈살인의 추억〉의 도입부에서 송강호가 연기한 제법 연조 있는 형사 박두만은 살인 현장의 보존을 위해 동분서주한다. 다소 의기양양하게 공간을 장악하는 그런 이미지 뒤로 박두만은 형사반장과 잡담을 나누다가 "박 기자 안 왔어요? 박 기자? 아유 그 XXX, 안 보이니까 속이 다 시원하네."란 말을 내뱉으며 낄낄거린다. 나름대로 직업적 허세를 부리며 자긍심을 갖는 이 형사의 이미지는 전통적인 스릴러 형식으로 시작하는 이 영화에 아주 일찌감치 인간적 틈새를 입힌다. 형사이면서 시정잡배처럼 보이는 이런 인물이 직업적 현실에서 거듭 패자가 될 때 그의 패배는 서서히 관객이 동조하는 열패감으로 바뀐다. 〈살인의 추억〉의 마지막 장면에서 박두만은 형사 직업에서 은퇴해 사업을 하고 있다. 그가 우연히 과거에 시체를 발견했던 벌판 부근에 차를 세우고 상념에 젖을 때 한 소녀에게서 범인으로 추정되는 자의 인상착의를 듣는다. 지극히 평범하게 생겼다는 소녀의 말을 듣는 박두만은 숨이 멎을 듯한 표정을 짓는다. 숨을 안으로 삼킨 듯 말 못 하고 컥컥대는 그 표정은 최선을 다했으나 자기의 무능 외에 시대의 무능까지 짊어진 자의, 그러나 그 이유를 종내는 알지 못하는 자의 무력감과 분노를 드러낸다.

박두만 형사의 혈기방장한 표정이 피로에 찌들고 좌절에 휘둘리고 결국 뭐라 말로 표현할 수 없는 상실감을 누른 표정으로 끝나는 것은 외양과 본질이 일치하지 않는 미궁의 시대를 바라보는 이 영화의 풍경 묘사와 조우한다. 첫 장면에서 평화로운 황금빛 평야에 난 길을 경운기에 올라타고 가는 박두만 형사는 잠자리채를 든 아이들이 경운기를 쫓아오자 무심하게 주먹으로 감자바위를 날린다. 경운기에서 내린 박두만이 배수관 밑의 어두컴컴한 그림자 속에서 발견하는 것은 부식되기 시작한 인간의 시체다. 밝은 태양과 배수관 아래 그림자의 썩은 육체, 평야에 넘실대는 벼이삭과 남들이 보지 않는 후미진 곳에 버려진 시체, 잔뜩 찌푸린 형사와 천진하게 놀고 있는 아이들의 대비는 서늘한 공포를 안겨준다. 이어지는 장면에서 박두만은 논바닥에 널려 있는 증거물을 갖고 노는 아이들을 쫓기 위해 소리를 지른다. 피로와 짜증이 잔뜩 밴 박두만 옆에서 무심한 얼굴의 사내아이가 그의 말을 따라한다. 어른에게 공포 같은 일이 아이들에게는 또 하나의 즐거운 구경거리가 되는 이 부조화 속에서 박두만의 얼굴은 변화무쌍하게 바뀐다.

당최 알 수 없는 인물의 속내는 풍경과 겹쳐지고, 인물과 풍경의 양면성은 다른 등장인물들에게도 관철된다. 박두만은 험상궂게 생긴 용의자들의 사진을 형사 수첩에 붙여놓고 다니다 결국 포기하고 그 사진들을 찢어 없앤다. 강력한 용의자인 (박해일이 연기한) 박현규는 여인처럼 섬세한 손을 지니고, 그 손에 책을 들고 있는 것이 어울리는 준수한 외모의 청년이다. 그에 반해 박두만은 형사라는 직업을 빼면 하는 짓이 건달과 다름없는 인간이다. 거칠게 본능만 믿고 돌진하던 박두만은 결국 확실한 증거가 나오지 않자 장탄식을 하며 박현규를 놓아준다. 잔인한 박두만이 점점 인간적인 본색을 드러내는 것과는 정반대로 곱상한 샌님처럼 보이던 박두만의 동료 형사 서태윤은 거꾸로 이성으로 제어할 수 없는 광기에 빠진다. 상황의 주인공이고 싶었지만 가까운 구경꾼으로 머물 수밖에 없었던 시대의 증인을 대표하는 표정은, 앞서 말한 이 영화의 마지막 장면이 응축한 박두만의 표정이다. 그것은 편안하게 두 시간 동안 한 시대 전의 살인사건의 전말을 지켜본 관객에게도 전이되는 표정이다.

〈살인의 추억〉의 클라이맥스 직전 장면에서 여중생이 살해당한 것을 목격한 서 형사가 황망한 감정으로 숲을 빠져나올 때 그를 지나치는 박두만은 보일 듯 말 듯, 팔을 살짝 들 듯한 몸짓으로 서태윤 형사를 건드리려다 만다. 이 화면에서 관객의 주의는 서 형사에게 집중돼 있지만, 그를 지나치는 박두만 형사는 그것을 흐트러뜨리지 않으면서 동시에 그 미미한 팔 동작으로 강력한 정서적 온기를 덧입힌다.

역시 송강호가 연기한 〈효자동 이발사〉의 주인공 이발사는 '각하는 국가다'를 복창할 것을 요구하는 대통령 경호실장 앞에서 속으로 말을 삼키듯이 "아, 가-각하는 국가다."라고 복창한다. 상대의 말을 흡수하는 동시에 튕기면서 자극하는 이 말의 호흡 속에서 당하기만 하는 것 같은 인물의 생기, 어떻게든 살아나가는 생기가 숨길 수 없는 채 드러난다.

〈효자동 이발사〉는 군사 정권의 쿠데타 이후 우연찮게 대통령의 머리를 깎는 중책을 맡게 된, 청와대 인근 주민인 이발사의 이야기다. 이 영화의 클라이맥스에는 박정희 대통령이 암살당하고 그의 유해를 실은 영구차가 청와대를 떠날 때 연도에 수많은 인파가 나와 통곡하는 장면이 나온다. 대통령의 유해를 실은 차는 오랫동안 대통령의 머리를 잘랐던 이발사 성한모의 집 부근에 이르자 움직이지 않는다. 그 순간에 우리의 주인공, 효자동 이발사 성한모는 재래식 변소에 앉아 용을 쓰고 있다. 그는 국장이 치러지기 전날, 대통령의 영정 사진에서 눈알 부분을 면도칼로 긁어냈고, 경호원들에게 들킬 뻔하자 그 가루를 담은 조그만 통을 삼켜버렸다. 그는 고문으로 장애가 된 아들을 치료하려면 용의 눈알을 파내야 한다는, 어떤 도사에게서 들었던 처방을 지금 실현하려 하고 있다. 대통령의 영정에서 눈알을 파낸 가루를 한시라도 빨리 아들에게 먹이기 위해 성한모는 엉덩이에 힘을 준다. 그의 항문에서 눈알을 판 가루가 담긴 통이 빠져나오자 대통령의 영구차도 움직인다.

한때 국부로 추앙받았던 대통령의 마지막 길에 배치한 이 작별인사는 불경스럽지만 동시에 어떤 해방감을 준다. 그 변소 장면은, 입이 아니라 항문을 통해서 토해낼 수밖에 없는 과거의 역사적 상처를 희극적인 분위기로 그려낸다. 여기에는 어떤 격분이나 신념이 끼어들 여지가 없다. 배변의 쾌감, 하나의 묵은 덩어리가 빠져나가는 느낌, 그리고 거기서 나온 덩어리 속에 과거의 상처를 치료할 안심이 섞여 있는 것이다. 모호하긴 하지만 이것은 한 시대를 보내면서 논리적으로 설명할 수 없으나 어쨌든 보내버려야만 하는 그 시대의 작은 표정을 절묘하게 포착하고 있는 것이다. 슬픈 듯 얼굴을 찌푸리고 눈물방울이 조금 맺혀 있지만 항문을 통해 빠져나간 덩어리를 확인하며 안도감을 느끼는 것으로 한 시대를 추억하고 있는 것이다.

그 변소 장면에서 성한모의 표정은 무력한 소시민이 할 수 있는 최선의 용씀이다. 그는 '각하는 국가다'라는 청와대 경호실장의 말을 따라, 자신의 아들이 말도 안 되는 이유로 잡혀가 고문을 당하는데도 변변히 항변하지 못하는 인물이다. 그가 할 수 있는 것이라고는 고작 전국 방방곡곡을 찾아다니며 용한 의원을 찾아 이미 병신이 된 아들의 치료를 구하는 것뿐이다. 다시 한 번, 여기에는 어떤 격분이나 신념이 끼어들 여지가 없다. 그는 당대를 해석할 수도, 당대에 분노할 수도 없는 가련한 민초였기 때문이다.

자신의 삶에 개입한 국가 권력의 전횡에 변변히 항변하지 못하는 그를 객관적으로 바라보는 이는 그의 아내다. 문소리가 탁월하게 연기하는 이 여편네는 청와대의 점심식사에 참석했다가 인간적인 모멸을 겪고도 침묵하는 남편에게 바가지를 긁는다. 청와대에서 머리를 깎게 됐다는 남편의 직업상의 혁명적인 사건을 보고도 그녀가 하는 말은 '돈은 얼마나 주느냐'는 것이다. 요컨대 그녀는 권력에 대해 무조건적인 충성을 바치지 않는 소시민의 건강한 또 다른 얼굴을 품고 있다. 그녀에게는 남자들이 갖고 있는 가부장적 권력에 대한 굴종의식을 누를 수 있는 건강한 생명력이 있다. 남편과 자식이 얼굴을 당당히 펴고 살 수 있는, 인간의 자존을 감히 요구할 수 있는 존재인 것이다. 그러지 못하는 대신 변소에서 용을 쓰는 성한모는 항문으로 토해내는 시대의 변비증을 몸으로 앓고 있다.

이런 인물들을 연기한 송강호는 어떤 역할이든 송강호적 인간형을 만들어내고, 그것으로 그 직업, 계층, 성격의 인물에 맞는 분위기를 절대적으로 창조한다는 점에서 아주 미세한 일상적인 결에서 감성을 창조하는 예술가다. 그의 연기는 연극적이거나 카멜레온처럼 변화무쌍한 틀을 굳이 겨냥하지 않으면서 송강호적인 인간형에 보편의 존재를 흡수하고 밖으로 튕겨내는 단단한 탄력을 지니고 있다. 이는 달리 말하면 그가 대중이 원하는 영웅상을 거부하지 않는 가운데 일정하게 좌절하거나 닫힌 상황에서 박차고 나오는 에너지를 희극적이든 비극적이든 어떤 식으로든 반영하는 내파된 꿈의 담지자로 서 있다는 것을 뜻한다. 그가 영화에서 맡은 대다수의 역할은 우리 일상에서 실제로 경험하거나 목격하는 것을 체화하는 인물이며, 그 지반 위에서 그는 상황을 무조건적으로 받아들이는 인물이 아니라 비틀거나 내지르거나 안으로 심하게 삭이는 인물을 통해 독자적인 영웅의 면모를 슬쩍 새기는 것이다.

덜 나쁜, 약간 돈, 야생동물 같은 영웅

송강호가 허허실실 단독자의 표상을 보여줬다면 설경구는 어떤 영화에서든 거의 진을 빼면서 역할에 몰입하는 배우다. 〈공공의 적 1〉을 맡으며 살을 찌웠다가 〈오아시스〉에서 살을 뺐다가 〈실미도〉에서 군살 없는 몸매로 단련시켰다가 〈역도산〉에서 근육만으로 체중을 늘리는 식의 몸 학대는 그를 멀리서 지켜보는 대다수 사람들에게 경이적인 느낌을 준다. 그의 출세작이었던 〈박하사탕〉에서 그는 처음부터 광인으로 나와 그 유명한 대사, "나 돌아갈래!"를 외친다. 이어지는 장면들에서 김영호라는 이름의 그가 왜 미쳤는가를 알 수 있게 되지만, 중요한 것은 그가 살짝 미칠 수밖에 없는 상황의 연속으로 이어지는 이창동 감독의 그 지독한 각본에서 정말 미치고야 마는 그의 에너지다. 설경구는 이창동의 영화를 통해 정상적인 심리로는 살아갈 수 없는 이 시대의 패배자상을 보여줬다. 패배했지만 거꾸로 그는 승리자였다. 승리해서는 안 되는 삶에서 승리하고 의기양양 살아가는 사람들에게 그의 패배한 모습은 숭고미까지 불러일으켰기 때문이다. 〈박하사탕〉에 이어 이창동의 또 다른 영화 〈오아시스〉에서 그는 정신을 반쯤 놓은 듯한, 그러나 내면에는 다치지 않은 순수를 간직한 주인공으로 나와 뒤틀린 멜로드라마의 눈물을 선사했다. 이창동의 영화를 통해 각인된 설경구의 캐릭터는 강우석의 〈공공의 적〉에서 최정상급의 폭발력을 보여준다.

〈공공의 적〉의 주인공 강철중은 겉보기에는 인간 말종이며 하는 짓은 깡패와 하등 다를 것이 없는 악질 형사다. 마약을 빼돌린 후 거꾸로

업자들에게 되팔려고 하고, 폭력 혐의로 잡아넣은 용의자를 연쇄 강도범으로 용도 변경해 송치시킨다. 그의 책상에는 아무런 사무용품도 올려져 있지 않다. 오로지 주먹과 총으로 자기 마음에 들지 않는 범인을 잡아 그것으로 형사직을 연명하는 것이다. 제도에 대한 무지막지한 불신을 깔고 있는 형사 강철중의 이미지는 곧 그가 제도를 넘어선 또 다른 제도이며 경찰의 테두리를 넘어선 또 다른 경찰이라는 걸 암시하고 있다. 그는 논리적이지 않은 직관으로 스스로 '이것이 법이다'를 선포하고 자기만의 윤리를 외부에 강제하는 한국판 더티 해리다.

〈공공의 적〉의 도입부에는 강철중 형사의 독백이 깔린다. 경찰의 공공 업무를 담은 상투적인 몽타주 화면 뒤로 냉소와 독설로 가득 찬 자기 직업에 대한 회의의 말을 내뱉고 있는 주인공의 목소리를 들으면 좀 어리둥절해진다. 강철중은 경찰이라는 제도에 무심하며 그 자신이 제도가 되려 한다. 아무리 서슬이 시퍼런 강력반 반장이 새로 부임해도 그는 눈 하나 깜짝하지 않는다. 경찰 감찰반에서 날카롭게 자신의 전횡을 감시하고 있어도 콧방귀만 뀐다. 이 가공할 윤리의식의 마비는 연쇄적인 순환회로의 흐름을 타고 있다. 그리고 상사는 그런 행각을 알면서도 눈감아준다. 강철중의 악은 개인의 악이 아니라 제도의 부패에서 묵인되고 보호되는 악이다.

매사에 심드렁하며 세상을 포기한 듯한 태도의 주인공은 한국 형사영화의 계보에서 보기 드물었던 악질 형사의 면모를 갖추고 있다. 이 악질 형사가 자신보다 더한 악질 살인범을 만났을 때 비로소 이 영화의 윤리적 잣대를 희롱하는 리트머스 시험지의 색깔이 드러난다. 강철중은 이성재가 연기하는 희대의 살인마 조규환을 잡는 게임을 놓고 자신과 내기를 건다. 그가 몽롱한 어조로 중얼거리듯이 비논리적인 동어반복을 횡설수설 늘어놓으며 희대의 살인마가 저지른 패륜의 부도덕함을 후배 형사에게 설교할 때 그는 한 번도 자신의 머리로 논리화하지 않았던 윤리감각을 스스로 주입시키고 있는 듯이 보인다.

사실 형사 강철중과 살인마 조규환은 동류의 인간이다. 고급 엘리트 증권 브로커인 조규환은 세상이 자기 마음대로 움직여주지 않을 때 행하는 간단한 해결책을 알고 있다. 폭력으로 상대를 제거하는 것이다. 음식점에서 자신의 옷을 더럽히고 미안한 표시를 충분히 하지 않은 상대에게, 또는 거리에서 추돌사건을 일으킨 상대가 자신을 비난할 때 그가 하는 대응은 간단하다. 죽이는 것이다. 그건 형사 강철중의 행동양식과 똑같다. 강철중은 수사가 자기 마음대로 되지 않을 때 무작정 쳐들어가 답변을 받아내려 한다. 폭력으로 해결할 수 없는 상황이 됐을 때 그는 거의 광기의 한복판에 서 있는 것처럼 보인다. 영화에 곧잘 나오는 액션 장면에서 무소불위의 영웅처럼 보이는 강철중은 합리적인 수사 과정에서 법의 무력감을 실감할 때 거의 미친 인간처럼 보인다. 하지만 그는 조규환과 똑같은 방식으로 그를 응징할 수 없다는 사실에 격분한다.

〈공공의 적〉이 거두절미하고 아무런 설명 없이 블랙유머의 정서를 끄집어내는 것은 법의 제도를 초월한 두 사람의 심리적 에너지를 극단적으로 묘사하고 있기 때문이다. 이 영화에서 가장 강력한 불꽃이 튀는 장면은 강철중이 비 오는 밤에 잠복근무를 서다 급한 용변을 거리에서 해결한 후 살인을 저지르고 나온 우비 입은 조규환과 처음으로 마주치는 장면이다. 야생동물처럼 도시 주택가의 복판에서 생리작용 처리를 위해 웅크리고 앉은 강철중과 우아하게 살인의 스타일을 스스로 음미하는 듯이 보이는 조규환의 교차 편집은 이 두 인간이 한국 자본주의 사회를 살아가는 두 표정의 한 얼굴임을, 약육강식의 정글을 폭력으로 돌파하는 야생동물임을 일깨운다. 그 장면에서 강철중은 오로지 자신의 용변 뒤처리를 매끄럽게 하지 못하게 만들었다는 이유로 조규환을 해코지하려 들지만 거꾸로 그에게 폭력세례를 받는다. 칠흑 같은 밤에 벌어지는 이 대결 에너지, 두 야생동물의 대결 에너지는 한국 자본주의의 축도를 그려낸다.

야생동물의 행각을 논리적으로 추론하는 것은 의미가 없다. 이를테면 그날 밤 있었던 첫 대결의 흔적은 다음 날 살인 현장의 증거품 채취 자료에서 강철중의 인분이 묻어나오는 것으로 마무리된다. 국립과학수사연구소의 담당자는 부하 직원에게 묻는다. "이걸 어떻게 해석해야 하냐?" 현장 감식의 중요성을 무시한 형사의 착오라고 둘러대기엔 논리적인 이유가 서지 않는 이 상황은 곧 넓게 보아 강철중과 조규환의 대결 드라마를 둘러싼 경찰 제도와 사회의 비이성적인 분위기에 대한 코멘트이기도 하다.

강철중이 막무가내로 조규환을 잡아다 취조할 때 조규환은 주위에 사람이 없는 것을 알고 은밀히 속삭인다. "내가 사람을 죽였다고 치자. 사람을 죽이는 데 이유가 있다고 생각하냐?" 강철중은 그의 말을 논리적으로 접수할 수가 없다. 그의 분노는 곧 관객의 분노이기도 하지만, 넓게 보아 강철중 그 자신의 부도덕한 형사 행각으로 되돌아 날아가는 화살이기도 하다.

어떤 행동에도 이유를 달 수 없는 비이성적인 상황에서 이 영화는 비이성적인 행위의 연속으로 사건 전개와 캐릭터를 설명하는 장치로 풍자적인 웃음을 자아낸다. 강철중이 사건을 논리적으로 설명하는 데 한계를 느낀 단락에선 엉뚱한 사람들이 해결의 물꼬를 터준다. 우습게도 연쇄 살인사건의 단서를 가장 잘 설명해주는 이들은 강철중이 잡아넣을 뻔한 칼잡이와 마약 거간꾼이다. 이들은 국립과학수사연구소에서 강철중과 함께 죽은 시체를 살펴보는 자리에서 서로 자신의 이론이 옳다고 한바탕 설전을 벌인다. 그 앞선 장면에서 살인사건 용의자로 잡혀왔던 칼잡이는 어떤 칼을 썼을 때 어떤 치명적인 상처를 입힐 수 있는지를 칼의 형태에 따라 자세히 설명한다. 합리적인 추론은 경찰이 아니라 거꾸로 범죄자들의 세계에서 이뤄지고 있다.

〈공공의 적〉의 후반에서 강철중과 조규환의 대결 드라마는 절정으로 치닫고, 이들은 자기들만의 싸움으로 대미를 장식하려 한다. 때려도 좀처럼 쓰러지지 않는 상대의 괴력을 실감하면서 상대가 죽을 때까지 주먹 대결을 벌이는 것이다. 악이 제거됐을 때 강철중은 이제 스스로 사회의 모든 공공의 적을 제거할 수 있는 명예의 자격증을 얻었다고 생각한다. '내가 곧 법이다'를 외치는 강철중은 스스로 법이 될 만한 강력한 이성의 권능이 없다. 그는 주먹으로 좌충우돌 자신의 내면에 자리한 악의 또 다른 얼굴인 사회의 범죄자들을 찾아내는 일종의 광인이자 기계다. 그는 자신의 악당 기질로 또 다른 악당을 물리치러 나가는 희화화된 영웅이다.

강철중은 그 후로도 검사를 주인공으로 삼은 속편 〈공공의 적 2〉, 다시 형사 강철중이 등장한 〈공공의 적 1-1〉을 통해 2000년대 한국 영화사의 굵직한 캐릭터로 자리 잡았다. 강철중을 연기한 설경구는 우리 내부에 차곡차곡 묻어두고 교양 있는 척하기 위해 대체로 꺼내지 않는 광기를 한순간에 폭발시키며 우리에게 카타르시스를 준다. 〈공공의 적〉 시리즈는 강철중/설경구 자극 게임처럼 보였다. 상황이 꼬일 때마다 강철중은 살짝 돈다. 그 돌아버리는 강도가 높아지면서 영화의 감정적 속도감도 높아진다. 강철중을 현대 한국 사회의 영웅으로 만드는 것은 불의에 맞선 강철중의 그 돌아버리는 에너지 때문이다. 부조리한 현실 앞에서 악당 못지않게 못된 강철중이 느끼는 무지막지한 분노와 슬픔은 삽시간에 관객의 마음을 점령해버린다.

—

가면을 쓴 벌거숭이 여왕님

송강호가 일상적 인간의 균열을 드러내는 모습을 통하여, 설경구가 악행에 둔감한 인간이 더 큰 악행 앞에서 분노하는 인간적 결단을 통하여 현대 한국 영화의 캐릭터들을 요약했다면, 전도연은 평범하게 살고 싶었던 여자가 광기에 빠지는 상황을 겪으며 주체의 각성을 드러내는 데 탁월한 감성을 짚는 여배우이다. 특히 이창동의 대표작 〈밀양〉에서 전도연은 여주인공 신애를 통해 한국 사회의 중산층 여성이 가지고 있는 허위의식의 극단을 대변했다. 어떤 관점에서 보더라도 이 영화가 한국 사회에서 한 개인이 다른 사람들과의 관계 속에서 보는 주체인 동시에 보이는 대상이라는 위치를 민감하게 의식하며 살아간다는 것을 보여준다는 점을 부정하기는 힘들다.

남편을 잃은 여주인공, 미망인 신애가 어린 아들과 함께 남편의 고향인 밀양에 와서 사는 것으로 시작하는 〈밀양〉의 도입부에서 신애는 고장 난 차를 길거리에 세워두고 지나가는 차를 붙잡기 위해 애를 쓰고 있다. '나 좀 봐줘요, 급한 사정이 있단 말이에요.' 라고 외치는 듯한 그녀의 모습은 이 영화에서 그녀가 계속해서 꾸미는 화급한 자기 정체의 본질을 요약하는 장면이기도 하다. 그녀는 실제로 절박한 삶의 가장자리로 몰리는 위기를 맞지만, 제법 재력이 있는 서울 출신의 미망인으로 남편의 고향이자 지방 소도시인 밀양에서 은근히 윤기 나는 삶의 외형을 흉내 내려다 큰 재앙을 겪는다. 〈밀양〉은 그런 여자의 자기 위장 스토리가 불러일으키는 정체성의 붕괴를 다룬 영화이자 자기 갱생의 스토리이며 그 과정에서 우리가 겪을 수밖에 없는, 보는 자이자 보이는 자라는 관계 속의 위치에 대해 예민하게 질문하는 영화이다.

신애는 남편의 죽음 이후 그의 고향인 밀양에서 살기로 결심한 여자다. 그녀가 정말 남편을 사랑해서 남편의 고향인 밀양에서 여생을 보내기로 결심했는지는 잘 알 수 없다. 중요한 것은 그녀가 '인생을 연기하는 여자' 라는 사실이다. 우리 모두 그런 속성을 갖고 있지만, 그녀는 자신의 삶을 연기하는 데 유별난 축에 속한다. 남편의 고향에 내려와 사는 여자라는 것도 뭔가 더 그럴 듯하게 자신의 삶을 포장하려는 그녀의 설정이라고 말할 수 있다. 그녀는 새로운 인생의 막을 밀양에서 좀 더 극적으로 맞으려는 포즈를 취한다. 이런 연기자로서의 속성은 그녀가 막 이사한 뒤 이웃들에게 인사하던 중, 옷가게 주인에게 인테리어에 좀 더 신경을 써야겠다고 주제넘게 충고하는 데서도 나온다. 처음 만난 사람에게 장식에 신경 써야겠다고 도도하게 말하는 그녀는, 자신은 장식에 자신 있음을 도도하게 드러내는 속물이다.

그런 그녀가 자신을 좋아하는 카센터 주인 종찬에게는 속물이라고 대놓고 핀잔을 준다. 지역 유지에게 연락해 안면을 트는 것을 대단한 특권으로 아는 종찬에게 신애가 속물이라고 빈정대는 것은 자신이 그들보다는 더 높은 차원의 인간이라고 생각하기 때문이다. 그녀는 인생이라는 연극의 주연이 될 수 있다고 생각하는데, 그것은 그녀만의 판타지다. 이 판타지 때문에 그녀는 죽은 남편에 대한 사랑으로 남편의 고향에 내려와 사는 재력 있고 지적인 미망인이라는 자기 역할을 설정한다. 그리고 그걸 과시하기 위해 모아놓은 돈도 없으면서 종찬을 부추겨 밀양의 부동산을 보러 다닌다.

다른 사람의 시선을 끄는 위치를 욕망했던 신애는 아이를 유기당함으로써 잔인한 보복을 받는다. 그녀는 행복을 실연하는 연기자가 됨으로써 자신을 우러러보는 타인의 시선을 의식하며 그들을 수직적으로 내려다보려 했지만, 거꾸로 그들에게 불행을 보여줘야 하는 처지로 전락했다. 그런 그녀에게 구원처럼 다가온 것은 종교다. 신앙을 권하는 이웃 약국 주인 집사의 집요한 방문에도 꿈쩍하지 않던 그녀가 우연히 교회 부흥회에 달려간 것은 홀로 아들의 사망신고를 하러 동사무소에 갔다가 자기 충격을 이기지 못하고 쓰러진 직후였다.

함께 가자는 종찬을 뿌리치고 그녀는 혼자 동사무소에 가지만, 아들을 잃은 슬픔의 충격을 감당하기에는 스스로 너무 무력해진 자신을 깨닫는다. 쓰러진 그녀 앞에 나뒹구는 부흥회 전단지를 보며 그녀는 운명의 계시 같은 것을 느꼈을지 모른다. 그리고 부흥회에 참석하자 정말로 기적처럼 마음의 평온을 얻는다. 그 장소에서 카메라는 군중 속에 있는 신애에게 천천히 다가서며, 그녀는 처음으로 우리를 의식하지 않고 절대자로서의 신과 접촉하는 듯이 보인다. 신의 의지에 의탁해 완전한 개별자로 다시 선 듯이 보이는 그녀는 신의 은혜를 입은 축복에서 한 걸음 더 나아간다. 유괴 살인범을 먼저 용서하겠다고 주변에 말하는 것이다. 우려하는 주변의 시선과 달리 그녀의 입장은 단호하다. 그녀는 도입부의 속물적 차원과는 달리, 뼈저린 고통 속에서 더 차원 높은 은혜의 실천을 행하리라는 열망에 불타고 있다. 그녀의 주체성은 좀 더 초월적인 가치에 의탁한 채 고귀한 차원에서 인생을 장식하는 전환점을 표할 순간에 이른다. 그러나 그녀의 고귀한 연기는 이번에도 좌절된다. 상대는 먼저 신에게 용서받았던 것이다.

아이를 잃고 종교에 의지해 헤쳐 나가려고 필사적인 노력을 하는 그때까지, 그녀의 삶은 주체적인 윤리에 기초를 둔 것이라 말할 수 없다. 그녀는 필사적으로 주변에서, 또는 위에서 부여된 강제적인 윤리에 의지해 삶을 지탱하려고 노력한다. 처음에 그것은 자기 인생에서 불행한 미망인이라는 수식을 떼어내기 위한 물질적 표시를 가장하려는 노력이었다. 그녀는 자신이 주변과 다르다는 것을 연기함으로써 자유로울 작정이었는데, 무의식중에 빈곤한 중산계급의 속물적 윤리에 구속돼 있는 정신의 비겁함을 드러낸 것이다. 이게 처절한 대가를 치르게 되자 더 큰 종교적 윤리에 기초해 자기 인생의 난관을 헤쳐 나가려 한다. 거기에도 극적인 퍼포먼스가 필요했고, 그녀는 그것을 자신이 먼저 죄를 용서하는 것이라고 믿었다. 그녀는 다른 사람들과의 경쟁에서 앞서고 심판하는 위치에 서고자 하는 전형적인 중산계급적 윤리의 희생자다. 그리고 그것은 그녀가 알지 못했던 것 이상으로 엄청나게 힘든 정신적 고통을 안겨준다.

그때부터 〈밀양〉은 위에서 부여된 강제적인 윤리에 대하여 자신의 윤리로 맞서기로 한 여인의 진짜 주체성의 형성기를 보여준다. 그녀가 의탁할 위로부터의 윤리가 없으므로 이제 그녀는 처음으로 자기 자신과 대면하지 않을 수 없게 된다. 감히 신과 맞서기로 한 그녀의 모험은 처음에는 가망 없는 광기에의 천착으로 보이지만, 이윽고 치열한 혼란을 거쳐 고요한 내적 평정의 단계로 향하는 지점에 서게 된다. 그게 〈밀양〉의 종착지다. 이 자기 주체성 형성의 내재적인 움직임은 수정과 재형성과 해체의 역동성 면에서 흥미로운 떨림을 전해준다. 그녀는 자신도 의식하지 못하는 사이에 수직적인 규범에 맞춰 자기를 형성하는 것이 아니라, 자기 삶의 형태를 다시 정의하지 않을 수 없는 순간에 직면하는 삶의 가장 절실한 순간을 맞게 된다. 여기서 섣불리 결론을 내리지 않고 행위와 의지의 주체로서 자기를 매 순간 새롭게 다시 정의하지 않을 수 없는 여주인공의 모습을 보여주는 것이 이 영화의 미학적 윤리라 할 것이다.

우리가 비극적 영웅에 공감하는 이유

영화 속의 신애는 그 인물 자체가 연기하는 인물이다. 영화 속의 상황에서 그녀는 연기하고, 그 연기의 가장된 틀이 깨질 수밖에 없는 상황이 거듭된다. 이 상황 속에서 신애뿐만 아니라 신애를 연기하는 전도연의 연기도 연출자가 정해놓은 굴레를 깨고 나아가며, 이 이중의 겹침 속에서 관객은 동일화와 거부의 1차 단계를 넘어서는 다른 단계를 안

내받는다. 허구의 정해진 틀 안에서 감독과 배우들을 포함한 창작자들이 필사적으로 드러내려는 그 고통에 대한 묘사에의 의지는 관객을 자극하려는 노출증적 에너지가 아니라 스스로 파괴되는 몸의 고통을 통과한 끝에 얻게 되는 어떤 동참을 향한 의지를 표하는 것이다. 이는 물론 상상을 통한 승화와는 거리가 있을 수 있지만 고통을 전시하는 차원에 그치는 냉소나 자기 현시의 욕망과도 본질적으로 다르며, 누군가의 고통을 달래주는 것이 아니라 그 고통에 동참하려는 의지에 가까운 것이다.

결국 현대 한국 영화의 흐름에서 가장 흥미로운 캐릭터들은 욕망과잉의 사회에서 부조리하게 작동하는 사회의 어쩔 수 없는 희생양들이다. 이 절대적인 피로감을 확인하려면 아무 때나 평일 심야나 새벽 대도시 곳곳에서 벌어지는 술자리를 관찰해보면 된다. 당장 내일 아침 직업적 일상에 복귀해야 할 이들이 자신들의 삶과 관계와 미래에 대해 잔뜩 불만에 찬 어조로 동료 선후배들과 날선 말싸움을 종종 벌이고 있다. 개인과 공동체의 바람직한 가치가 내면화되지 않은 상태에서 조국근대화와 경제발전 같은 상명하달식 체제 가치에 오랫동안 동원된 우리의 피로가 적절하게 개인의 삶에 흡수되지 않은 채 가정이나 직장 내의 소공동체의 거대한 욕망 덩어리 안에 포섭당한 후 저마다 사다리에 매달려 있다고 착각한 채 안간힘을 벌이는 부단한 고투가 매일 벌어지고 있는 것이다. 이것이 대문자 역사이든, 소문자 역사이든 간에 승리하지 못하되 지지 않으려고 발버둥치는 우리 주변의 삶은 고스란히 스크린에 기록되고 있다.

앞서 언급한 한국 영화 속의 캐릭터들은 각자 다른 방식으로 지지 않기 위해 어떻게든 살아간다. 예전에도 그랬고 앞으로도 바람직한 삶을 향한 이상주의를 삶에서 건설하기는 쉽지 않을 것이다. 불투명한 미래를 위해 현재를 저당 잡히는 사회에서 우리는 돈이라는 물신과 성공이라는 환상을 위해 과도한 피로를 견디고 있다. 심지어 다음 세대의 아이들에게도 일찍부터 약육강식 경쟁의 가치를 내면화시키고 있다. 약간씩 돌지 않으면 이상한 현실에서 송강호처럼 낄낄거리며 돌파하든, 설경구처럼 우직하게 직선으로 내달리든, 전도연처럼 깊은 좌절과 광기에서 조용한 평정으로 돌아오든, 우리는 각자의 방식으로 윤리적 삶을 살고 있는 것이다. 그러므로 감정적 데시벨을 한껏 고조시킨 상태에서 현대 한국 영화의 캐릭터들이 우리에게 웅변하는 것을 단 한마디로 요약할 수 있다면 그것은 '살아라!'일 것이다.

김영진 영화평론가이자 대학교수이다. 1995년부터 영화주간지 《씨네 21》의 창간 멤버 기자로 일했으며, 2000년 이후에는 《필름 2.0》 편집위원으로 활동했다. 2006년부터 명지대학교 영화뮤지컬학부 교수로 있다. 지은 책으로 《평론가 매혈기》, 《이장호 vs 배창호: 1980년대 한국 영화의 최전선》, 《영화가 욕망하는 것들》과 영문판 《이창동》, 《박찬욱》, 《류승완》 등이 있다.

17

한국의 문학

처용과 평강공주: 위대한 용서와 아름다운 복수 이야기

정여울 문학평론가

◉ 어린 시절 우리의 마음을 사로잡은 이야기들은 대부분 위대한 영웅의 것이었다. 그러나 역사 속에서 자신의 이름을 빛낸 영웅들, 보통 사람들의 능력을 뛰어넘는 영웅들 못지않게 우리의 마음을 사로잡은 이야기들도 있다. 바로 처용과 평강처럼 전형적인 영웅은 아니지만 색다른 매력으로 우리의 마음을 움직이는 사람들이다. 처용은 자신이 집을 비운 사이에 아내를 범한 남성을 향해 '본래 내 것이었으나 이미 내 것이 아님을 어찌하리오.'라고 읊조리는 놀라운 아량을 보여주어 도리어 한밤의 침입자를 스스로 뉘우치게 한다. 평강은 한 나라의 공주로 태어나 자신에게 보장된 모든 부귀영화를 포기하고 그 나라 최고의 바보, 온달과 결혼하여 남편을 최고의 장수로 키워낸다. 이들은 채움과 쌓임의 미학이 아니라 버림과 포기의 미학을 온몸으로 실현한다. 도대체 이들은 뭘 믿고 이토록 소중한 것, 이토록 대단한 것들을 버릴 수 있었을까.

처용의 이야기는 향가와 고려가요뿐 아니라 현대시와 소설로까지 변형되고 재창작되고 있으며, 평강공주와 바보 온달의 사랑 이야기 또한 《삼국사기》를 거쳐 현대 소설과 각종 에세이를 통해 리메이크됨으로써 변함없이 사랑받는 한국의 고전이다. 무엇 때문에 그들은 끊임없이 변형되고 재창작됨으로써 그 시대에 맞는 버전으로 새롭게 해석되는 것일까. 처용과 평강의 이야기는 무엇보다 그 자체로 흥미롭다. 그뿐만 아니라 처용과 평강의 이야기 속에는 인간의 치명적인 한계와 눈부신 가능성을 동시에 보여주는 장면들이 공존한다.

영웅 아닌 영웅들의 못다 한 이야기

처용의 상처가 아내를 도둑맞은 남편의 비애였다면, 평강의 상처는 국왕인 아버지의 별 뜻 없는 거짓말이었다. 걸핏하면 엉엉 우는 어린 딸에게 "너 자꾸 울면 바보 온달에게 시집보내버린다."고 협박했던 왕의 농담을 딸은 진심으로 받아들였던 것이다. 처용의 상처는 복수하기에 충분한 치명적인 상처였고, 평강의 경우는 복수하기엔 '별 것 아닌 것으로 보이는' 사소한 상처처럼 보였지만 그녀에게는 일생을 바꿀 만큼 커다란 상처였다. 그러나 두 사람은 자신의 상처를 전혀 다른 방식으로 멋들어지게 극복한다. 상처 자체는 나쁜 것도 좋은 것도 아니다. 상처의 기억이 마음속에서 부패하여 영원히 아물지 않는 흉터가 되는 것이 무서울 뿐이다. 우리가 만날 두 사람은 세상에서 가장 아픈 상처를 눈부신 비상의 대체에너지로 활용한 멋진 인물들이다. 그들은 상처를 제대로 활용한 사람들, 버림의 미학을 인생 최고의 자산으로 삼은 희대의 전략가들이 아닐까.

그들은 타인에게 받은 상처를 똑같은 방법으로 복수하는 대신, 상처를 통해 스스로 변신할 수 있는 기회를 얻는다. 처용은 도저히 용서할 수 없는 사람을 용서함으로써 용서받은 자를 아연실색하게 만들었고, 평강은 도저히 거역할 수 없는 왕이라는 절대권력에 저항함으로써 여인이라는 핸디캡을, 공주라는 한계를 벗어났다. 처용은 용서로써 자신의 존엄을 지켰고, 평강은 공주라는 대단한 신분을 버림으로써 진정 자유를 얻었다.

처용: 시적인 울림에서 서사적 축제로

서울 밝은 달 아래 밤늦도록 노닐다가

들어와 자리를 보니 다리가 넷이러라

둘은 내 것인데 둘은 뉘 것인고

본디 내 것이었다마는 빼앗긴 것을 어찌하리오.

—향가 〈처용가〉

동해의 용은 기뻐하며 아들 일곱을 거느리고 왕의 앞에 나타나 덕을 찬양하여 춤을 추고 음악을 연주했다. 그중 한 아들이 왕을 따라 서울로 들어가서 왕의 정무를 도우니, 그를 처용이라 하였다. 왕은 미녀를 그의 아내로 삼아 그의 마음이 머물도록 하고, 또 급간직까지 주었다. 처용의 아내가 매우 아름다웠기 때문에 역신들이 흠모해서 사람으로 변하여 밤에 그 집에 가서 남몰래 동침했다. 처용이 밖에서 자기 집에 돌아와 침실에 두 사람이 있는 것을 보고 이에 노래를 지어 부르고 춤을 춘 후 물러나왔다. …… 그때 역신이 본 모습을 나타내어 처용의 앞에 꿇어앉아 말했다. "내가 공의 아내를 탐내어 지금 잘못을 저질렀습니다만 공께서는 노여움을 보이지 않으시니 감동하여 아름답게 여깁니다. 맹세코 이후로는 공의 모양을 그린 것만 보아도 그 문 안에 들어가지 않겠습니다." 이로 인해 나라 사람들은 처용의 형상을 문에 그려 붙여서 나쁜 귀신을 물리치고 경사스러운 일을 맞아들이게 되었다.

—《삼국유사》 기이편, 〈처용랑망해사〉 중에서

역신에게 아내를 빼앗긴 처용이 분노나 호통이 아닌, 노래와 춤으로 역신을 물리쳤다는 이야기는 향가 〈처용가〉가 고려가요 〈처용가〉로 바뀌는 과정을 통해 매우 다른 모습으로 변주된다. 향가 〈처용가〉에는 처용 한 사람의 내면적 고뇌와 용서의 순간이 아름답고 서정적으로 표현되어 있다. 반면 고려가요 〈처용가〉에서 처용은 '민중의 영웅'으로 재탄생한다. 이제 그는 아내를 빼앗긴 쓸쓸한 남편이 아니라 수많은 추종자를 거느린 민중의 영웅이 되는 것이다. 게다가 향가 〈처용가〉에서 스토리의 핵심이 아내의 불륜을 목격한 남편의 드라마틱한 용서였다면, 고려가요 〈처용가〉에서는 용서라는 테마는 거의 사라지고 백성이 힘을 합쳐 역신을 몰아내는 공동체적 카니발로 바뀌어버린다. 처용은 한 사람의 남편이 아니라 백성의 소원을 들어주어야 하는 신적인 존재로 바뀌어버린 것이다. 어떻게 이런 대격변이 일어났을까.

> 아아, 아비의 모습이여/처용 아비의 모습이여
> 아아, 수명이 장수할/넓으신 이마
> 산 모양 비슷한/긴 눈썹
> 애인을 바라보는 듯한/너그러운 눈
> 바람이 잔뜩 불어/우글어진 귀
> 복사꽃같이/붉은 얼굴
> 진기한 향내 맡으시어/우묵해진 코
> 아아, 천금 먹으시어/넓어진 입
> 백옥 유리같이/하얀 이빨
> 복이 많다 칭찬 받아/밀어나온 턱

칠보 무거워서/숙어진 어깨
좋은 경사 너무 많아/늘어진 소맷자락
슬기를 모두어/유덕한 가슴
복과 지혜가 다 풍족하여/불룩한 배
붉은 띠 무거워/굽은 허리
태평성대를 같이 즐겨/길어진 다리
아아, 계면조에 맞추어 도는/넓은 발
……
신라 서울 밝은 달 아래/밤새도록 노닐다가
들어와 내 자리를 보니/가랑이가 넷이로구나
아아, 둘은 내 것인데/둘은 뉘 것이뇨
이럴 적에 처용 아비만 본다면
열병신이야/횟감이로다
천금을 주랴/처용 아비야
칠보를 주랴/처용 아비야
천금 칠보도 말고/열병신 잡아 날 주소서
산이나 들이나/천 리 밖으로
처용 아비를/비켜갈지어다
아아, 열병대신의/발원이로다.

— 고려가요 〈처용가〉 중에서

무기를 쓰거나 분노를 표출하는 것이 아니라 신명나는 노래와 춤으로 역신을 추방하는 처용은 가장 인기 있는 고전문학의 테마 중 하나다. 백성은 '처용아비'의 모습을 그린 부적을 문에 걸어놓기만 해도 역신이 물러날 것이라는 믿음의 대상으로서 처용을 신격화시킨다. 처용의 아름다운 아내를 범한 남성은 '역신'으로 묘사되고 있으며, 사람들은 처용이 역신을 스스로 물러가게 한 주술적 힘을 지닌 존재라 믿었다. 아내를 빼앗긴 남편의 비애를 아름답게 승화시킨 향가 〈처용가〉가 민중의 희망을 담은 주술적 가요 〈처용가〉로 다시 태어난 것이다. 옛이야기의 힘은 이렇듯 이야기에 이야기를 덧붙이는 행위, 기존의 이야기를 변형시켜 현재적 욕망을 덧칠하는 또 다른 이야기의 탄생으로 더욱 강화된다.

향가 〈처용가〉에서 고려가요 〈처용가〉로 변하는 동안 민중의 소망은 어떻게 이야기 속에 개입되었을까. 우선 이야기의 주체가 달라진다. 처용의 아름다운 외모에 대한 찬탄, 처용에 대한 감탄은 온전히 민중의 것이다. 처용의 시점으로 전개되던 향가의 내면적 토로는 민중의 시점으로 전개되는 고려가요의 집단적 낭송으로 변모한다. 향가 〈처용가〉에서는 미학적 흥취마저 느껴지던 용서의 시학이, 고려가요 〈처용가〉라는 민중적 형식으로 바뀌면서 민중의 통쾌한 복수극으로 바뀐다. 강렬한 서정성과 상징성으로 가득하던 시적인 읊조림은 민중의 떠들썩한 웃음소리와 왁자지껄한 난장판의 서사로 바뀐 것이다.

향가 〈처용가〉에서는 마지막 두 구절, '본래 내 것이었다마는/빼앗긴 것을 어찌하리오'가 이 서정적 파토스의 핵심이었다. 그러나 고려가요 〈처용가〉에서는 이 포기와 용서의 장면이 사라진다. 향가 〈처용가〉에서는 '용서하는 처용' 대 '용서에 감복한 역신'의 일대일 갈등구조였다. 그러나 수백 년의 시간을 거쳐 처용은 우아한 용서의 미학을 넘어

민중의 시끌벅적한 목소리를 대신하는 다중적 존재가 된다. 역신은 그의 용서에 감복하여 자발적으로 처용을 신격화한다. 향가 〈처용가〉가 시적인 세계, 개인적 감성의 세계를 그려낸다면, 고려가요 〈처용가〉는 서사적 세계, 민중의 축제적 향유의 세계를 그려낸다. 고려가요 〈처용가〉에서는 이미 수많은 민중의 영웅이자 희망이 되어버린 처용이 결코 혼자일 수 없는, 그 존재만으로도 백성의 목소리가 온몸에 묻어 있는 복수적(plural) 존재가 된다.

이제 처용의 근심은 곧 백성의 근심, 처용의 영광은 백성의 자랑, 처용의 복수는 곧 민중의 승리가 되는 것이다. 이 노래는 이제 처용의 용서라는 주체적 결단이 아니라, 처용을 바라보는 이들, 처용을 바라보는 관객이 바라고 꿈꾸는 스토리가 된 것이다. 또한 향가 〈처용가〉가 개인의 서정을 표현한 시적인 텍스트라면, 고려가요 〈처용가〉는 수많은 이름 없는 백성의 목소리와 삶의 흔적이 담긴 서사적 텍스트가 된다. 향가의 처용이 한 사람의 인간적 고뇌를 보여주는 '주인공'이라면 고려가요의 처용은 사람들이 원하고 해석하고 이용하는 '캐릭터'로 거듭난 것이다. '나'라는 시적 화자, '내 것이었던, 이제 내 것이 아닌, 두 다리'와 '내 것이 될 수 없는 두 다리' 사이에서 고민하고 방황하는 시적 자아는 사라지고, 처용을 신으로 추앙하는 흔적 없는 목소리들이 〈처용가〉를 부르는 집단적 주체가 된 것이다.

평강: 내게 주어진 운명의 보증수표를 버리다

온달은 고구려 평강왕 때(559~590) 사람이다. 그 용모가 매우 우습게 생겼으나 마음씨는 착하였다. 집이 매우 가난하여 항상 걸식하여 어머니를 봉양하였으며, 찢어진 옷과 해진 신발로 거리를 왕래하였으므로 사람들이 그를 보고 바보 온달이라 하였다. 이때 평강왕의 어린 딸이 울기를 잘하므로 왕이 "너는 항상 울기만 하여 나의 귀를 시끄럽게 하니 자라서는 반드시 사대부의 아내는 될 수 없고 바보 온달에게나 시집을 보내야겠다."고 늘 말하였다. 딸의 나이 16세에 이르자 왕이 공주를 상부의 고씨에게로 시집을 보내려 하자 공주는 대답하기를, "대왕께서는 항상 말씀하시기를 너는 반드시 온달의 아내가 된다고 하셨는데, 지금 어찌하여 전에 하신 말씀을 바꾸십니까? 필부도 오히려 식언을 하지 않는데 하물며 지존이겠습니까? 그런 까닭에 임금 된 자는 장난하는 말이 없다고 했습니다. 이제 대왕의 명은 잘못입니다. 첩이 감히 삼가 따르지 못하겠나이다." 왕이 노하여 말했다. "네가 나의 가르침을 좇지 않는다면 진실로 내 딸이 될 수 없다. 어찌 함께 살겠는가? 마땅히 네가 가고 싶은 데로 가거라."

— 김부식, 〈온달전〉 중에서

아무도 대적할 수 없는 유일한 사람, 왕에게 딸은 용감하게 대적한다. 평강공주의 논리에는 한 올의 빈틈도 없다. 울보 공주인 딸에게 농담 삼아 한 말이 공주의 귀에 박혀 '남아일언중천금(男兒一言重千金)'의 무게를 갖게 된 것이다. 그 나라 최고의 바보 온달에게 시집보내버리겠다는 저주 섞인 농담은 공주의 가슴에 '굳은 약속'으로 자리 잡아 버린 것이다. 총명하기 이를 데 없는 평강공주가 아버지의 말이 농담임을 몰랐을 리 없다. 아버지에게 저항하고 싶은 다른 이유가 있었을지도 모른다. 그녀의 파격적인 가출의 진짜 이유는 무엇이었을까. 어쩌면 그녀는 궁 밖으로 나가 자유를 쟁취하기 위하여 아버지의 식언(食言)을 전략적으로 이용한 것인지도 모른다.

우리가 김부식의 〈온달전〉을 통하여 알 수 있는 것은 왕에게 대적한 평강의 논리가 '신의(信義)'였다는 점이다. 평범한 사람들도 오히려 식언을 하지 않는데, 하물며 지존이 그럴 수 있겠냐는 것. 임금 된 자에게는 장난도 농담도 있을 수 없다는 것. 그러므로 대왕의 명은 명백한 '잘못'이라는 것. 이런 유려하고 철두철미한 논리적 전개 앞에 왕은 얼마나 대노했을까. 왕은 이번에도 마음에 없는 말을 내뱉고 만다. 당장 나의 궁을 떠나거라. 딸에 대한 분노에 사로잡힌 왕은 또다시 수습하지 못할 식언을 해버린 것이다. 마치 아비의 저주를 기다렸다는 듯이 뒤도 돌아보지 않고 왕궁을 떠나는 평강공주. 자신에게 보장된 부귀영화를 모두 버리고, 부모의 그늘을 떠나 가출한 이 총명한 딸의 계략은 무엇이었을까.

> 이에 공주가 보물 팔찌 수십 개를 가지고 팔꿈치 뒤에 매고서 궁궐을 나와 혼자 가다가 길에서 한 사람을 만나 온달의 집을 물었다. 이에 그 집에 이르러 가서 눈먼 늙은 어미를 보고 가까이 앞에 나아가 절하고 그 아들이 있는 곳을 물었다. 노모가 대답하였다. "내 아들은 가난하고 비루하여 귀한 사람이 가까이할 바가 아닙니다. 이제 그대의 냄새를 맡으니 향기가

보통과 다르고, 그대의 손을 잡으니 부드럽고 매끄럽기가 솜과 같으니, 반드시 천하의 귀인일 것입니다. 누구의 속임으로 여기까지 오셨습니까? 다만 내 아들은 굶주림을 참지 못해 숲 속에 느릅나무 껍질을 취하러 갔는데 오래되어도 아직 돌아오지 않고 있습니다." …… 공주가 나가서 산 아래에 이르러 온달이 느릅나무 껍질을 등에 지고 오는 것을 보았다. 공주가 그와 더불어 자기 마음을 말하니, 온달이 발끈하여 말하였다. "이는 어린 여자가 마땅히 행할 바가 아니니, 반드시 사람이 아니요 여우 귀신일 것이다. 나를 으르지 말라." 하고는 마침내 가서 뒤도 돌아보지 않았다.

— 김부식, 〈온달전〉 중에서

그녀는 역설적으로 아버지의 말을 아주 잘 따르는 딸이었다. 어린 시절부터 귀에 못이 박힌 아버지의 말 그대로 바보 온달을 찾아간 것이다. 평강공주를 맞이하는 온달과 그 어머니의 반응 또한 놀랍다. 그들은 공주를 전혀 반가워하지 않고 오히려 '여우 귀신'이나 '사기 당한 귀인'이라고 생각한다. 그만큼 그들의 신분적 격차는 심각했던 것이다. 또한 우연히 굴러들어온 행운을 덥석 물지 않고 구태여 밀어내는 그들의 모습은 더없이 순수한 백성의 모습이기도 하다. 그들은 불행에 철저히 길들여져 행복을 받아들이는 방법조차 몰랐던 것이다.

온달의 어머니는 평강공주의 귀한 신분을 한눈에 알아보고 며느리로 맞아들이기를 거부한다. 시어머니 재목을 먼저 만나보고 온달과 독대하러 가는 평강. 남자가 졸졸 따라다녀도 모자랄 판에, 자신보다 훨씬 비천한 신분의 남자를 몸소 따라다니며 '결혼해달라'고 요구하는 평강의 열정에는 뭔가 확신범의 냄새가 짙게 풍긴다. 그녀는 오래전부터 온달을 남편감으로 점찍어둔 것일까. 아버지에게 저항하는 용기도 가상하지만, 궁을 떠나 자기만의 인생을 개척하는 것이 그녀의 은밀한 꿈이 아니었을까. 그녀가 궁에서 나갈 수 있는 유일한 길, 궁에서 나가 아버지의 영향권 밖으로 벗어나는 유일한 방법이 바로 평민과의 결혼 아니었을까. 가장 좋은 옷, 가장 좋은 음식, 가장 좋은 집에서 살았을 평강공주. 그런 그녀가 묵묵히 비천한 일상을 견뎌냈을 것을 생각하면, 절치부심의 심정으로 아버지를 향한 복수의 칼날(?)을 갈고 있었을 것을 생각하면, 문득 그녀의 무서운 침착함에 등골이 서늘해지기도 한다.

> 공주가 홀로 돌아와 사립문 아래서 자고 이튿날 아침 다시 들어가 모자와 더불어 갖추어 이를 말하였다. 온달은 머뭇거리며 결정하지 못하는데, 그 어미가 말하였다. "내 자식이 지극히 비루하여 귀인의 배필이 되기에 부족하고, 우리 집은 너무 가난해서 귀인이 거처하기에 진실로 마땅치 않습니다." 공주가 대답하였다. "옛사람은 한 말 곡식도 오히려 방아 찧을 수 있고, 한 자의 베도 오히려 바느질할 수 있다 했습니다. 진실로 한 마음이 된다면 어찌 반드시 부귀한 뒤에야 함께할 수 있겠습니까?" 이에 금팔찌를 팔아서 밭과 집, 노비와 소와 말, 그릇 따위를 사서 쓸 거리가 두루 갖추어졌다. …… 처음에 말을 사는데, 공주가 온달에게 말하였다. "삼가 시장 사람의 말은 사지 마시고, 모름지기 나라 말 가운데 병들고 말라서 쫓겨난 놈을 고른 뒤에 이와 바꾸소서." 온달이 그 말과 같이 하였다. 공주가 기르고 먹이기를 몹시 부지런히 하니, 말이 날로 살지고 또 튼튼해졌다.
>
> — 김부식, 〈온달전〉 중에서

그녀는 마치 오랫동안 준비라도 해온 것처럼 능숙한 솜씨로 어려운 살림을 척척 해내고, 온달을 최고의 무사로 만들기 시작한다. 아무리 하잘것없는 살림일지라도 진심으로 함께하는 마음이 있다면 부족함을 느끼지 못할 것이라고 시어머니를 설득하는 모습 또한 예사롭지 않다. 그녀는 누구도 남편을 '바보 온달'이라 놀리지 못하도록 온달의 삶을 완전히 바꾸기 시작한다. 세상 모든 사람이 바보라고 부르는 온달이 지닌 잠재성을 알아본 유일한 사람이 바로 평강공주였다. 미천한 신분과 가난한 형편 때문에 평생 운명의 굴레에 갇혀 아무것도 이루지 못할 거라 믿었을 온달. 평강은 그런 온달의 숨겨진 재능과 카리스마를 알아보고 그가 가진 최대치의 능력을 세상에 펼쳐 보이게 한 것이다. 그런 의미에서 평강은 온달의 숨은 아니마(anima : 남성이 지닌 여성적 잠재성)가 아니었을까.

그들의 시련, 그들의 기회

평강공주는 사람들이 하나같이 무시하고 놀려대는 온달의 겉모습에 가려진 눈부신 가능성을 알아본 유일한 사람이었다. 나는 가끔 생각한다. 온달이 아니었어도, 이 세상 그 어떤 바보라도(장안에 제일가는 바보에게 시집보내겠다는 것이 아버지의 협박이었으니) 평강은 빛나는 인재로 키워냈을 것이라고. 그것이 허언을 일삼은 아버지에 대한 복수이자, 더 나아가 아버지가 맞춤 서비스로 디자인한 규격화된 삶에 자신의 인생을 끼워 맞추지 않으려는 평강의 주체적 의지와 어울리는 설정이 아닐까.

온달의 삶은 물론 눈부시다. 하지만 바보 온달과 기꺼이 결혼하고, 온달의 타이틀이었던 '바보'를 보란 듯이 떼어버리고, 바보 온달을 영웅 온달로 만든 것은 바로 평강공주가 아닌가. 그녀가 공주라는 타이틀을 버린 것보다 더 용감했던 것은 바로 누구도 알아보지 못하는 한 보잘 것 없는 인간의 가녀린 가능성을 현실로 옮긴 용기다.

> 고구려는 항상 봄 삼월 삼짇날이 되면 낙랑의 언덕에 모여 사냥하는데, 잡은바 멧돼지와 사슴을 가지고 하늘과 산천의 신에게 제사지냈다. 그날이 되어 왕이 나가 사냥하는데, 여러 신하와 오부의 병사들이 모두 좇았다. 이에 온달이 기른바 말을 가지고 따라가니, 그 내달림은 항상 앞장에 있었고, 잡은바 또한 많아서 다른 사람이 그만 한 자가 없었다. 왕이 불러와 이름을 묻고는 놀라고 또 기이하게 여겼다. …… 이때 후주의 무제가 군대를 내어 요동을 치니, 왕이 군사를 이끌고 사산의 들판에서 맞아 싸웠다. 온달이 선봉이 되어 날래게 싸워 수십여 명의 목을 베니, 온 군대가 승기를 타서 떨쳐 쳐서 크게 이겼다. 공을 논함에 미쳐, 온달을 가지고 으뜸으로 삼지 않음이 없었다. 왕이 아름답게 여겨 탄복하며 말하였다. "이는 나의 사위이다." 예를 갖추어 이를 맞이하여 벼슬을 내려 대형으로 삼았다. …… 영양왕이 즉위함에 미쳐, 온달이 아뢰었다. "오직 신라가 우리의 한강 이북의 땅을 갈라 군현으로 삼으니, 백성이 통한하여 일찍이 부모의 나라를 잊지 못하고 있습니다. 원컨대 대왕께서 신을 부족타 아니하시고 군대를 주신다면 한번 가서 반드시 우리 땅을 되찾겠습니다." 왕이 허락하였다. …… 온달이 출병함에 임하여 맹서하여 말하였다. "계립현과 죽령의 서쪽이 내게로 귀속되지 않는다면 돌아오지 않으리라." 마

> 침내 가서 신라군과 더불어 아단성 아래에서 싸우다가 날아온 화살에 맞은바 되어 길에서 죽었다. …… 장례를 치르려 하자 널이 움직이려 들지 않았다. 공주가 와서 관을 어루만지며 말하였다. "삶과 죽음은 결정되었습니다. 아아! 돌아가십시오." 마침내 들어서 장사지냈다. 대왕이 이를 듣고 비통해하였다.

단지 평강이 남편을 위대한 장군으로 키워내는 것으로 그쳤다면 온달도 평강도 '입지전적 인물', '신분을 뛰어넘은 사랑'이라는 평가 이상을 받지는 못했을 것이다. 이 이야기의 아름답고 슬픈 피날레는 온달과 평강의 사랑 이야기를 불멸의 로맨스로 승화시킨다. 최고의 전공을 세워 아버지 평강왕을 기쁘게 했던 온달은 "네가 바로 나의 사위이다."라는 장인어른의 인정을 받았을 뿐 아니라 움직일 수 없는 신분의 격차 또한 가뿐하게 뛰어넘었다. 그러나 그의 행복은 오래가지 않는다. 온달은 결사항전의 의지를 보이던 마지막 전투에서 화살에 맞아 전사하고 만다.

온달의 주검을 담은 관이 움직이지 않자 다들 얼마나 당황했을까. 이때 남편의 성공 스토리의 배후로 숨어 있던 평강공주가 마지막으로 다시 전면에 나타난다. 삶과 죽음은 이미 결정되었다고, 아, 이제 돌아가 달라고. 피눈물 섞인 아내의 목소리에, 꿈쩍 않던 관이 움직이기 시작한다. 움직이지 않던 온달의 관은 어떤 목소리를 숨기고 있었을까. 국가에 대한 충성심만이 아니라 당신의 사랑 때문에 나는 목숨을 걸 수 있었다고 속삭였을까. 당신이 배웅해준다면 기꺼이 저 무서운 황천길도 홀로 건너가겠다고 속삭였을까. 평강공주가 관을 만지자 관이 비로소 움직였다는 마지막 장면은 삶과 죽음 사이의 끔찍한 거리와 그 거리에도 끝나지 않은 사랑의 아름다움을 비극적으로 보여준다.

처용은 빼앗긴 아내를 되찾기 위해 절규하거나 술수를 쓰지 않았다. 다른 남자와 동침한 아내를 나무라지도 않는다. 다만 사태를 조용히 인정함으로써 한밤의 침입자를 더더욱 놀라게 한다. 평강의 아버지가 자신의 과오를 인정하게 만들기 위해서 몇 년 동안 절치부심한 평강공주의 집념 또한 눈부시다. 어쩌면 바보 온달의 존재야말로 이 이야기의 현란한 트릭일지도 모른다. 평강공주는 그 누구와 살림을 차려도 그를 최고로 만들 수 있다는 자신감을 표현한 것이 아닐까. 그녀는 아버지의 한계를 의식하면서 동시에 아버지가 결정한 삶의 시스템을 벗어나고 싶었고, 그것을 자신의 능력으로 증명해 보인 것이다. 처용과 평강. 두 사람을 한국을 대표하는 캐릭터로 뽑은 이유는 주어진 운명과 싸우는 용기, 그리고 마침내 뼈아픈 운명을 긍정하는 해탈의 정신 때문이다. 뒤틀린 운명을 겸허하게 긍정하는 처용의 여유는 아름답다. 주어진 운명의 안일함에 굴복하지 않고 누구의 힘도 빌리지 않은 채로 가장 위험한 길을 선택한 평강공주의 용기는 더욱 아름답다.

정여울 서울대학교 독문과를 졸업하고 같은 학교 대학원 국문과 박사과정을 수료했다. 2004년 봄 《문학동네》에 〈암흑의 핵심을 포복하는 시시포스의 암소—방현석론〉을 발표하며 평론가로 데뷔했다. 이후 《공간》, 《씨네21》, 《GQ》, 《출판저널》, 《드라마티크》, 《신동아》 등에 영화와 드라마에 대한 글을 썼다. 《아가씨, 대중문화의 숲에서 희망을 보다》, 《모바일 오디세이》, 《미디어 아라크네》, 《내 서재에 꽂은 작은 안테나》, 《시네필 다이어리》, 《국민국가의 정치적 상상력》(공저)을 썼고, 《제국 그 사이의 한국》을 옮겼다.

爲妃羣臣極諫曰巴側微上以其女爲妃
之時巴在清海鎭爲軍戍怨王之違言欲
閻長聞之奏曰巴將爲不忠小臣請除之
長承言歸清海鎭見謁者通曰僕有小怨
明公以全身命巴聞之大怒曰爾輩諫於
胡顧見我乎長復通曰是百官之所諫我
無嫌也巴聞之引廳事謂曰卿以何

18

한국의 신화

천지개벽의 이야기

김열규 서강대 명예교수·민속학자

◉ 신화는 천지개벽(天地開闢) 이야기다. 개(開)나 벽(闢)이나 무엇인가가 새로이 열린다는 뜻이고, 그래서 무엇인가가 새로이 시작된다는 뜻이다. 우주가 가까스로 시작되어서 하늘과 땅이 처음으로 열리고, 그에 버금해서 인간 존재며 문화가 그 첫 싹을 움틔우는 시점, 이를테면 '시작의 또 시작'에 관한 까마득한 이야기, 그것이 바로 신화다.

그런 점을 강조해서는 '창조 신화' 또는 '창세기 신화'란 말이 쓰이곤 하는데, 우리의 제주 신화는 그 어엿한 본보기다.[1] 이것은 제주 신화의 크나큰 자랑거리다. 본토 신화로는 가락국 신화에 개벽이란 낱말이 겨우 보일 뿐 그 실상은 전해지지 않는 것을 생각하면, 제주 신화의 개성이 더한층 두드러져 보일 것이다.

까마득한 날에 글로벌리즘으로 시작된 한국 신화

하늘과 땅이 한 덩어리로 굳어져 오직 어둠뿐이던 중에, 하늘이 들리고 땅이 펼쳐지면서 비로소 해가 뜨고 달이 떠서 빛이 세상을 밝히게 된 그 곡절로 제주 신화는 비롯되고 있다. 이게 바로 '천지개벽'이다. 하늘과 땅이 처음으로 열리고 난 다음 비로소 조물주인 신들이 창조주의 구실을 하게 됨을 제주 신화는 일러주고 있다. 하늘의 신, 천지왕의 분부를 받들어서 두 아들인 대별왕과 소별왕이 각기 해와 달이 오늘날처

1 현용준, 〈제주도 개벽 신화의 계통〉, 《무속신화와 문헌신화》, 집문당, 1992, 254~257면.

럼 하늘에 떠 있게 만들었다는 것은 그 본보기다.

이와 같은 천지개벽에 관련된 신화의 으뜸가는 주지(主旨)는 온 세계에 널리 퍼져 있다. 기독교 《구약성경》의 첫 대목은 그 대표적인 본보기의 하나일 뿐이다. 이렇듯이 신화는 범지구적이어서 당연히 글로벌리즘이 넘쳐 있다. 신화는 인종이며 종족의 한계에 제약을 받지 않는다. 그것은 글로벌리즘의 언어이고 담론이다. 우리는 제주 신화의 천지개벽으로 당당히 신화의 글로벌리즘에 참여하게 되지만, 그 점은 시베리아 오로치족의 창세 신화에서도 또 다른 보기를 들 수 있게 된다.[2]

한데 우리 신화에는 또 다른 차원의 글로벌리즘이 깃들어 있다. 북방 유라시아 대륙을 동서로 가르고 있는 알타이 산맥의 동쪽에 널리 분포되어 있는 여러 원주민의 신화와 한국 신화는 맥을 대고 있다. 그뿐만 아니다. 동남쪽으로는 태평양의 해양 문화와도 인연을 맺고 있다. 동북아시아에서 한반도를 거쳐서 태평양으로 그어지는 거대한, 동그란 선문(線紋) 속에 우리의 상고대 신화는 그 좌표를 찍어놓고 있다. 동북 대륙으로는 단군신화가, 동남의 바다로는 가락국 신화며 석탈해 신화가 그 좌표 속에 자리 잡고 있다.

고조선의 신화와 가락의 신화

신과 동물과 사람, 그 삼위일체

2 곽진석, 〈시베리아 오로치족의 신화와 신앙에 대한 연구〉, 《구비문학연구》, 제12집, 2001. 6, 47면.

한국 신화로는 제주의 천지창조에 관한 개벽 신화에 버금해서 개국 신화, 곧 상고대 왕국의 시작에 관한 신화가 전해진다. 고조선의 단군신화는 가락의 수로왕 신화와 함께 그 대표적인 본보기다. 부여의 해모수 신화도 함께 고찰될 수 있을 것이다. 그중에서도 고조선의 단군신화는 적어도 그 이야기된 시대를 기준으로 삼을 때, 우리 신화 가운데서 가장 오래된 신화로 볼 수 있다. 그러면서 부여며 고구려의 신화와 함께 북방계 신화의 본보기로 삼을 수도 있을 것이다.

단군신화에서는 수로왕 신화에서와 마찬가지로 하늘에서 지상으로 내려온 천신이 한 왕국의 건국 시조가 된다. 이 점은 부여 신화에서도 지적될 수 있는 것이지만, 신라의 신화며 가락의 신화에서도 마찬가지다. 그리고 바다를 건너서 일본 상고대의 왕권 신화에서도 지적될 수 있다. 이것을 일본 신화론에서는 '천손강림(天孫降臨)'이라고 일컫고 있는데, 이 말은 그대로 한국의 신화에서 남북의 구별 없이 원용(援用)될 수 있다.

단군신화에서는 하늘의 신인 환인의 아들 환웅이 하늘에서 내려와서 왕국의 기틀을 잡는다. 한데 단군신화는 천신인 환웅이 웅녀, 곧 여성 곰을 만나서 짝을 짓고는, 고조선의 시조인 단군을 낳은 것이라고 일러주고 있다. 이때 곰은 토테미즘과 관련되어서 신성한 동물, 다시 말해 성수(聖獸)로 간주된다. 이러한 성격을 갖춘 곰은 동북아시아까지 포함한 시베리아 여러 지역의 민속신앙이며, 신화에 등장하고 있는 곰들과 그 신화적인 성격을 나누어갖고 있다. 이럴 경우 나나이, 에벤크, 에벤 등, 북방 원주민들의 보기를 들 수 있을 것이다.[3] 이런 점에서도 고조선 신화가 시베리아까지 포함한 북방계 신화라고 지적될 수 있다.

이런 논지에서 우리는 단군이 천신과 성수의 짝에서 태어나서 특정한 인간 왕국의 시조가 된 유래를 알아보게 되는 것인데, 바로 그 때문에 우리는 천신과 성수와 인간의 삼위일체를 말하게 되는 것이다. 이에서 우리는 천신으로 대표되는 하늘의 기운과 성수로 대표되는 대지의 기운이 어울려서 인간 생명을 창조한다는 생각을 단군신화에서 이끌어내게 된다. 이것은 한국인의 인간성의 신화적인 원상(原象)이다. 으뜸 모습이다.

오늘날까지 전해진 세이레와 백일

단군신화에는 또 다른 중요한 이야깃거리가 포함되어 있다. 그것은 환웅과 웅녀 사이의 '신성혼(神聖婚)', 다시 말해 성스러운 혼사와 관련되어 있다. 환웅과의 혼인을 앞두고 웅녀에게는 별다르게 지켜야 할 일이 주어졌다. 신부 후보자는 쑥과 마늘을 삼칠일(세이레) 또는 백일 동안 먹어야 했다. 그 쓰고 매운 것을 스무하루 또는 백 날 동안 계속 먹어야 하다니, 그것은 예삿일이 아니다.

왜 하필 쑥과 마늘이라야 했을까? 짐작하건대 그것들은 정화제(淨化劑), 다시 말해 몸과 마음을 맑게 하는 약제였을 것 같다. 그 진한 냄새가 부정을 물리칠 거라고 믿었던 것 같다. 지난 시절 시골에 전염병이 돌면, 그걸 막기 위해서 마을 들목에 쑥을 모아놓고 불태웠다. 그 강한 냄새가 실린 연기가 병으로 하여금 마을에 못 들어오게 할 거라고 믿었던 것이다. 그렇듯이 마늘의 독하게 매운 기운이 비슷한 구실을 하게

3 곽진석, 〈시베리아 에벤족의 곰 축제에 대한 연구〉, 《동북아 문화연구》, 제25집 참조.

될 거라고 고조선 사람들이 믿었던 것으로 생각된다. 이런 까닭으로 웅녀는 신부 후보자로서 쑥과 마늘로 심신을 정화하되, 그것을 21일 또는 100일 동안 지켜야 했다. 그것은 모르긴 해도 최초의 월경을 겪은 처녀, 혼사를 앞둔 처녀가 몸을 맑게 하기 위해서 감당해야 했던 것이라고 짐작된다. 월경은 이 근자에까지도 부정한 것이라고 여겨졌던 것을 참고로 삼고 싶다.

한데 그 날짜가 세이레 또는 백일이란 것은 그 나름으로 큰 의미를 갖고 있다. 여기서 우리는 세이레 또는 백일이 갓 태어난 젖먹이들을 위한 통과의례로서 널리 지켜져 왔다는 것을 떠올리게 된다. 삶의 중요한 고비를 탈 없이 넘기는 구실을 맡아 하는 일종의 종교적 행사를 통과의례라고 한다는 것에 유념하고 싶다.

초경 겪기라는 웅녀의 통과의례를 치르는 데 걸린 날짜나 근세의 젖먹이들이 치르는 통과의례의 날짜가 다 같이 세이레와 백일이란 것이 우연의 일치 같지는 않다. 숫자 가운데서도 홀수, 곧 기수(奇數)는 짝수, 곧 우수(偶數)와는 달리 거룩한 수, 성수(聖數)로 치는데, 그 가운데서도 3과 7은 그 비중이 막중하다. 숫자에 관한 속신(俗信, folk belief)에서 큰 몫을 차지하고 있기로는 지금도 고조선의 신화에서와 다를 바 없다. 이래서 우리는 태초의 단군신화와 근세의 아기들을 위한 통과의례 사이에 연줄이 이어져 있다는 것을 지적하게 되는 것이다. 그러면서 신화는 결코 사라지지 않는 것임도 강조하게 된다.

수로왕과 신 지핌

가락국의 건국 시조인 수로왕의 신화는 고조선의 단군신화를 보는 눈으로 그 속내를 살필 수 있다. 이들 두 건국 시조가 신화적으로 상당히 비슷한 속성을 갖추고 있기 때문이다.

수로왕은 하늘의 신으로서 가락의 성산(聖山)인 구지봉에 내려와서 나라의 기틀을 세운다. 그가 하늘에서 내려오기 직전에 가락의 백성에게 하늘에서 공수, 다시 말해 신탁(神託)이 전해진다. 신탁은 천신이 내려갈 것이니, 다들 노래하고 춤추면서 모셔 받들라고 했다. 가락의 백성이 시키는 대로 춤추고 노래하자, 하늘에서 황금알 여섯이 내려왔는데, 그중 첫째 알이 부화하면서 수로왕이 탄생하게 된다.

이와 같은 줄거리를 갖춘 수로왕 신화에서는 공수와 신 지핌과 신 내림 등 세 가지의 대표적인 주지를 지적할 수가 있다. 공수는 한국의 무속신앙에서 쓰이고 있는 용어인데, 죽은 이의 넋이 무당을 통해서 전하는 말이다. 그런가 하면 신령이 무당을 통해서 사람에게 전하는 말을 가리키기도 한다. 구지봉에 모인 가락의 백성은 그러한 공수를 받들어서 춤추고 노래한 결과 신맞이를 하게 된 것인데, 이것은 그들이 춤과 노래로 접신 체험을 한 것으로 해석되어도 좋을 것이다. 이 경우 접신은 신과 인간이 직접적으로 교감하고 교섭하게 되는 것 말고도 신이 직접 인간의 육신에 실리게 됨으로써 신인일체, 이를테면 신과 인간의 하나 되기도 의미하게 된다.

이것이 무속신앙에서 말하는 신 내림이고 신 지핌이거니와, 김수로왕 신화는 이와 같은 신비 체험의 가장 오래된 원형을 보여주고 있다. 가락의 백성은 그들의 춤과 노래로 이룩한 신비 체험을 통해서 신의 출현을 보게 된 것이기 때문이다. 그래서 우리는 오늘날까지 전해진 무속신앙 속에 여전히 김수로왕 신화가 살아 있다고 말할 수 있게 되는 것이다.

혼례와 남녀관계

까마득한 날, 신들의 짝짓기와 근세의 혼례

단군신화에서만 혼례가 돋보이는 것은 아니다. 부여의 왕 해모수에 관한 신화에서 혼사는 더한층 큰 몫을 차지하고 있다. 해모수 신화는 일대 서사시라고 해도 좋은데, 그중에서도 혼사는 엄청난 비중을 차지하고 있다.

하늘의 신이기도 한 해모수는 웅심연이라는 연못에 나와서 물놀이를 하고 있던 하백, 곧 강물의 신의 따님인 유화를 유괴하다시피 해서는 일단 짝을 짓는다. 그 때문에 바야흐로 장인이 될 하백의 노여움을 크게 사게 되자 처가를 찾아간다. 하백은 "네가 도대체 어떤 녀석이냐?" 하는 식으로 해모수를 대한다. 그러고는 무엇인가 남다른 자질을 보이기를 요구한다. 말하자면 사위가 될 자격을 입증하라는 것이다. 그래서 두 사람 사이에서 변신술, 곧 둔갑 내기가 벌어지는데, 그 겨룸에서 지게 된 하백은 비로소 해모수에게 사위가 되는 것을 용인한다.

이에서 우리는 가락의 수로왕과 신라의 탈해 사이에서 둔갑 겨루기가 치러진 것을 연상하게 되지만, 이 경우 변신술은 왕의 권능과 맞물려 있다. 이것은 우리 상고대의 왕들이 '샤먼 킹', 이를테면 무당왕 또는 무왕(巫王)임을 헤아리게 하는 것이지만, 그것의 연장선상에서 《홍길동전》에서 길동이 둔갑술로 자신의 전지전능함을 과시하고 있음을 지적해도 좋을 것이다. 거기 비해서 해모수는 변신술로써 하백에게서 사위 자격을 인정받게 되는데, 그것은 그가 이미 유화와 실제로 짝을 짓고 난 뒤의 일이다.

이런 혼례 절차는 상고대의 중혼제(重婚制)에 대해서, 다시 말해 혼사가 사실혼과 합법혼으로 두 번 치러지는 절차에 대해서 말해주고 있다. 사실혼은 남녀가 실제로 짝을 짓는 것이고, 합법혼은 그 사실혼이 합당하다고 인정받는 절차다. 이처럼 혼례를 두 번 치르기 때문에 중혼제라고 하는 것이다.

이와 같은 중혼제는 고구려 온달의 경우와 신라 서동의 경우에도 나타난다. 온달과 서동은 실제로 신부와 짝을 짓고 난 다음, 그들이 신랑이 될 자질을 십분 갖추고 있음을 보인 뒤에야 비로소 처가에게 그들의 혼사를 인정받고 있다. 결국 부여의 해모수, 고구려의 온달, 그리고 신라의 서동은 모두 같은 절차를 거쳐서 장가를 가고 있다. 신랑으로서 이 셋은 전혀 다를 바 없었던 것이다.

그런데 해모수의 결혼에서는 또 다른 특색이 나타난다. 처가에서 혼례를 치르고 신랑으로 인정받은 해모수가 처가에 신부를 그냥 두고 저 혼자서 떠나는 사실이다. 모처럼 자질을 인정받은 신랑이 되었으면 신부를 데리고 가야 할 텐데, 그러지를 않는다. 물론 훗날 두 사람은 합쳐질 테지만, 우선은 혼자서 떠나고 만다. 이와 같은 결혼 풍속은 근세에까지 이어져왔다. 신방 차림까지 겪으면서 처가에서 혼사를 온전하게 치른 다음, 신랑은 신부를 처가에 둔 채 저 혼자서 제 집으로 돌아간 것이다. 그러고 난 다음 일정한 시기가 지나고서야 비로소 신부는 시가로 떠나갔다. 이것을 신행이라고 하는데, 이런 신부의 처지와 해모수의 신부 유화의 처지는 다를 게 없다. 근세의 신부들과 상고대 부여의 신부들은 같은 절차를 거치고 시집을 간 것이다. 신화는 이렇게 생생하게 살아남은 것이다.

신화가 말하는 남녀관계

신화에 나타나는 혼사를 다루다 보니, 절로 신화가 말해주는 남녀관계에 관심을 두게 되었다. 앞에서 이미 지적한 것처럼 부여에서 신랑과 신부는 하늘과 물의 대비를 보여주고 있다. 해모수는 하늘의 신이고 유화는 강물의 신의 따님이기 때문이다. 해모수는 하루에 한 번씩 해가 뜨고 지는 것에 따라서 하늘과 땅 사이를 내왕했다고 신화는 일러주고 있다. 그러니까 하늘의 신 해모수는 태양신의 면모도 갖추고 있는 셈이다. 이것은 해모수의 엄청난 신격(神格)이 아닐 수 없다. 그러니까 해모수와 유화 사이에서 하늘의 신과 물의 신의 대비가 지적될 수 있다 해도, 그 상대적인 비중에 있어서 남자 신 해모수가 여자 신 유화를 압도하고 있다.

이와 같은 남녀 사이의 하늘과 물의 대비는 신라에서도 지적될 수 있다. 혁거세는 하늘에서 천마(天馬)의 인도를 받고서 내려온 박에서 태어난 것으로 전해진다. 혁거세(赫居世)란 이름은 문자 그대로 세상을 밝히는 빛이라고 읽힐 수 있는데, 해모수와 마찬가지로 태양의 여광을 갖추고 있는 신격을 혁거세에게서도 감지하게 된다. 이와 대조적으로 혁거세의 왕비인 알영(閼英)은 알영정(閼英井)이라는 우물에서 태어났다. 왕과 왕비 사이에서 천신과 수신의 대비가 지적될 수 있기로는 부여와 신라의 신화에서 다를 바 없다.

그런가 하면 고려의 신화적인 전설에서도 비슷한 점을 짚어낼 수 있다. 고려가 건국되기 이전에 조상이 될 한 여성은 서해 용궁 출신으로 되어 있기 때문이다. 비록 그 남성 배우자에게서 천신의 자취를 찾을 수 없기는 하지만, 왕조의 시조 여성이 물에 근거지를 두고 있다는 점만은 강조되어도 좋을 것이다. 개성에는 그 여성이 땅 밑으로 해서 바다와 내왕한 우물이 있었고, 그것이 성역으로 숭상되기도 했다. 이럴 때 유화의 연못이나 알영의 샘, 고려의 여성 시조의 우물은 신격화된 여성과 관련되어 있어서 서로 다를 바 없이 대표적인, 그리고 전형적인 여성 상징일 수 있다. 그러면서 생명과 풍요의 원리가 되기도 한다.

권위의 상징인 하늘과 풍요의 상징인 물이 짝을 짓는 것으로, 우리 상고대의 신화는 왕과 왕비의 배우(配偶)를 이룩해낸 것이다.

언어가 아닌 매체로 된 신화

바위에 그려진 신화

신화는 말로만 전해진 것은 아니다. 그림으로 새겨져서 전해지기도 했다. 그것을 울주의 암각화가 잘 보여주고 있다. 울산시에서 그렇게 멀지 않은 태화강 상류에는 큰 바위에 새겨진 암각화가 두 군데나 있다. 하나는 천전리 암각화로 알려져 있고, 다른 하나는 반구대 암각화로 일컬어진다. 천전리의 것에는 기하학적인 도형이 주로 그려져 있고, 반구대의 것에는 각종 야생 동물들과 함께 고래 그림이 새겨져 있다. 여기서 신화를 읽을 것은 반구대의 것이다.

반구대 암각화는 한반도의 수렵시대를 대표할 역사적 유적이다. 그것은 말할 필요도 없이 많은 짐승의 번식과 함께 많이 잡히기를 빌면서 새긴 그림이다. 그림 속에 암수가 교미하고 있는 모양과 함께 덫에 갇히거나 태어나는 순간이 그려져 있는 것으로도 그 점은 쉽게 헤아릴 수 있다. 요컨대 많이 번식시켜서 많이 잡자는 것이다.

반구대 암각화 전체를 두고 신화를 읽을 수는 없다. 다만 극히 일부에서 읽어낼 수 있을 뿐이다. 그것은 바로 암각화의 가장 왼쪽 윗부분에서 가능하다. 맨몸의 사내가 성기를 돌기시키고는 서 있는 바로 아래의 왼쪽에는 세 마리의 자라가 그려져 있고, 오른쪽에는 여러 마리의 고래가 그려져 있다. 이것은 사내의 번식력이 고래에까지 미치게 되기를 빌고 있는 것으로 읽힐 수 있다. 여기에 주술이 작용하고 있다고 추정해도 좋을 것이다. 그것은 이른바 '팰로센트리즘(phallocentrism)', 곧 남근 숭배와 관련된 주술이다.

한데 그중 위를 향해서 무리지어 헤엄치고 있는 일곱 마리의 고래가 유달리 눈에 들어온다. 그리고 맨 위에 가장 크게 그려진 고래의 머리에는 새끼로 볼 만한 작은 고래가 그려져 있다. 그 오른쪽 아래에는 배에 작살을 맞은 고래가 보이고, 바로 그 왼쪽 아래에는 머리의 생김새가 유달리 자상하게 묘사된 또 다른 고래가 자리 잡고 있다. 이 세 마리의 고래를 서로 연관시켜서 읽으면 어떻게 될까? 작살을 맞은 고래는 죽은 고래다. 그렇다면 그 위의 고래의 머리에 그려진 작은 고래는 그 영혼 또는 넋이라고 읽힐 수 있다. 그렇게 본다면 사람에게 잡혀서 죽은 고래의 넋이 하늘을 향해서 올라가서는 다시 산 고래가 되어서 되살아오기를 축원하는 또 다른 주술을 읽을 수 있을 것이다.

이와 같은 두 겹의 주술에서 반구대 암각화가 부분적으로나마 신화적인 발상을 갖추고 있다고 추측하게 되는 것이다.

춤추는 신화, 강강술래

신화는 말로 나타나기 전에 춤으로 표현되었다는 것을 시인해도 좋다는 것을 보여주는 춤, 그게 바로 강강술래다. 호남의 해안지대가 자랑하는 멋지고도 화사한, 발랄한 강강술래다. 물론 얼핏 보기에는 이 아름다운 춤에서 신화를 읽어내기가 쉽지 않다. 그러나 여인네들이 손에 손을 잡고는 그려내는 도형에 눈길을 쏟다 보면 거기 깃든 신화를 읽어내게 된다.

강강술래는 즉흥시라고 해도 좋을 노래를 부르면서 춤을 추어나간다. 시와 노래와 춤의 삼위일체가 연출되곤 한다. 한데 그것이 그려내는 도형이 다양하다. 직선이며 나선형, 그리고 반원과 둥근 원이 꼬리에 꼬리를 물고 춤으로 나타난다. 이때 둥근 원은 달이다. 보름달이다. 강강술래가 대보름의 달밤 또는 한가위의 달밤에 주로 추어진다는 것이 이에 대해서 증언한다. 그렇다면 반원은 반달이다. 따라서 나선형이 이지러진 달을 그리고, 직선은 초승달이나 그믐달을 나타낸다고 볼 수 있다. 이와 같이 직선, 나선, 반원, 그리고 둥근 원을 읽게 되면 강강술래는 결국 기울었다가는 차고, 차서는 기우는 달을 그려내고 있다고 보아도 괜찮을 것 같다.

그렇다. 강강술래는 달춤이다. 호남의 여인네들은 대보름 밤에 또는 한가위 밤에 이 지상에 달을 그려낸 것이다. 그것은 달의 원리가 우리의 대지 위에도 실현되기를 바라는 것이다. 우리 한국인들은 전통적으로 달에게 하고 많은 것을 빌어왔다. 풍년을 빌기도 했다. 대보름날의 달집 불놀이는 그 대표적인 본보기의 하나다. 아기를 못 낳은 여인네는 우물에 비친 대보름의 달그림자를 표주박에 떠서 마심으로써 아기를 갖게 되기를 기원했다. 또 동산에 떠오르는 대보름달을 남 먼저 우러르는 것으로 복을 타게 된다고 믿기도 했다. 그뿐만 아니다. 대보름달의 모양새며 무늬를 보고 다가오는 한 해의 농사의 잘되고 못됨을 점치기도 했다.

이렇게 달은 풍요의 원리 그 자체이다. 저 눈부시고 고혹적인 민속춤, 강강술래에는 그 달의 풍요를 지상의 것으로 누리고자 하는 소망이 담겨 있다. 여성이 달에 견주어지고, 달의 원리를 그 생리 속에 갖추고 있는 것으로 믿어진 것으로도 강강술래와 달의 인연은 더한층 짙어질 것이다.

김열규

1932년 경남 고성에서 태어났다. 젖먹이 시절부터 고등학교를 마치기까지 줄곧 부산에서 자라났다. 서울대학교 국어국문과를 졸업하고 대학원에서 한국문학과 민속학을 공부했다. 학부를 마친 후 중앙중학교와 중앙고등학교에서 교편을 잡았고, 석사 과정을 마친 후에는 충남대학교 교단에 섰다. 이후 서강대학교로 옮겨서 29년 동안 교직에 몸을 맡겼다. 그러는 사이 농어촌을 두루 돌아치면서 민속 조사를 하는 한편, 신문과 잡지 등 언론계에서도 필자로서 제법 크게 활동했다. 하버드대학교의 객원교수와 버클리대학교의 연구교수도 거쳤다. 정년을 6년 앞두고 서강대학교를 그만두고는 인제대학교에서 11년간 전임교수직, 계명대학교에서 2년 동안 석좌교수직을 맡다가 73세가 되어서야 대학의 전임에서 물러났다. 지금은 고향으로 돌아와 대자연 속에서 유유자적하고 있다. 경상대학교의 대학원에서 강사직을 맡고 있기도 하다. 《기호로 읽는 한국 문화》, 《한국인의 에로스》, 《한국인의 혼례》 등을 비롯해서 50여 권이 넘는 책을 썼다.

19

한국의 사유

조선의 탈성리학적 사유들

신병주 건국대 교수

◉ 대개 조선시대 하면 성리학 이념이 정치와 사회 곳곳을 지배하던 시대로 이해한다. 특히 이황이나 이이, 기대승과 같은 쟁쟁한 성리학자들이 출현하면서 이기이원론(理氣二元論)이나 주기론(主氣論), 주리론(主理論)과 같은 성리 철학이 한 시대를 풍미하기도 했다. 그러나 과연 조선 사회를 성리학 이념이라는 하나의 잣대로만 해석할 수 있을까?

조선시대에는 성리학적인 사유만 고집하지 않고, 성리학을 중심에 두면서도 다양한 학문과 사상을 절충하려는 입장에 서 있던 학자들이 여럿 출현하였다. 기본적으로는 성리학자이지만 노장사상이나 양명학, 상공업에도 관심을 갖는 경향이 강하였다. 사림파와 훈구파의 대립이 치열하게 전개된 16세기 사화의 시대에 권력의 중심에서 벗어난 학자들은 처사(處士)의 입지를 지키면서 현실을 비판적이고 객관적으로 인식하려 하였다. 이들 중에는 탈성리학(脫性理學) 경향을 보이거나 성리학을 절충적으로 이해하려는 학자들이 있었다. 대표적인 학자로 화담 서경덕(徐敬德, 1489~1546)과 남명 조식(曺植, 1501~1572)이 있었고, 이들의 학문과 사상을 계승한 화담학파와 남명학파의 학자들에게 이러한 경향이 강하였다. 서경덕의 제자인 이지함(李芝菡, 1517~1578)은 의리와 이익을 대립적으로 해석하지 않는 유연한 사고를 보임으로써 상업이나 수공업, 어업과 같은 말업(末業)을 중시하는 적극적인 사회경제사상을 피력하기도 하였다. 조선 중기 화담학파와 남명학파에 속하는 학자들의 구체적인 학문과 사상을 접해보노라면 당시의 조선 사회가 기존에 인식된 것보다는 훨씬 다양한 학문과 사상이 공존하는 시대였음을 알 수 있다.

개성의 정서를 담은 학자, 서경덕

서경덕은 1489년 개성의 화정리에서 출생한 후 생애의 대부분을 이 지역의 화담에 거주하면서 학문을 연구하고 문인을 양성하는 데 보냈다. 개성은 서울, 평양과 함께 '삼도(三都)'로 불렸고, 고려 왕조의 학문과 문화전통을 보존한 지역이었지만, 조선 건국 후에는 차별을 받아 인재들이 관직으로 크게 진출하지 못하였다. 그러나 개성은 서울과는 육로로 166리 거리에 있었으며, 임진강과 한강으로 통하는 수로의 발달로 인해 서울로 통하기에는 좋은 위치에 있었다. 이러한 지역적 근접성으로 말미암아 서경덕의 문인 중에는 서울과 개성에 거주하던 학자들이 많았다. 수로가 발달한 개성은 조선 건국 후 관직에 진출하지 못한 인재들이 상업 활동에 종사함으로써 다른 어느 지역보다도 상업이 발달하였다. 이러한 분위기는 '기(氣)'를 중시하고 현실에서 변화와 다양성을 모색했던 서경덕의 사상에도 일정한 영향을 준 것으로 이해된다.

16세기 중반 이후 개성에서는 차천로, 한호, 최립 등이 배출되어 각각 시와 문장, 글씨를 대표했으며, 방외인 사상가인 전우치, 기생으로서 학문을 갖춘 황진이가 배출되었다. 허균은 "송도는 산수가 웅장하고 꾸불꾸불 돌아서 인재가 무리지어 나왔다. 화담의 이학(理學)은 국조에 첫째이고 석봉의 필법은 해내외(海內外)에 이름을 떨쳤으며, 근일에는 차씨의 부자형제(차식, 차천로, 차운로)가 문장의 명성이 있다. 진랑(황진이)도 또한 여자 중에 빼어났다."고 하여 개성 지역에 뛰어난 인물이 많음을 칭송하였다. 그런데 이들 모두가 서경덕의 영향을 받았음이 여러 자료에서 확인되고 있다.

개성이라는 지역적 배경과 함께 서경덕의 학풍에 영향을 미친 요소는 '자득지학(自得之學)'이다. 그의 '자득'은 사물에 대한 강한 탐구심에서 비롯되었다. 서경덕의 집안은 농잠(農蠶)을 가업으로 삼아 매우 가난하였고 일정한 스승이 없었다. 따라서 그는 독학으로 자신의 학문체계를 세워갈 수밖에 없었다. 어린 시절 꾸준히 종달새를 관찰한 것에서 나타나는 사물에 대한 깊은 탐구심은 그의 학문을 특징짓는다. 그는 학문적 자부심도 강하여 "나는 스승을 얻지 못하였으므로 공력을 들인 것이 대단히 깊었지만, 후학들은 나의 말대로 공부하면 나와 같이 고생하지 않아도 된다."고 말하기도 하였다.

서경덕 사상의 독창적인 측면에 자득의 학문은 큰 영향을 주었다. 서경덕은 '이(理)'를 중심으로 인간의 도덕적 규범을 확립하고 자연과 사회를 해석하는 것이 주요한 흐름으로 대두되었던 시기에 '기(氣)'를 중심으로 세계를 설명하였으며, 성리학 이해에 있어서 특히 《주역》을 중시하였다. 이런 학풍은 중국 성리학사의 발전과정에서는 소옹, 장재 등 북송대 학자들의 학풍에서 뚜렷이 나타나는 것으로, 서경덕은 이들의 학설을 주목하였다. 소옹의 역학은 상수역학을 의미하는데, 그의 상수학은 도가적 상수가에게서 전수받은 것으로 도교적인 경향이 두드러진다. 장재는 선천의 기를 우주 만물의 본체 또는 본원으로 삼은 인물로, 이이는 서경덕의 학문이 장재에게서 나왔다고 평가하였다. 이처럼 도가사상의 뿌리가 뚜렷이 나타나는 북송대 성리학의 학풍에서 깊은 영향을 받았기 때문에 서경덕의 학문에서도 도가적 경향이 두드러진다.

서경덕의 사상에서 또 하나 주목되는 것은 성리학에 대한 독창적인 해석이다. 그의 대표적 논문인 〈원이기〉, 〈이기설〉, 〈태허설〉, 〈귀신사생론〉 등에는 사물의 운동성을 설명하는 원리로서 '기'를 중요하게 여기는 측면이 나타나 있다. 이들 논문에서 그는 무엇보다 사물의 본체를 탐구해가는 데 역점을 두었는데, 이러한 사상에는 사물의 역동적인 측면을 중시하고 시대의 변화를 갈망하는 의식이 포함되어 있었다.

서경덕의 학문에서 이단적인 성향이 보인다는 것은 여러 자료에서 지적되고 있으며, 서경덕의 두 아우인 형덕(馨德)과 숭덕(崇德)이 이술(異術)이 있었다는 내용이 《송도지》에 기록될 정도로 집안 분위기 자체가 이술에 기울어 있었다. 고전소설인 《전우치전》에는 "전우치가 중종 때의 사람으로 송도에 살았으며, 서경덕과 함께 산중에 들어가 도를 닦았다."는 내용이 있는데, 이러한 부분은 사실 여부를 떠나 도술가인 전우치가 서경덕과 사상적으로 서로 통하는 면이 있음을 보여준다. 서경덕에 대한 평가에서 도인(道人)의 기질이 자주 언급되고, 조선시대 도가적 성향을 지닌 지식인들을 기록한 홍만종의 《해동이적(海東異蹟)》과 같은 책에 서경덕의 이름이 빠짐없이 등장하는 것도 그가 도가에 심취했음을 입증하는 사례이다.

서경덕이 변화와 다양성을 강조하는 《주역》을 중시하면서 성리학을 자유롭게 해석하고, 도가사상에 관심을 보인 것, 기를 강조한 것은 그가 주자 성리학에만 구속되지 않는 자유로운 학문세계를 추구했음을 보여주는 것이다. 이렇게 개방적인 그의 성향은 신분에 관계없이 문호를 개방하여 많은 학자가 문하에 모여들게 한 것과 맥을 같이한다. 박순이나 허엽과 같이 고위관직을 지낸 인물 이외에 서얼인 박지화나 이중호, 천민 출신의 서기, 양명학에 경도된 홍인우와 남언경, 상공업과 해양 자원의 개발에 관심을 가진 이지함, 개성의 상인 황원손 등 서경덕 문인의 폭은 매우 넓고도 다양하다. 그만큼 그의 사상에 신분적인 개방성이 있음을 입증하는 것이다. 조선시대 최고의 스캔들로도 이야기할 수 있는 서경덕과 황진이의 사랑이 인구에 회자된 것도 서경덕의 개방적 사고에서 비롯된 것으로, 신분을 초월하여 능력을 중시한 서경덕의 모습이 반영된 것으로 볼 수 있다.

의(義)와 이(利)를 절충한 학자, 이지함

이지함은 서경덕에게서 나타나는 자유스럽고 개방적인 사고, 상업 중시 경향을 적극 계승하고 실천한 학자였다. 이지함은 《토정비결》의 저자로 알려지면서 흔히 그의 기인적인 면모에 관심을 갖는 경향이 크지만, 자급(自給)과 국부(國富)의 증대를 강조하고 실천한 사회경제사상가였다. 다음의 기록에서 백성에게 자급을 강조한 이지함의 의지를 읽을 수 있다.

> 공은 유민(流民)들이 해진 옷으로 걸식하는 것을 불쌍히 여겨 큰 집을 지어 수용하고, 수공업을 가르치며 간절하게 타이르고 지도하여 각자 그 의식을 자급하게 하였다.
>
> —《연려실기술》, 선조조고사본말, 선조조 유현(儒賢), 이지함

이지함의 이러한 사상은 사방을 유람하다가 만난 백성을 위해 적극

적으로 도움을 준 경험이 바탕이 된 것으로, 일상생활을 통하여 체득된 것이라는 점에서 더욱 의미가 깊다. 그리고 무엇보다도 양반의 특권의식을 버리고 말업에 종사한 점은 훗날 그가 박제가 등 북학파 학자들에게 주목받는 중요한 근거가 되고 있다. 북학파 학자의 선구자 가운데 한 사람으로 평가받는 유수원은 그의 저서 《우서(迂書)》에서 국가가 허약하고 백성이 빈곤한 최대의 원인을 유식양반(遊食兩班)의 존재에서 찾고, 이들이 상행위에 종사해야 함을 강조하였다. 박지원이 소설 〈허생전〉에서 글공부에만 매달렸던 허생을 상업자본가로 탈바꿈시킨 것과도 비슷한 맥락이다. 유수원이 《우서》를 통해서 강조한 분업론, 합자론(合資論) 등의 상업관은 이지함의 상업관을 좀 더 예리하고 구체적으로 전개시킨 것이었으며, 이러한 북학적 사고는 박제가에 의해 좀 더 체계적으로 계승된다. 박제가는 이지함의 해외통상론을 특히 높이 평가한 인물이기도 하다. 이런 관점에서 볼 때 이지함은 북학사상의 선구적인 인물로도 파악할 수 있다.

이지함은 1573년에 포천 현감에, 1578년에 아산 현감에 부임하여 자신의 정치이상을 실현할 기회를 잡았다. 특히 포천 현감으로 있으면서 올린 상소문인 〈이포천현감시상소(莅抱川縣監時上疏)〉에는 그가 지향한 사회경제사상이 집약되어 있다. 이지함은 당시 포천현의 실상을 보고하면서 "포천현의 형편은 이를테면 어미 없는 고아나 비렁뱅이가 오장이 병들어서 온몸이 초췌하고 고혈이 다하였으며 피부가 말랐으니, 죽게 되는 것은 아침 아니면 저녁입니다."라고 하여 경제적으로 매우 곤궁한 처지에 있음을 지적하였다. 그리고 이러한 현실의 문제점을 극복할 수 있는 방책으로 크게 세 가지를 제시하였다.

이지함은 제왕의 창고는 세 가지가 있음을 전제하고, 도덕을 간직하는 창고인 인심을 바르게 하는 것이 상책이며, 인재를 뽑는 창고인 이조와 병조의 관리를 적절히 하는 것이 중책이며, 100가지 사물을 간직한 창고인 육지와 해양 개발을 적극적으로 하는 것을 하책으로 정의했다. 이지함은 국왕이 도덕성을 갖추어야 하고, 국왕을 보좌하는 이조와 병조의 관리들이 청렴성을 갖추는 것이 사회문제 해결의 기본적인 방향이라고 설정했다. 아래의 자료에 나타난 땅과 바다에 대한 이지함의 인식은 그의 사회경제사상의 단면을 보여주고 있다.

> 땅과 바다는 100가지 재용의 창고입니다. 이것은 형이하(形以下)의 것으로서, 이것에 의존하지 않고서 능히 국가를 다스린 사람은 없습니다. 진실로 이것을 개발한 즉 그 이익이 백성에게 베풀어질 것이니 어찌 그 끝이 있겠습니까? 씨를 뿌리고 나무 심는 일은 진실로 백성을 살리는 근본입니다. 따라서 은(銀)은 가히 주조할 것이며, 옥(玉)은 채굴할 것이며, 고기는 잡을 것이며, 소금은 굽는 데 이를 것입니다. 사적인 경영으로 이익을 좋아하고 남는 것을 탐내고 후한 것에 인색함은 비록 소인들이 유혹하는 바이고 군자가 가까이 하지 않는 것이지만, 마땅히 취할 것은 취하여 백성을 구제하는 것 또한 성인이 권도(權道)로 할 일입니다.
>
> —《토정유고(土亭遺稿)》 권상, 〈이포천현감소〉

백성의 이익을 위해서라면 성인도 원칙을 버리고 권도(權道), 즉 임시변통책을 펼 수 있다는 이지함의 사회경제사상은 당시 사회에서는 상당히 진보적인 것이었다. 원칙과 명분에 얽매이지 말고 실질을 숭상하자는 것이다.

이지함이 이처럼 적극적인 말업관을 제시한 이면에는 의(義)와 이(利)를 정통 성리학의 관점에서 해석하지 않고 백성의 생활에 유용한 것인가를 기준으로 놓고 보는 입장이 바탕이 되는 것이 주목된다. 즉 이지함의 의리론(義利論)은 의리와 이익을 철저히 대립적인 것으로 보는 정통 주자 성리학의 입장과는 일정한 차이를 보인다. 이지함은 "군자는 의리를 말하지, 이익을 말하지 않으니 어찌 재리(財利)로서 임금에게 아뢸 수 있는가."라고 말하기도 하지만, 이것은 여건에 따라 달라질 수 있음을 비유로서 설명하였다. 예를 들어 손님이 잔치에서 의관을 갖추지 않아 무례를 하는 것과 어린아이를 구하러 가는 사람이 의관을 갖추지 않는 것과의 대비를 통하여 당시는 '이(利)'도 필요한 시기임을 강조하였다. 즉 백성을 구휼하는 데 있어서 의리와 이익은 서로 따질 것이 되지 못하며, 특히 의리와 이익은 사람을 기준으로 판단해야 한다는 점을 강조한 점은 매우 돋보인다. 사람의 삶을 무엇보다 우선시하는 휴머니즘이 바탕에 깔렸다고나 할까?

이지함은 올바르게만 활용된다면 재리(財利)와 덕의(德義)는 하나가 될 수 있다고 생각했으며, 공자의 제자인 자사가 '이(利)'를 먼저 말하고 주자가 경제에 대해서도 힘쓴 사례를 소개하여 의리와 이익은 서로 병행될 수 있다는 점을 강조하였다. 일반적으로 의리와 명분보다는 실천이나 실용적인 요소를 강조하는 학문적 흐름인 실학은 17세기 후반 이후 조선 사회에서 태동한 학문으로 이해하는 경향이 강하지만, 16세기 중반에도 이러한 학문적 흐름을 견지한 학자가 있었으며, 이지함은 바로 그 대표적 인물이었다.

경(敬)과 의(義)의 실천을 강조한 학자, 조식

서경덕이나 이지함과 비슷한 시기를 살면서 성리학의 실천 문제에 주력한 학자로는 남명 조식이 있었다. 조식은 이황과 기대승 등을 중심으로 성리학의 이론 문제에 대한 천착이 대세가 되어가던 시기에 학문에 있어서 수양과 실천의 중요성을 강조한 학자였다.

경(敬)과 의(義)는 조식 사상의 핵심이었다. 조식은 '경'을 통한 수양을 바탕으로, 외부의 모순에 대해 과감하게 실천하는 개념인 '의'를 신념화하였다. 경의 상징으로 성성자(惺惺子, 항상 깨어 있음)라는 방울을, 의의 상징으로는 칼을 찼으며, 칼에는 '내명자경 외단자의(內明者敬 外斷者義, 안으로 자신을 밝히는 것은 경이요, 밖으로 과감히 결단하는 것은 의이다.)'라고 새겨놓았다. 방울과 칼을 찬 선비 학자. 언뜻 연상되기 힘든 캐릭터이지만, 조식은 이러한 모습을 실천해나갔다. 조정에 잘못이 있을 때마다 상소문을 통해 과감하게 문제점을 지적하고, 왜구의 침략에 대비하여 후학들에게는 강경한 대왜관(對倭觀)을 심어주었다.

당시 조선의 해안을 노략질하던 왜적에 대해서도 조식은 강력한 토벌책을 주장했다. 조식은 제자들을 가르치면서 "왜적이 설치면 목을 확 뽑아버려야 한다."는 강경한 표현을 쓰는가 하면, 외손녀사위인 곽재우에게는 직접 병법을 가르치기도 했다. 이것은 이황이 왜적에 대해 교린책을 견지한 것과 차이가 난다. 조식 사후 임진왜란이 일어났을 때 경상우도를 거점으로 하는 그의 문인 대부분이 의병장으로 크게 활약한 것에서 조식이 생전에 강조했던 왜적 토벌책이 결코 헛되지 않았음을 알 수 있게 한다. 외손녀사위였던 곽재우를 비롯하여, 정인홍, 김면, 조종도 등은 조식의 사상을 그대로 실천했던 의병장들이었다. 1592년의 임진왜란 때 조식의 문하에서 최대의 의병장이 배출된 것도 스승의 가르침이 결코 헛되지 않았음을 보여준다.

조식이 스스로에게 엄격했음은 '욕천(浴川)'이라는 시에서 가장 압축적으로 나타난다. "그래도 티끌 먼지가 오장에 남았거든 바로 배를 갈라 흐르는 물에 보내리라."는 시구에서 보이듯, 유학자의 입에서 나왔다고 믿기 어려울 정도의 과격한 표현을 썼으며, 이는 그만큼 자신을 다잡는 강한 의지에서 나온 것이었다.

조식은 성리학의 이해에 있어서 이론적으로 천착하는 데 중점을 두지 않았다. 오히려 수양과 적극적인 현실 대응이라는 실천적인 관점에서 해석한 학자였다. 중앙 정치가 정쟁과 권력독점으로 인해 새로운 정치 비전을 제시해줄 수 없을 때 조식은 그 대안으로 더욱 객관적이고 냉철하게 현실을 판단할 수 있는 비판세력의 현실참여를 적극 주장했다. 엄격한 자기 관리를 통해 비판자의 안목을 키우고, 원칙과 양심에 비추어 옳은 것이라면 그 대상이 국왕이라도 결단코 주저하지 않았다. 그가 죽음에 이르면서도 현실비판자로 살아간 처사로 불리기를 원했던 것도 이러한 소신을 지켜나간 것이었다.

조식은 어린 시절 부친의 임지를 따라 서울의 장의동 근처에서 살았지만, 30세에서 48세까지는 처가인 김해, 48세에서 61세까지는 합천에서 생활했다. 김해, 합천, 진주로 이어지는 경상우도 지역은 조식 학문의 산실이었다. 조식은 61세가 되던 해에 외가인 합천을 떠나 지리산이 바라보이는 곳에 산천재를 짓고 마지막 학문의 터전을 잡았다. 여기서

'산천'이란 산 속에 있는 하늘의 형상을 본받아 군자가 강건하고 독실하게 스스로를 빛냄으로써 날로 그 덕을 새롭게 한다는 뜻이다. 지리산은 바로 조식이 가장 닮고 싶었던 바로 그 산이었다. 다음의 시에는 조식의 그러한 심정이 잘 담겨져 있다.

> 청컨대 무거운 종을 보오
> 크게 두드리지 않으면 소리가 없다오
> 두류산과 꼭 닮아서
> 하늘이 울어도 울리지 않는다오
> 請看千石鐘 非大扣無聲
> 爭似頭流山 天鳴猶不鳴

—《남명집》 권1 시 〈제덕산계정주(題德山溪亭柱)〉

지리산은 예로부터 삼신산(三神山)[1]의 하나로 민간의 의식세계에 깊이 자리를 잡아왔으며, 민중에게 피안의 장을 제공하는 곳으로 인식되어왔다. 《해동이적》에서도 많은 인물들이 지리산을 중요한 정신적 배경으로 하고 있음이 보이며, 지리산의 지명에 보이는 삼신동, 청학동이라는 이름은 도가적 의식을 잘 보여주는 것이다. 지리산은 조선 후기 이후에도 변혁 · 저항 세력의 중심무대가 되었는데, 조식의 문인들이 의

1 삼신산은 중국의 《사기》에 나오는 신선이 살고 있다는 산이다. 즉 발해만 동쪽에 있는 봉래(蓬萊), 방장(方丈), 영주(瀛州)의 세 산인데, 여기에는 신선이 살고 있고, 불사약이 있다 하여 진시황이 이것을 구하려고 동남동녀(童男童女)를 보냈다는 전설이 있다. 봉래산은 금강산, 방장산은 지리산, 영주산은 한라산을 가리킨다(민족문화사, 《한국민속대사전》 참조).

병운동이나 정치에서 적극적이고 급진적인 측면을 보인 것에는 이러한 지리산이 가져다준 정신적인 배경도 무시하지 못할 것이다.

조식의 사상 형성에는 사화(士禍)의 시기에 지방에 은거하여 현실을 비판하는 처사형 학자들이 여럿 나타나는 시대적 조건과 경상우도라는 지역적 조건이 큰 역할을 했다. 조식의 사상에서 이론을 배격하고 실천을 중시하는 경향이 나타나는 것이나, 잡학(雜學)에 두루 관심을 갖는 것, 노장사상을 부분적으로 수용하는 면모가 나타나는 것은 이러한 시대적, 지역적 배경에서 이해될 수 있다. 앞에서 언급한 서경덕이나 이지함의 사상에서도 도가사상에 대한 관심이 두드러지게 나타나는데, 조선 중기 성리학을 탄력적으로 이해하려고 한 학자들은 성리학을 보완하는 사상체계로서 도가사상에도 깊은 관심을 가졌던 학자들이 집단화가 되었던 점 역시 주목할 만하다.

조식은 김해, 합천, 산청, 지리산 일대를 중심으로 하는 경상우도를 학문의 중심지로 삼으면서 안동과 예안을 학문의 무대로 삼은 이황과 함께 당대에는 물론이고 조선 후기까지 영남학파를 대표하는 양대 산맥으로 인식되었다. 그러나 1623년 인조반정으로 서인이 정권을 잡고 사상적 흐름도 성리학 일변도로 자리를 잡게 되면서 절충주의적 경향을 보였던 학자들에 대한 평가는 절하되었다. 서경덕이나 이지함, 조식의 학문과 사상이 당대에 차지했던 비중이 큰데도, 이들의 사상에 기인적(奇人的)인 측면이 강하다거나, 사상이 특이하다는 지적을 받은 것은 후대의 관점이 개입된 측면이 크다고 볼 수 있다.

조선 중기, 특히 16세기 사상계에서는 성리학을 좀 더 탄력적으로 이해하고, 이러한 입장에서 사상을 실천하려는 학자들이 여럿 등장했다고 볼 수 있다. 서경덕, 이지함, 조식 등을 대표자로 꼽을 수 있고, 이외에도 서기, 정렴, 정작, 박지화 등의 학자에게서 이러한 경향이 두드러졌다. 그러나 조선 중기 이후 사상계가 성리학 중심, 그것도 이론에 대한 천착이나 예학에 대한 높은 관심이 강조되면서 성리학을 독자적으로 해석하고 절충적이고 탄력적인 입장을 취하는 학자들은 심한 경우 윤휴나 박세당과 같이 '사문난적(斯文亂賊)'으로 취급되면서 사상계의 이단아가 되었다. 그러나 다른 관점에서 해석하면 조선 후기에도 성리학만 고집하지 않는 사상계의 분위기가 있었음을 증거하고 있다. 조선 중기 활발하게 전개되었던 일부 탈성리학적 사유에 대한 재평가는 조선시대 사상사 연구의 폭을 더욱 넓혀줄 것으로 기대된다.

신병주 서울대학교 국사학과와 같은 학교 대학원을 졸업했다. 서울대학교, 건국대학교, 국민대학교 등에서 조선시대 지성사, 조선 후기 사회와 실학, 한국사를 이끈 지성들 등 주로 조선시대의 사상과 문화를 주제로 강의했고, 서울대학교 규장각 학예연구사로 재직했다. 지금은 건국대학교 사학과 교수이다. 역사의 대중화에 깊은 관심을 가져 KBS의 〈역사추리〉, 〈역사스페셜〉 자문을 맡았으며, 현재 KBS와 EBS 역사 프로그램의 자문이다. KBS 1 라디오에서 '신병주의 역사 이야기'를 진행하고 있으며, 남명학연구원 상임연구위원, 외교통상부 외규장각도서 자문포럼 위원으로도 활동 중이다. 《남명학파와 화담학파 연구》, 《66세의 영조, 15세 신부를 맞이하다》, 《하룻밤에 읽는 조선사》, 《고전소설 속 역사여행》, 《조선왕실 기록문화의 꽃, 의궤》, 《조선시대 사람들은 어떻게 살았을까》(공저), 《모반의 역사》(공저), 《제왕의 리더십》(공저), 《조선 최고의 명저들》, 《조선 중·후기 지성사 연구》, 《규장각에서 찾은 조선의 명품들》, 《이지함 평전》, 《조선을 움직인 사건들》 등을 썼다.

20

한국의 역학

사주와 풍수의 즐거움

조용헌 동양학자 · 칼럼니스트

◉ 공부는 왜 하느냐? 재미가 있기 때문이다. 재미를 느끼지 못하면 할 수 없다. 시험공부는 재미가 없어도 억지로 할 수 있지만, 장기적인 공부는 억지로 하지 못한다. 단기적인 공부로는 어느 분야에 깊이 들어가기가 어렵고, 적어도 30년 이상 장기적으로 해야만 어느 경지에 도달한다. 오래도록 공부를 하려면 즐거움을 느끼는 일이 아주 중요하다. 이 즐거움을 옛사람들은 '자득지미(自得之味)'라고 표현하였다. '스스로 얻어가는 재미'인 것이다. 다른 사람이 알아주든 알아주지 않든 간에 스스로 만족해하고 흡족해하며, 어느 대목에 이르러서는 무릎을 치는 맛이 자득지미 아니겠는가!

나로 하여금 이 자득지미를 체험하게 해준 공부는 사주(四柱)와 풍수(風水) 공부였다. 천시(天時)와 지리(地理), 그리고 인사(人事)는 동양학의 3대 공부 과목이라고 생각한다. 사주는 천시를 알게 해주는 공부이고, 풍수는 지리를 알게 해주는 공부이다. 다시 말하면 사주는 시간을 알게 해주고, 풍수는 공간을 알게 해준다. 거창하게 말하면 시공(時空)을 공부하는 셈이다. 시공을 파악하고자 하는 욕구는 식욕, 색욕, 권력욕 다음으로 인간의 본능적인 욕구가 아닌가 싶다. 종교적 욕구라고나 할까. 인간은 하지 말라고 해도 결국 본능적 욕구를 따라가게 되어 있다. 이 욕구에서 공부가 시작되는 것이다.

사주를 공부하게 된 계기는 '내 팔자는 무엇인가?'라는 의문이었다. 남의 팔자보다 내 팔자가 문제인 것이다. 하지만 이것은 대학에서 가르쳐주는 게 아니었기 때문에 스스로 알아서 해야만 하였다. 내 팔자를 연구해보니 '목화통명(木火通明)' 팔자였다. 여덟 글자 가운데 목(木)과 화(火)가 주류이다. 이렇게 되면 분석을 하거나 전략을 짜거나 글을 쓰는 데 적합하다고 나온다. 글을 쓰더라도 가만히 앉아서 쓰는 스타일이 아니라 돌아다니면서 쓰는 글이라고 되어 있다. 역마살(驛馬殺)이 학당(學堂)과 겹쳐 있는 구조이다. 학당은 학문을 가리키는 말이요, 여기에 역마가 겹쳐 있으니까 돌아다니면서 하는 학문을 한다는 결론이 나온다. 현장을 많이 답사하고 그 과정에서 사람들을 만나 이야기를 들어보는 구비문학 유형의 공부를 하는 팔자였던 것이다.

나는 고시에 합격해서 관료가 되는 팔자도 아니었고, 사업을 해서 돈을 많이 버는 팔자도 아니었고, 정치를 해서 권력을 잡는 팔자도 아니었고, 그렇다고 밥 굶고 천대받으면서 사는 팔자도 아니었다. 천하를 두루 돌아다니면서 온갖 세상물정을 몸으로 느끼며 이것을 글로 쓰는 팔자였다. 어떻게 보면 건달 팔자요, 한량 팔자였다. 공자도 《주역(周易)》을 어느 정도 공부하고 나서 자신의 운명을 괘로 뽑아보니 '화산려(火山旅)' 괘가 나왔다고 한다. 여(旅)는 무엇이겠는가! 한평생 나그네로 살 운명이었던 것이다.

내 팔자가 이런 구조로 되어 있다는 감을 잡았던 시기는 30대 중반이었다. 자신의 팔자를 알게 되니 쓸데없는 욕심을 부리지 말아야겠다는 생각이 들었다. "운명에 저항하면 끌려가고, 운명에 순응하면 업혀간다."는 세네카의 말이 귀에 박혔다. 땅바닥에 질질 끌려가는 것보다는 등에 업혀가는 것이 낫지 않겠는가?

글을 쓰는 팔자라면 본격적으로 활동하는 시기는 언제쯤인가? 적절한 시기를 아는 것이 매우 중요하다. 비행기가 몇 시에 출발하는가를 아는 사람과 모르는 사람은 삶의 방식에 차이가 생기기 마련이다. 때를 아는 사람은 준비를 할 수 있다. 때가 아니라고 판단하면 서두르지 않을 수 있다. 살다 보면 서두르다가 일을 망치는 경우가 많다. 나는 대략 40세 무렵부터 문운(文運)에 들어가는 것을 알았다. 나는 명리학(命理學)을 공부하면서 내 인생의 이 두 가지 문제를 파악할 수 있었던 것을 큰 보람으로 여기고 있다. 사실 이것을 알기도 쉽지 않다. 내 주특기는 무엇이고, 그것을 본격적으로 가동시키는 시기는 언제쯤인가를 알고 나니 마음이 한결 정돈되고 편안해졌다. 내 그릇이 이 정도 되는구나! '연월일시 기유정(年月日時 旣有定)인데, 부생(浮生)이 공자망(空自忙)이라!' '사주팔자가 이미 정해져 있는데, 뜬구름 같은 인생들이 공연히 스스로 바쁘다.'고 옛사람들이 이미 한탄한 바 있다.

인간의 운명을 결정하는 우주의 기운

사주팔자의 기본원리는 음양오행사상이다. 이 사상은 기원전 5세기 무렵의 사상가인 추연(鄒衍)에 의해 완성되었다고 본다. 밤과 낮, 달과 해, 죽음과 삶, 성장과 쇠퇴 등 모든 이원적 개념을 음양으로 해석하였다. 누구도 밤과 낮의 변화를 막을 수 없다. 생과 사를 피할 수도 없다. 그렇다면 음양을 받아들이는 수밖에 없다. 사람도 음이 많으면 내성적이고, 양이 많으면 외향적이라고 판단한다. 음양 다음에는 수화목금토(水火木金土)의 오행이 있다. 이 오행은 춘하추동의 순환에서 착안된 것이다. 봄은 목이고, 여름은 화이고, 가을은 금이고, 겨울은 수라고 보았다. 봄에 태어나면 새싹처럼 뻗어나가는 기운이 강해서 적극적이고, 여름에 태어나면 불이 많아서 화끈하고 직설적이다. 가을은 냉정하고 정리정돈이 강하고, 겨울은 침잠하고 비밀스러운 성격이 많다. 토는 여름과 가을의 중간에 설정하였다.

토는 중심에 있는 관찰자 또는 중간자의 위치에 가깝다. 동서남북의 중간에 위치한 것이 토라는 사실에서 이 점이 명확하게 나타난다. 팔자에 토가 많은 사람은 어느 한쪽으로 크게 치우치지 않는 성격이다. 자기 의견을 쉽게 드러내지 않으면서 중립적인 입장을 취하는 수가 많다. 근래에 인물로는 최규하 전 대통령이 토 팔자의 전형으로 보인다. 박정희는 금 팔자이고, 김영삼은 목 팔자이고, 노무현은 전형적인 화 팔자이고, 노태우는 수 팔자이다. 전두환은 금과 수가 혼합된 팔자이고, 김대중은 수가 많은데 화가 약간 첨가된 혼합 팔자이고, 이명박은 금 팔자이다.

오행 다음에는 10간 12지이다. 이 간지(干支)를 가지고 사람의 팔자를 재단한다. 여기에서 만세력(萬歲曆)이 큰 역할을 한다. 만세력은 한자문화권의 전통적인 달력이다. 10간 12지를 사용한 60갑자를 가지고 그 사람의 생년, 월, 일, 시를 표현한다. 연월일시가 네 개의 기둥이고, 이 기둥 하나에 두 글자가 배당된다. 예를 들어 2011년 7월 1일(음력 6월 1일) 정오에 태어났다고 가정하고 이를 간지로 환산하면 신묘(辛卯)년, 갑오(甲午)월, 정사(丁巳)일, 병오(丙午)시이다. 기둥이 네 개요, 글자는 여덟 개이다. 이래서 사주팔자(四柱八字)인 것이다. 그러므로 사주를 보려면 만세력이 필수품이다. 필자의 필수 휴대품이 바로 이 만세력이다. 만세력만 있으면 어느 곳을 여행하든 현지에서 사람들의 팔자를 봐줄 수 있고, 그 대가로 숙식을 해결했던 적이 몇 번 있었다. 삼술(三術)은 노마드의 필수 기술이다. 역술(易術), 의술(醫術), 학술(學

術)이 그것이다.

명리학의 근본적인 의문은 태어나는 시간이다. 왜 태어나는 시간이 그 사람의 운명과 관계되는 것인가? 어머니 뱃속에서 나와 탯줄을 자르는 그 시간이야말로 근원적인 시간이다. 탯줄을 자르는 순간에 우주의 기운이 몸으로 들어온다고 본다. 우주의 기운이란 바로 별들의 기운이다. 인간은 별의 영향을 받는다는 전제가 서양 점성술이나 동양의 명리학이나 같다. 점성술이 명리학이다. 10간 12지에 기초한 60갑자는 별의 기운을 쉽게 알아볼 수 있도록 기호화한 것이다. 말하자면 조견표(早見表)이다. 탯줄을 자른 시점에 어느 별의 기운이 어느 정도 들어왔나를 알 수 있도록 고안된 기호가 바로 60갑자인 것이다. 60갑자로 표현된 만세력은 일종의 '별기운조견표'인 셈이다. 우주에는 수많은 별들이 있지만 육안으로 관찰할 수 있는 별들은 태양계 안의 별들이고, 이를 다시 간추리면 해와 달, 그리고 수화목금토성이다. 사주팔자는 이들 일곱 별의 기운을 어느 정도 받았는가를 표시하고 있는 것이다.

여기에서 또 하나 드는 의문은 왜 그 사람이 그 시간에 태어나는가 하는 점이다. 다른 시간에 태어나지 않고 왜 그 시간에 태어나 그런 팔자를 얻게 되었는가에 대한 의문이다. 이는 업보 때문으로 본다. 사람이 태어나는 시간은 그 사람의 숙생(宿生) 업보에 따라 정해진다는 설명이다. 좋은 업을 쌓은 사람은 좋은 시간에 태어나 좋은 팔자가 되는 선인선과(善因善果), 악인(惡因)은 악과(惡果)이다.

명리학의 고수들

현재와 같은 사주팔자 해독 방식은 언제 완성된 것인가? 대략 10세기 무렵에 중국의 서자평(徐子平)에 의해서 정립된 것으로 본다. 서자평의 저술인 《연해자평(淵海子平)》은 명리학의 대표적 고전이다. 그 이전부터 사주를 보는 방식은 있었다. 당사주(唐四柱) 같은 방식은 7세기 무렵에 성립된 것인데 초보적 수준이다. 당사주는 10간을 사용하지 않고, 12지만 사용해서 보는 방식이다. 서자평은 여기에 10간을 추가하여 오늘날과 같은 방식을 정립했다.

서자평은 중국 화산(華山)에서 수련하던 도교의 도사였다고 알려져 있다. 화산은 중국의 5악 중에서 서악(西岳)에 해당하는 산으로서 해발 2,200미터의 화강암으로 이루어진 산이다. 온통 바위로만 이루어져 있어서 오악 가운데 가장 험한 산으로 일컬어진다. 이 산은 도교의 성지이다. 바위 절벽 중간 중간에 도사들이 손으로 판 수십 개의 동굴들이 봉우리마다 산재해 있다. 줄사다리를 타야만 올라갈 수 있는 험준한 위치의 동굴들로, 도사들이 사람을 피해 벽곡도인(辟穀導引)을 하던 장소들이다.

무협지 작가로 유명한 김용은 이 화산을 마지막 논검(論劍) 대회의 장소로 즐겨 묘사하곤 했는데, 필자가 2001년 무렵에 한 달 정도 화산에 머무르면서 살펴보니 기운이 아주 강한 산이었다. 보통 사람이 오래 머무르면 부작용도 있을 수 있는 산이었다. 특히 금의 기운이 강해서 팔자에 금이 부족한 사람이 이 산에 살면 금의 기운을 보충할 수 있는 산이었다.

도교의 성지인 화산에는 불교 승려가 들어올 수 없었다. 이는 도사 진단(陳摶)이 황제에게 화산을 불하받았기 때문이다. 진단은 화산 석벽에 태극도를 각인한 것으로 유명한데, 그는 당이 망하고 송이 들어서기 전까지의 혼란기를 살았던 도사이다. 진단은 송을 세운 송태조의 귀의를 받을 만큼 도력이 높았던 도인이고, 서자평과 같이 화산에서 도를 닦았다.

우리나라에 서자평의 명리학이 들어온 것은 고려 후기로 보이며, 조선 초기의 《왕조실록》에도 명리학에 대한 기록이 나온다. 조선조의 법전인 《경국대전》에도 과거를 통해 명리학 전문가를 채용하였다. 명과학(命課學) 교수라고 해서 한 번에 3~4명 정도만 뽑았다. 이들은 왕실의 사주팔자 전문가였다. 즉 왕자나 공주의 궁합이나 택일을 위해 필요한 인력이었다. 사실 명리학은 분량이 방대해서 공부하기가 쉽지 않다. 그 방대한 내용을 모두 외우고 실전에 적용하기 위해서는 최소한 10년 이상의 시간이 걸린다. 그러므로 초기에는 왕실이나 지배계층인 사대부가의 일부에만 유포되었을 것으로 보인다. 서민들은 접근이 쉽지 않았을 것이다. 그러다가 조선 후기로 가면서 점점 민간으로 흘러들어 갔다. 모든 고급문화는 시간이 가면서 아래로 흘러가기 마련이다.

한 가지 흥미로운 사실은 명리학이 체제에 도전하던 반란세력에 의해서 많이 활용되었다는 점이다. 조선 지배층이 성리학을 체제 강화에 활용했다면, 반란세력들은 명리학을 가지고 왕권을 뒤흔들었다. 성리학의 카운터파트가 명리학이었다고나 할까. 그러다 보니 《왕조실록》을 보면 주로 반란세력의 문초 기록에 명리학과 관계된 기사들이 보인다.

왕후장상의 씨가 따로 있는 것이 아니라, 상놈이라도 제왕의 사주팔자를 타고나면 제왕이 될 수 있다고 믿었던 것이다. 타고난 신분보다는 타고난 팔자가 더 중요했다. 말하자면 명리학에는 계급을 부정하는 요소가 들어 있었다.

조선 명리학의 대가들은 남쪽보다는 북쪽에서 많이 배출되었다. 이북에는 양반이 적었다. 이북은 조선시대에도 지역 차별을 받았던 것이다. 이북 출신은 고위 벼슬에 올라갈 수 없었다. 군수 이상은 다 이남 사람들이 맡았다. 이남 출신의 관찰사들이 이북에 부임하면 착취가 심했다. 평양 감사는 충청이나 전라, 경상 감사보다 연봉이 배나 높았는데, 이는 착취 때문이다. 이북에는 이남 출신의 평양 감사를 견제할 만한 토호세력이나 전임 관찰사들이 없었기 때문에 감사들이 마음 놓고 수탈을 하였다. 서북 차별에 항거한 홍경래의 반란이 이북의 심정을 대변하는 대표적인 사건이다.

높은 벼슬에 오를 수 없다 보니 눈을 돌린 분야가 한의학, 풍수학, 명리학 같은 실용적인 학문이다. 조선 후기에는 이북의 인재들이 이 분야로 몰렸다. 사상의학의 창시자인 이제마도 이북 출신이고, 《사주첩경(四柱捷徑)》이라는 현대 사주명리학의 고전을 쓴 이석영도 이북 출신이다. 사주를 알면 풍수도 같이 공부하게 된다. 풍수대가들도 이북에 많았다. 풍수를 주 메뉴로 하고 사주를 양념으로 섞은 것이 바로 《정감록(鄭鑑錄)》이다. 《정감록》 신봉자들은 이남에 비해 이북 사람들이 압도적으로 많았다. 《정감록》의 '십승지(十勝地)'에 나오는 피난 지역들은 이북 사람들이 선호하던 명당들이었다. 예를 들면 십승지의 1번지로 등장하는 경북 풍기(豊基)는 해방 이전부터 《정감록》을 신봉하던 이북 사람들이 집단으로 이주하던 명당이다. 공주 마곡사 근천의 유곡도 십승지에 포함되는데, 여기에도 이북 사람들이 많이 이주해서 살았다.

명리학이 이북의 고수들 사이에서만 비밀리에 전승되고 있을 때 이남에서는 그림으로 보는 간단한 당사주가 유행하고 있었다. 그러다가 한국전쟁 이후에 이북의 명리학 고수들이 이남으로 피난을 오면서 대중화되었다. 이북 명리학 고수들이 피난 시절 영도다리 밑에서 좌판을 깔고 사주를 봐주기 시작한 것이다. 한국전쟁 이후에도 고향으로 돌아갈 수 없었던 이들이 부산에서 눌러 살았다. 그러다 보니 부산은 명리학의 메카가 되었다. 각종 문파가 경쟁하던 명리학의 이종격투기장이기도 하다.

이 분야에 진출하려면 먼저 부산의 고수들을 방문하면서 일합씩을 겨루어보아야 한다. 승률이 70퍼센트 이상이 되어야 강호로 나올 자격이 있다. 근래 명리학의 빅3는 《사주첩경》 6권이라는 대작을 남긴 이북 출신 이석영(1920~1983), 대전에 살면서 박정희 전 대통령과도 깊은 인연이 있었던 도계 박재완(1903~1992), 그리고 함양군 서상면의 수재였던 제산 박재현(1935~2000)을 꼽을 수 있다. 박제현은 흔히 박 도사로 불리면서 삼성 이병철 전 회장의 장자방을 지냈고, 포철의 박태준 회장과도 인연이 깊었다. 박태준은 박재현을 대할 때마다 "살아 있는 토정 선생을 보는 것 같다."는 말을 남긴 바 있다. 역술가도 3단계가 있다. 칼잡이 단계, 해머 단계, 마지막에는 번갯불 단계가 있는데, 필자가 경험해본 박 도사는 번갯불 급이었다. 그러나 번갯불 급은 에너지 소모가 지나치게 많기 때문에 건강과 수명에 지장이 있다.

인간이 가장 알고자 하는 것 중 하나가 자기 운명이다. 이 운명욕을 어떻게 채워야 하는가. 수요가 있으면 공급은 반드시 따라오기 마련이다. 한국인은 '팔자소관'이라는 말을 자주 한다. 운명은 곧 팔자인 것이다. 팔자를 안다는 것은 따지고 보면 세 가지를 안다는 것이다. 지지(知止), 지족(知足), 지분(知分)이 그것이다.

돌·물·바람, 생기의 뿌리

명리학을 공부하다 보면 풍수학과 겹치는 부분이 많다. 사주와 풍수는 음양오행과 60갑자를 공통분모로 사용하기 때문이다. 풍수는 왜 공부하는가? 한마디로 정신과 육신이 건강해지기 때문이다. 풍수학의 요체는 '승생기(乘生氣)', 즉 '생기를 올라타는 것'이다. 땅에서 생기가 올라온다. 생기가 풍부하게 올라오는 곳에 머무르면 몸이 그것을 느낀다. 몸이 예민한 사람은 1~2시간 만에 생기를 느끼고, 둔감한 사람은 6개월 이상이 걸린다. 동양학의 기본은 몸이 예민해야 한다는 것이다. 몸으로 느끼지 못하면 풍수를 이해하기가 어렵다. 몸이 예민하기 위해서는 몸의 경락이 어느 정도 열려 있어야 하고, 경락이 열리려면 식생활도 균형이 잡혀 있어야 하고, 적당한 운동도 해야 하고, 매일 규칙적이고 절제된 생활을 해야 하고, 지나친 스트레스를 받는 일은 피해야 한다. 몸은 닫혀 있고 머리만으로는 결코 알 수 없는 신비학이 바로 풍수이다.

생기는 어떤 땅에서 올라오는가? 바위이다. 바위 속에는 광물질이 포함되어 있고, 이 광물질을 통해서 지자기(地磁氣)가 지상으로 분출

된다. 사람의 몸에 흐르는 혈액 속에도 각종 광물질이 함유되어 있다. 지자기는 인체의 혈액 속으로 들어온다. 그러므로 바위 위에 앉아 있거나 누워 있으면 강력한 지자기가 몸으로 들어오고, 혈액이 순환하면서 땅에서 올라온 지자기가 함께 몸을 순환하게 되는 것이다. 지자기가 뇌세포에 들어가면 종교 체험을 하는 수도 있다. 바위는 평지에도 있지만 주로 산에 많다. 산은 대개 바위로 이루어져 있고, 우리나라는 국토의 70퍼센트가 산으로 이루어져 있다. 전국이 생기 덩어리라고 보면 된다.

풍수가 승생기라면 국토의 70퍼센트가 산으로 되어 있는 한반도는 풍수를 적용하기에 최적의 조건에 해당한다. 풍수가 중국에서 발생하여 한국으로 넘어왔지만, 지형으로 보면 한국이 중국보다 풍수이론을 검증하기에는 더 적합한 조건을 갖추고 있다. 중국보다 산의 비율이 높기 때문이다. 그리고 중국은 공산정권이 들어서면서 풍수가 비과학적이라며 금지시킨 탓에 맥이 끊어졌다. 홍콩으로 나간 풍수는 도시라는 제한적인 조건 때문에 좌청룡 우백호의 기본개념을 적용할 수 없었다. 그러다 보니 건물 내의 인테리어에나 치중하는 가상학(家相學)으로 발전했다. 축소된 풍수이다. 장풍득수(藏風得水)의 풍수 원형을 보존하고 발전시킨 나라는 현재 한국뿐이다. 일본은 화장을 선호한 까닭에 풍수를 받아들이지 않았다.

필자는 서울에 가면 안국동에 있는 안국선원에 머무를 때가 있다. 한옥으로 된 이 선원에는 선원장인 수불 스님과 방문객이 같이 차를 마시는 다실이 하나 있다. 대략 20제곱미터 정도 되는 공간인데, 차 도구 이외에는 다른 살림살이가 없는 정갈한 방이다. 필자는 이 방에 앉아서

2~3시간 차를 마시면 몸으로 생기가 들어오는 체험을 하곤 한다. 물론 이 체험은 주관적인 것이다. 새벽 4시까지 이야기를 해도 그리 피곤하지 않다. 공중에 떠 있는 10층 아파트에서 차를 마시는 것과는 다른 기운이 확실히 감지된다. 다르다는 것의 기준은 피곤도이다. 피곤하면 명당이 아니고, 피곤하지 않으면 명당이다. 이것이 명당의 기준이다. 생기가 흐르는 곳은 기운이 난다. 잠을 자면 더 기운이 들어온다. 잠을 자면서 의식을 쉬기 때문에 기운의 여과장치가 해제되고, 생기가 곧바로 몸으로 들어오는 셈이다. 이 방에만 들어오면 승생기의 원리를 체감한다.

안국동에서 인사동으로 흘러가는 지맥에는 마사토(磨砂土)가 많이 깔려 있다. 비석비토(非石非土), 즉 돌도 아니고 흙도 아닌 상태가 마사토이다. 화강암이 썩어서 흙으로 변해가는 중간단계가 바로 마사토이다. 이 일대에서 2미터 이상 파는 공사 현장에 가보면 마사토층을 볼 수 있다. 이 마사토가 생기의 공급원이다. 돌이 깔려 있으면 기운이 더 강하다. 돌이 부서진 마사토는 돌보다 기운이 약하지만, 일반 황토보다는 훨씬 강하다. 마사토에도 광물질이 함유되어 있다.

일반인이 거주하는 주택용으로는 마사토층 정도면 적당하다. 그러나 기도를 하거나 참선을 하기 위한 사찰이나 종교 시설물에는 암반층이 더 맞다. 산 전체가 돌산인 경우가 종교 체험을 쉽게 하게 한다. 예를 들면 계룡산, 가야산, 월출산, 설악산, 금산 같은 산들이다. 이런 산들은 산 전체가 바위 덩어리이기 때문에 강력한 지자기가 발산되고 있다. 유명한 사찰이나 기도처가 이러한 돌산에 많이 자리 잡은 이유이다. 필자는 몇 년 전에 기도처로 유명한 설악산 봉정암에서 1주일을 머물면서 기운을 테스트해본 적이 있다. 봉정암은 조그만 암자이지만 고지대이면서 암자가 거대한 바위 밑에 자리 잡고 있어서 역사적으로 유명한 기도터에 속한다. 봉정암에 누워 있으면 강한 전류가 몸속으로 들어오는 듯한 느낌을 받는다. 붕붕 뜨는 착각이 들 때도 있다. 신경을 많이 쓰는 정신노동자들은 이런 장소에서 머무르면 몸이 아주 좋아지는 느낌을 받는다.

지자기가 몸에 들어오면 일차적으로는 건강이 좋아지지만, 이차적으로는 영성(靈性)이 개발된다. 종교 체험은 산에서 이루어지는 경우가 많은데, 그런 산은 십중팔구 단단한 바위로 이루어진 돌산이다. 모세가 십계명을 받았던 시나이 산이나 그리스의 신탁으로 유명한 델포이 신전이 자리 잡은 터도 바로 돌산이다. 동서를 막론하고 영험한 성당이나 절터, 교회의 터는 모두 돌산이거나 바닥에 돌이 깔려 있거나 마사토층일 것이다.

땅에서 올라오는 생기를 오랫동안 보존시키고 농도를 조절하기 위해서는 물이 반드시 있어야 한다. 돌만 많고 물이 없으면 명당이 아니다. 돌에서 올라오는 기운이 양이라면 물은 음이다. 돌이 화기(火氣)라면 물은 수기(水氣)이다. 불은 물을 만나야 법제(法製)가 된다. 그래서 풍수에서는 물을 중요시한다. 그 터를 중심으로 물이 감아 돌거나 호수가 있거나 멀리 바다가 보여야 한다. 중국의 황산과 한반도의 금강산은 어느 쪽이 더 명산인가? 금강산이다. 금강산에는 동해에서 올라오는 수기가 받쳐주지만 황산에는 수기가 부족하다. 여기에서 결정적으로 우열이 갈린다. 서울이 왜 명당인가? 한강이 흐르면서 서울의 화기를 내려주는 역할을 한다. 문명은 불에 해당한다. 현대의 대도시는 모두 불을 먹고 움직인다. 물을 공급해줘야만 열을 식힐 수 있다. 뉴욕도 양쪽으로 강이 흐르고, 도쿄도 바다가 옆에 있고, 서울에는 한강이 흐른다. 파리에도 센 강이 있고, 런던에도 템스 강이 있다. 그러나 베이징에는 큰 강이 없고 바다도 없다. 베이징은 건조하다. 득수(得水)가 안 되었다. 여기에 베이징의 약점이 있는 것이다. 서울의 한남동이 일급 주거지로 꼽히는 배경에는 한강을 내려다본다는 점이 크게 작용한다. 풍수 원리에 부합된다. 성북동은 공기는 좋지만 물이 안 보인다. 한남동과 성북동은 둘 다 고급 주택가이지만 득수라는 부분에서 차이가 난다.

물 다음에는 무엇이 중요한가? 바람이다. 바람이 너무 세게 부는 장소는 명당이 아니다. 장풍(藏風)이 되어야 한다. 그러지 않으면 기운이 흩어진다. 기운이 흩어진다는 것은 에너지가 오랫동안 저장이 안 된다는 뜻이다. 바람을 막아주려면 뒤쪽이나 양 옆에 바람막이가 필요하다. 좌청룡 우백호가 바람막이 역할을 한다. 청룡 백호는 가족과 같은 역할을 한다. 위급한 일이 생기면 가족이 먼저 나서서 보호를 해준다. 청룡 백호가 없으면 가족이 없이 혼자 사는 것과 비슷하다. 장풍득수(藏風得水)를 논하는 이유가 여기에 있다.

생기가 있는 곳에서 장풍득수가 잘 되는 조건을 갖추었으면 명당이다. 명당은 왜 좋은가. 건강해지고 영성이 개발된다. 영성이 개발되면 자유가 확대된다. 자유가 확대되면 행복한 인생이다. 한국은 국토의 70퍼센트가 산으로 되어 있는 독특한 지형이다. 산에서는 집을 지을 때 경사면에 짓는다. 경사면마다 전망이 다르다. 예를 들어 같은 산이라도 뒤쪽에 짓느냐 앞쪽에 짓느냐에 따라 지형조건과 전망이 달라지는 것이다. 산이 1,000개라면 조건은 수만 가지 유형으로 나타난다. 그러므로 풍수를 적용시키기에는 천혜의 다양성을 갖춘 나라이다. 전국의 산을 다니면서 어떤 지점에 기운이 뭉쳐 있는가를 멀리서 바라보고, 가까이 다가가서 확인하고, 명당에 머물면서 잠을 자보면 그 기운의 즐거움을 느낄 것이다.

조용헌 동양학자이자 칼럼니스트인 청운(靑雲) 조용헌(趙龍憲)은 보이는 것을 통해 보이지 않는 것을 감지하는 혜안을 지닌 이 시대의 이야기꾼이다. 그는 강호(江湖)를 좋아한다. 강호가 그를 키웠다. 강호의 바람을 먹으면서 천지를 종잡을 수 없이 돌아다녔으며, 이름 모를 바위 옆에서 이슬을 덮고 자며 별을 보았다. 그래서 터득한 분야가 강호동양학(江湖東洋學)이다. 젊은 시절부터 한국, 중국, 일본을 두루 돌아다니며 수많은 장소와 공간, 사람들을 만나온 조용헌은 강호동양학의 3대 과목으로 불리는 사주, 풍수, 한의학에 대한 해박한 지식을 갖고 있다. 이를 바탕으로 수식어를 찾아보기 힘든 직설법을 사용해 흥미로운 이야기들을 풀어낸다. 《조용헌의 동양학 강의》, 《조용헌의 사찰기행》, 《조용헌의 소설 1·2》, 《5백년 내력의 명문가 이야기》, 《조용헌의 사주명리학 이야기》, 《방외지사》, 《조용헌의 고수기행》, 《조용헌 살롱》, 《그림과 함께 보는 조용헌의 담화》, 《조용헌의 명문가》 등을 썼다.

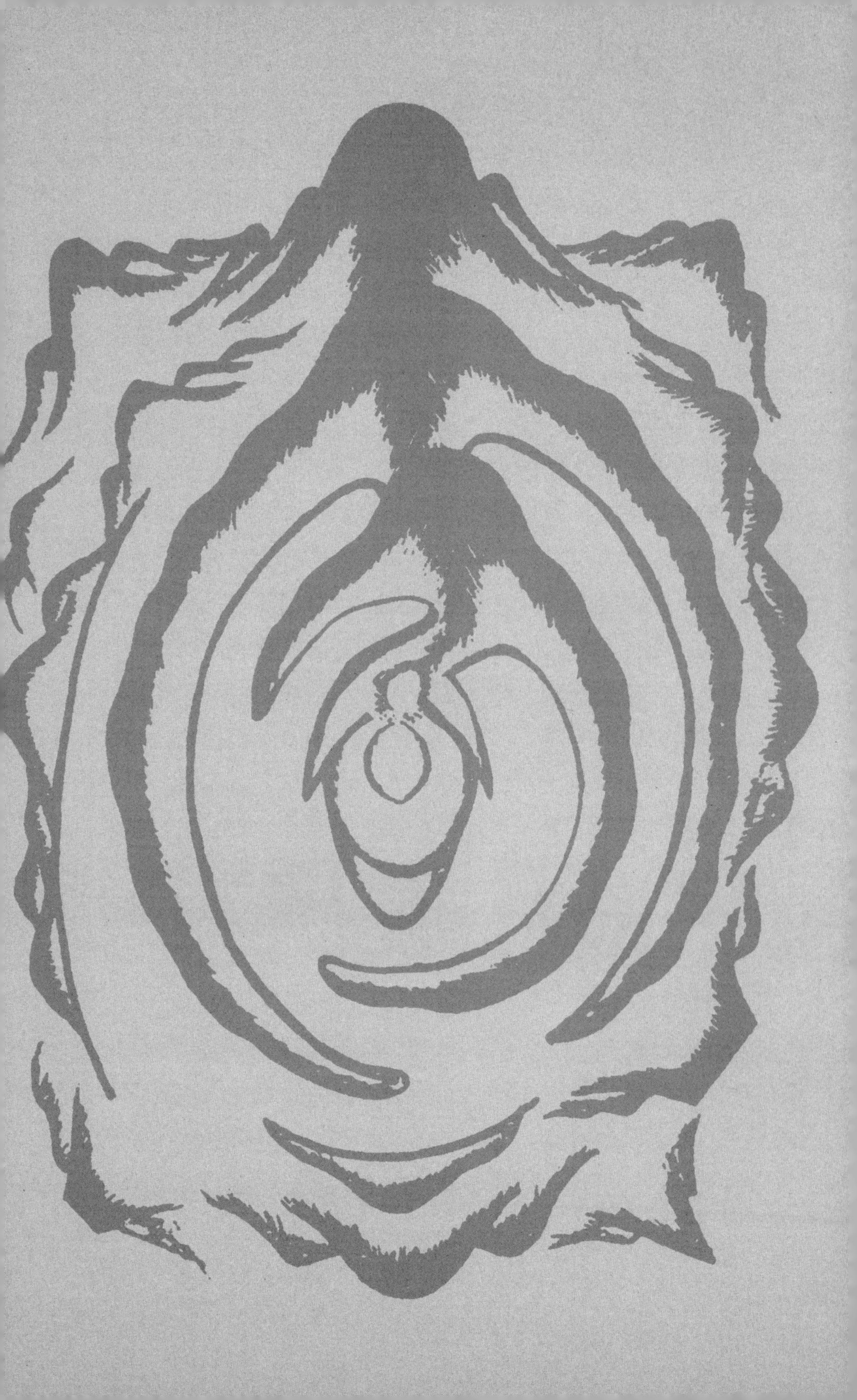

21

한국인의 끼

전근대 마니아의 세계

안대회 성균관대 교수

◉ 현대 한국 사회의 역동성을 설명하는 키워드의 하나가 마니아다. 광(狂), 치(痴), 벽(癖), 폐인(廢人), 기인(奇人), 또는 오타쿠, 프로페셔널은 마니아를 부르는 또 다른 말이다. 대량생산과 대량소비의 몰개성 사회에서 자기만의 색깔과 가치를 드러내려는 주체적 인간이 몸부림치는 모습을 마니아 정신에서 살펴볼 수 있다. 산업사회에서도 마니아의 끼와 개성은 변화와 발전을 이끄는 동력의 하나로 떠오른다.

18세기 조선에서는 마니아가 사회 발전의 한 동력으로 부각되었으며, 또한 지식인 집단에서 중요한 키워드의 하나가 되었다. 조선시대의 역사에서 18세기는 사회와 학술, 기술과 풍속의 각 분야에서 전 시기와는 비교할 수 없을 만큼 활력에 차 있었는데, 그 동력의 하나가 마니아의 정신이었다. 당시에 독서와 수집, 취미와 기예에서 다양한 마니아가 속출하였다. 그들의 삶과 행동방식이 현대 마니아의 그것과 일정한 거리가 있기는 하지만 맥이 닿아 있는 것은 분명하다. 마니아를 키워드로 하여 18세기 한국의 문화현상을 들여다보는 의의가 여기에 있다.

광기와 끼를 광고하는 시대

18세기에는 사대부들부터 광기와 끼를 광고하기 시작하였다. 성리학이 이데올로기화한 조선 사회에서 마니아 마인드는 금기다. 치우침 없는 교양을 지향하는 선비에게 어떤 특정한 취미나 기예를 향한 광적인 몰입은 그 자체가 사악하고 위험한 욕구에 오염된 행위이다. 특정한 사물에 지나치게 몰입하는 행위는 이른바 '완물상지(玩物喪志)'라고 불리며 균형 잡힌 인생철학을 훼손한다고 매도당했다. 그러나 18세기 지식인들 가운데 그 의식에서 벗어나는 사람들이 점차로 출현하였다. 마니아 정신을 부정해야 할 태도로 보지 않고 역동적이고 개성적인 삶을 영위하기 위한 기제로 인식하기 시작한 것이다.

그 기미는 조선 사회에 적지 않은 영향을 끼친 명말(明末)의 문인 원굉도의 말에서부터 찾을 수 있다. 그는 "내뱉는 말이 무미건조하고 면상이 가증스런 세상 사람은 모두가 벽이 없는 사람들이다. 만약 진정으로 벽을 가지고 있다면, 그 속에 푹 빠져 즐기느라 운명과 생사도 모조리 좋아하는 것에 맡길 터이므로, 수전노나 관리 노릇에 관심이 미칠 겨를이 있을까 보냐?"라고 말하였다. 그는 세속적 욕망을 가진 이라면 다들 추구하는 금전과 정치적 권력을 속물적 관심사라고 매도하고, 그 대신 자신을 들뜨게 하고 눈에 생기를 돌게 하여 때로는 목숨과도 바꿀 만한 매력적인 세계를 탐닉하라고 부추기고 있다. 그가 말한 벽이란 말은 마니아와 바꿔서 표현해도 좋을 만한 그 시대의 용어이다.

18세기 들어 자신이 못 말리는 고질병을 가지게 된 것을 자랑스럽게 선언하는 사대부들이 많아졌다. 대표적인 인물에 상고당(尙古堂) 김광수(金光遂)가 있다. 그는 18~19세기의 고서화 수집 열기를 이끈 인물이다. 이조 판서의 아들로 태어나 일찌감치 벼슬길을 포기하고 오로지 수많은 서적과 서화 및 골동을 사들여 읽고 품평하는 데 인생을 송두리째 바쳤다. 그는 자진해서 현실적 세상에서 입신양명하는 인생과 인연을 끊고 스스로 선택한 취미에만 몰두한 마니아였다. 상류층 출신인 그는 수집벽에 빠진 자신의 인생을 스스로 쓴 묘지명에서 자랑스럽게 떠벌리고 있다.

좋은 가문에 태어났으나 번잡하고 호사스러움을 싫어하여
법도와 구속을 벗어나 물정에 어둡고 편벽됨에 빠졌다.
괴기한 것을 좋아하는 고칠 수 없는 벽을 가져
옛 물건과 서화, 붓과 벼루, 그리고 먹이 그 대상이었다.
돈오(頓悟)의 법을 전수받지 않았어도 꿰뚫어 알아서
진짜와 가짜를 가려내는 데 털끝만큼도 어긋남이 없었다.
가난으로 끼니가 끊긴 채 벽만 텅 빈 채 있어도
금석문과 서책으로 아침저녁을 대신했으며
기이한 물건이 손에 이르면 가진 돈을 당장 주어버리니
벗들도 등 뒤에서 손가락질하고 식구들도 꾸짖었다.
……
늙은 몸이 죽음과는 종이 한 장 차이지만
뼈는 썩을지라도 마음은 없어지기 어려우리.
보잘것없는 나고 죽은 해야 토끼의 뿔 같은 것,
이름과 자를 말하지 않아도 나인 줄을 알리라.

— 김광수, 〈상고당생광명(尙古堂生壙銘)〉

가정이나 사회가 이조 판서 아들에게 거는 기대도 저버리고, 세속적 명예와 출세에 대한 욕망도 내동댕이치며, 물질적 가난과 세상의 비난과 비아냥거림도 무시한 채 고서화 수집에 몰입한 행위를 당당하게 자랑하였다. 내 뼈는 썩어도 광적인 탐닉의 인간이라는 이름 석 자는 역사에 남으리라는 것이다. 자신의 광기와 주체 못할 끼를 스스로 광고한 것인데, 이런 부류의 인물이 제법 출현하였다.

김광수의 경우와는 달리 자신의 끼를 작가의 글을 통해 광고하는 사람도 적지 않았다. 박제가는 꽃 그림 전문 화가를 위해서 〈백화보서(百花譜序)〉란 글을 지어주었다. 그 글에서 "벽이 없는 자는 버림받은 존재다."라고 과감하게 선언하였다. 글에 등장하는 화가는 꽃 그림만 그린 김덕형(金德亨)이란 화가다. 그는 꽃의 생태를 정확하게 포착하기 위해 화원의 꽃 아래 아예 자리를 깐 채 죽치고 산다. 박제가는 그의 행동을 벽이란 개념으로 설명하였다. 벽의 소유자는 고치기 힘들고 편벽된 병을 앓는 존재다. 그러나 그 벽을 가져야만 새로운 세계를 개척하여 전문적 기예를 익힐 수 있다. 박제가는 벽의 소유자를 '벌벌 떨고 게으름이나 피우면서 천하의 대사를 그르치는 위인'과 대비시킨다. 그런 위인들은 이른바 세속적 성공을 거둔 속물들이다. 본인 스스로가 북학 마니아였던 박제가는 새로운 영역에 도전하는 정신을 마니아의 기준으로 설명하고 있다. 18세기에 등장한 새로운 정신의 한 모습을 여기에서 찾을 수 있다.

마니아의 유형

마니아의 독특한 행동방식과 개성은 18세기 지식인들로 하여금 시선을 기울이게 하였고, 그 결과는 그들이 남긴 다양한 기록에 반영되는 양상으로 나타났다. 지식인들이 기록한 마니아의 양상은 상당히 다양하지만, 몇 가지 유형으로 나누어보는 것이 필요하다. 이렇게 유형을 나누어보는 것은 그 시대 지식인의 관점에 크게 영향을 받지 않을 수 없다.

수집에 빠진 마니아

지식인들이 즐겨 기록한 마니아의 전형은 수집가이다. 가산을 탕진하면서까지 특정 물건을 수집하는 마니아가 속속 등장하는데, 다양한 마니아들 가운데 상대적으로 긍정적인 시선의 대상이 되었다. 고서화와 금석문을 수집하고 감상하는 것은 귀족적 취미의 하나로 받아들여져 일찍부터 양반 사대부의 독특한 문화로 정착하였고, 수집 열기의 전형적 대상이 되었다. 그러나 18세기 들어서는 수집의 열기와 확산에서 전 시기와는 비교하기 어려울 수준이 되었다.

황윤석은 "동방 사람들이 근세부터 조금씩 옛 물건을 좋아하기 시작하여 금석문자를 수집하거나 전대의 명화를 구입한다. 이보다 앞선 시기에는 이 일에 뜻을 둔 사람들이 드물었다."라고 지적한 바 있는데, 이처럼 물건을 수집하려는 분위기의 형성 자체도 18세기의 문화적 산물이다. 앞서 살펴본 김광수가 고서화 수집 마니아의 전형이다. 그 이후 18세기 중엽에는 서상수(徐常修)를 비롯하여 김광국(金光國) 같은 사람이 두각을 나타냈고, 19세기의 남공철이나 홍현주도 수집 마니아의 일원이다.

귀족적이고 고상한 취미로 간주된 고서화 수집은 차차 신분이 낮은 계층이나 시정인들에게까지 확산되었다. 《추재기이(秋齋紀異)》의 〈골동품 늙은이(古董老子)〉에 나오는 손 노인의 경우는 맹목적인 마니아의 폐해와 말로를 보여준다. 그는 여항의 부자로서 상류층에 퍼진 수집 열기가 아래 계층까지 확산된 사례이다. 손 노인은 감식안이 없어 가짜 골동품을 수집하기 일쑤였다.

수집가의 전형은 서화와 골동품을 수집하는 것이지만, 그 열기가 확산되면서 다양한 소재로 범위가 넓어졌다. 칼만 전문적으로 수집한 김억(金億)이란 인물도 있었고, 매화와 매화를 읊은 시문을 전문적으로 모은 사람도 있다. 그 밖에 서적과 벼루, 인장과 분재, 수석 등 다양한 물건을 수집하는 마니아들이 퍼져나갔다. 판서를 지낸 윤양래(尹陽來)처럼 상복만 수집하는 괴기한 마니아도 있었다.

전문적 기예에 빠진 마니아

마니아는 단순한 기호에 그치지 않고 낯익지 않은 새로운 기술과 예술의 세계를 창조하기도 한다. 마니아들은 집중과 선택을 하여 한 세계에 몰두함으로써 평범하지 않은 기술과 예술적 능력을 발휘하였다. 정철조(鄭喆祚)는 자신의 호를 돌에 미친 바보, 즉 석치(石痴)라고 했다. 양반 사대부인데도 돌만 보면 파서 벼루를 만들었다. 그와 같은 인물에 예술 도장을 잘 새기는 이최지(李最之)가 있다. 그를 비롯해서 당시에는 전각에 조예가 있어 그 이름이 중국에까지 알려진 몇몇 전각가들이 있다.

취미에 목숨을 건 마니아

18세기 이후에는 취미가 곧 그 사람의 인생 전부가 되는 마니아들이 등장한다. 단순히 좋아하는 취미를 즐기는 차원에 머물지 않고 전문가 수준으로 상승하였다. 그들의 활동은 대중의 관심을 정치나 집안, 부에서 취미의 세계로도 돌리는 데 기여하였다. 이 시기에 등장한 여행가, 바둑 기사, 수석 수집가, 애완용 동물 기르는 사람, 소설 탐독자 등이 그들이다.

대표적인 사례로 여행가를 들 수 있다. 18세기 중후반의 정란(鄭瀾)과 기려자(騎驢子)를 비롯한 수많은 전문 여행가는 인생의 쾌락을 여행에서 발견하여 여행에 몰입한다. 정란은 나이 서른을 넘긴 뒤 여행에 뜻을 두어 10여 년을 전국을 여행하여 금강산을 네 번, 그리고 백두산과 한라산까지 등반하여 당시 사람들에게서 조선의 마테오 리치로 불렸다. 비슷한 시기의 전문 여행가에 기려자가 있다. 그는 평안도 정주에 사는 김씨 성을 지닌 사람으로, 나귀 하나를 타고 10년을 기약하고 방방곡곡을 여행하였다.

취미를 넘어 직업의 세계에서도 마니아 정신을 가지고 일한 사람이 있다. 붓으로 책을 베끼는 사람의 경우를 그 사례로 들 수 있다. 동국에서 제일가는 초서가(抄書家)라고 인정을 받은 김숙(金淑)이란 사람은 여항에서 삯을 받고 책을 베껴주는 일을 직업적으로 했다. 그는 책을 베끼는 일에 못 말리는 벽을 가졌다. 나이 일흔이 되도록 그 벽을 버리지 못한 그가 베낀 책 가운데 대표적인 책 세 가지가 《전당시(全唐詩)》, 《사문유취(事文類聚)》, 《동의보감(東醫寶鑑)》이다. 모두 215책에 달하여 한 개인이 한평생 필사하기가 힘든 엄청난 분량이다. 이것 말고도 풍수에 조예가 있어서 풍수 서적 300여 책을 베껴두었다. 그 나머지는 굳이 언급할 필요가 없다. 직업이라서 베낀 것은 아니다. 좋아하는 일에 목숨도 내놓을 만큼 빠지는 마니아 정신을 발휘한 것이다.

독특한 행태의 마니아

비정상적이고 특이한 기호를 즐긴 사례도 적지 않게 등장한다. 변태적이고 엽기적인 기호도 벽의 소산이다. 특이한 마니아의 대표적인 사례로는 다음과 같은 사람들이 있다.

순조 때 영의정을 지낸 심상규(沈象奎)는 결벽증이 있는 사람이었다. 그는 집을 짓는 독특한 취미가 있어서 부임하는 고을마다 반드시 새 건물을 지었다. 평안도 관찰사를 지낼 때는 평양의 영제교를 개축하였고, 경기도 광주 유수로 재임했을 때도 취미를 바꾸지 못해 남한산성에 당(堂)과 누각, 정자를 세웠다.

19세기의 학자인 윤사국(尹師國)은 책을 수선하고 제본하는 재능이 있었는데, 그 재능이 대단한 취미로 발전하였다. 그는 남의 책을 빌려 보다가 망가진 것을 보면 도저히 참지를 못하고 반드시 직접 다시 제본하여 돌려주어야 직성이 풀렸다. 서책의 제본에 대한 특별한 기호가 없으면 불가능한 일이다.

홍한주의 《지수염필(智水拈筆)》에는 남들이 즐기지 않는 것을 몹시 즐기는 특이한 고질병을 가진 인물 몇 명을 소개하였다. 그 하나가 이의준(李義駿)이 《옥해(玉海)》란 책을 지독하게 좋아한 벽이다. 송나라 왕응린이 펴낸 200권 분량의 이 방대한 사전을 한평생 아껴서 하루도 손에서 놓지 않았다. 밥 먹을 때도, 변소 갈 때도, 나들이 갈 때도, 젊어서도, 늙어서도 이 책을 즐겨 보았다. 말년에 그는 황해도 관찰사로 나갔는데 어느 날 밤 관아에 불이 났다. 잠이 덜 깬 채 뛰쳐나온 그는 뒤늦게야 《옥해》를 방에 두고 나왔음을 알고, "내 《옥해》! 내 《옥해》!" 하고 외치며 연기 속으로 뛰어들었다가 질식해서 죽었다.

일반적인 사례로 보기 어려운 독특한 취미와 벽의 소유자가 벌이는 행태가 주목을 받고 기록되는 것 자체가 이미 조선 후기 문화의 변모된 모습이다. 엽기적인 고질병에 비교하면 당시에 널리 퍼진 수석과 골동품 수집 같은 취미는 아무것도 아니다.

18세기 마니아의 특징

18세기 마니아의 행태와 의식에서는 일정한 공통점을 찾아볼 수 있다. 이를 크게 네 가지 정도로 분류하여 살펴볼 수 있다.

자신의 벽을 숨기지 않고 광고한다

조선 사회의 마니아는 자기의 광적인 몰두와 취미를 숨기기는커녕 광고하고 선전하는 데 과감하였다. 남극관(南克寬) 같은 인물은 자기보다 더 미친 사람이 있으면 나와보라고 허세를 부렸다. 드러내놓고 자신의 일탈을 과시하는 경향은 성리학적 사회에서는 볼 수 없는 현상이다. 18세기에도 전통적인 사고에 얽매여 있기는 마찬가지이지만, 광적인 사고를 공공연하게 드러내도 용인되는 사회 분위기가 형성되었다. 많은 마니아가 세상이 자기의 광적 몰두를 비아냥거리더라도 움츠러들기보다는 거꾸로 자신을 선전하고 드러냄으로써 평범한 세상의 특별한 인간이라는 이미지를 만들어냈다. 두 가지 사례를 들면 다음과 같다.

화훼 전문가인 유박이 화원 백화암(百花菴)을 조성하고 꽃에 미친 자신을 위한 글을 당시의 저명인사들에게 구하러 다녔다. 그는 스스로 화벽(花癖)을 묘사하고 전문적 지식을 과시하는 저서 《화암수록(花菴隨錄)》을 저술하였다. 채제공이 유박을 위해 써준 〈우화재기(寓花齋記)〉에서는 그의 화벽에 동조한 주변 사람들이 유박을 도와 동산을 만들고 유지시켰다고 하였다. 주변 사람들이 그를 도운 이유는 유박이 스스로 꽃에 대한 벽을 숨기지 않고 광고했기 때문이다.

전문 여행가인 정란과 기려자도 여행에 몰입한 행위를 많은 사람들에게 떠벌렸다. 18세기 후반 서울과 영남지역의 저명한 문사들의 문집에는 정란을 묘사한 시와 글이 수십 편에 이르는데, 정란이 자신의 행위와 가치를 숨기기는커녕 자랑하고 떠벌렸기 때문에 가능한 일이다.

신분을 따지지 않고 등장했다

지식인들 사이에서 탐닉과 몰입의 경향이 크게 대두했을 뿐만 아니라 그 경향이 중인과 평민, 천민들에게까지 번졌다. 천민 신분에는 당치도 않은 시의 창작에 열의를 보인 이단전의 경우가 전형적인 사례다. 18세기에는 양반 이하 중인과 평민, 나아가 천민까지도 교육에 동참하는 열기가 뜨거웠다. 이런 현상은 당시에도 지식인들의 관심사가 되었다. 이몽리, 박돌몽, 정봉 등이 그 사례다.

매화시광(梅花詩狂)으로 불린 김석손(金祏孫)도 마찬가지다. 중인 이하 계층 사람을 기록한 《호산외기(壺山外記)》에 그가 소개되고, 여항 시인들의 시를 선집한 《풍요속선(風謠續選)》에 작품이 수록된 것으로 보아 그는 양반이 아니다. 매화에 벽이 있는 그는 매화 수십 그루를 심어놓고 그 사이에서 시를 읊조렸다. 또한 시를 잘 짓는 사람들을 찾아가 매화시를 구했는데 그에 응답한 이가 수천 명에 달하였다. 소 허리

보다 큰 두루마리에 시를 기록한 뒤 그 모서리를 비단으로 장식하고 권축(卷軸)을 옥으로 만들어 집에 보관하였다.

유득공, 박제가, 이덕무, 이기원의 문집에 남아 있는 김석손에게 준 매화시를 통해서 그 기록이 허구가 아님을 알 수 있다. 그는 남의 도움이 없으면 몸을 움직일 수 없는 중증장애인이었다. 게다가 집안이 가난했다. 하지만 매화를 사랑하고 시를 사랑하는 마음을 금할 수 없어 거꾸러지고 갖은 고생을 하면서도 시인묵객을 찾아가 매화시를 구했다. 이렇듯이 고급 취미에 몰입하는 데에는 신분과 재산을 가리지 않았다.

벽의 주제가 모아져 집단이 형성되었다

18세기에는 늘어나는 마니아의 행위가 일정하게 용인되었다. 다양한 취미활동을 하면서 그 취미를 공유하는 사람들이 모여 작은 커뮤니티를 형성하였고, 동인들이 증가면서 비록 규모는 작다 해도 일정한 수준의 시장이 형성되었다. 예를 들어 꽃에 대한 취미의 결과, 정원예술이 발달하고 화훼업이 일정하게 성장하게 되었다. 그런 과정에서 유박이나 국화 품종 개량의 명수 김 노인 등이 등장했다.

예술적 취미활동과 동호인 세계의 형성을 통해서 해당 분야의 전문인의 수준이 높아졌다. 18세기에는 바둑에 대한 사회의 열기가 대단하여 바둑 마니아들이 등장했다. 19세기 중반에 이규경은 "오늘날 바둑 두기에 혹한 사람들이 온종일 두고 밤이 다하도록 두며 다른 것은 거들떠도 보지 않는다. 세상에 행세하고 용납되는 수단으로 이보다 나은 것이 없다고 여긴다. 바둑을 두지 못하는 사람을 무미건조한 자라고 조롱한다. 옛날의 혁추라 해도 명성을 독차지하지 못할 테니 우리 동방이

이 기술에 푹 빠진 유래가 없지 않다."라고 바둑 두기 열풍을 보고하였다. 이규경은 비판적인 입장에서 바둑 두기 열풍을 소개하였다. 한두 사람이 아니라 바둑을 중심으로 모인 수많은 집단의 경쟁을 통하여 새로운 강자들이 명멸하는 멋진 승부의 세계를 연출하였다.

마니아를 인정하는 사회풍습과 패트런의 존재

마니아들이 활동하고 그 내용이 후세에 전해진 것은 그들을 용인하는 사회적 포용력과 그들을 물질적, 정신적으로 후원하는 패트런이 존재했기 때문이다. 광적인 벽의 소유자나 자유분방한 예술가, 제멋대로 살아가는 기술자를 당시의 보수적인 기득권층이 포용하기는 힘들었지만, 그런 세력이 아예 없었던 것이 아니다. 바둑의 고수들은 대체로 그들을 경제적으로 후원하는 패트런이 배경에 있었다. 판소리 명창을 비롯하여 각 분야의 뛰어난 기예를 지닌 자들도 마찬가지였다. 고관이나 왕실은 각 분야에서 최고 수준에 있는 사람을 휘하에 두는 것을 자랑으로 여겼다. 실례로 순조의 장인인 김조순의 휘하에는 각 기예에 뛰어난 자들이 소속되어 있었다.

정조 시대에 전주에서 불려와 장용영에 소속되어 큰 부채를 만든 정렴(鄭濂)이란 장인(匠人)이 있었다. 크기가 한 자 남짓 되는 그의 부채는 다른 꾸밈이 없이 청지(青紙)로 수식하였는데, 세상에서는 그 부채를 '정렴 부채(濂扇)'라고 불렀다. 부채를 만드는 작은 기예이지만 그 재능으로 인해 군주에게까지 인정을 받았다.

유명한 조각가로 자명종을 처음 만든 최천약(崔天若)이란 인물 역시 패트런의 도움을 받아 명성을 얻었다. 시골 사람으로 물건을 만드는 데 비상한 재주를 지닌 그가 큰 흉년을 만나 오갈 데가 없게 되자 서울로 올라왔다. 우연히 약국에서 버린 천궁에 패도로 기기묘묘한 모양을 마음대로 조각하였는데, 그것을 본 약국 사람이 혀를 내두르며 서평군(西平君)에게 소개하였고, 서평군은 그를 영조에게 소개하여 자명종을 고치게 하였다. 이후 그는 천하에서 제일가는 기술자로 이름을 떨치게 되었다. 이름 없는 조각가, 천한 기술자인 최천약이 세상에 이름을 날리게 된 것은 서평군이란 패트런이 있었기에 가능하였다.

마니아를 인정하는 사회적 풍토의 정점에 정조가 존재하였다. 정조 치하에서는 아무리 작은 기예의 소유자라도 군주에게 인정을 받는다는 믿음이 있었다. 정조는 그런 점에서 특별한 의미를 지닌 군주다. 정조 시대에 수많은 마니아가 등장하여 기록에 남게 된 것은 군주의 영향이 적지 않다. 더욱이 마니아의 존재를 인정하고 그들의 가치를 지면으로 부상시킨 지식인 역시 정조 시대에 가장 많았다.

18세기 조선의 마니아와 21세기의 디지털 문명

18세기에 등장한 마니아의 행적은 21세기 디지털 문명 세계를 살아가는 현대 한국인과 어떤 관련이 있을까? 200~300년의 시간적 거리가 있고, 문화적으로도 복잡한 변화와 간격이 있어서 단선적으로 비교하는 것은 적지 않은 무리가 있다. 하지만 지난 역사에서 현대 한국인의 행동양식의 원형을 찾아보는 것이 무의미하거나 불가능하지 않다. 18세기 마니아의 삶의 방식은 오늘날에도 다양한 생각거리를 제공한다.

그들의 삶과 행동방식을 놓고서 몇 가지 단상을 정리해본다.

첫째로 18세기의 마니아는 조선왕조의 근간이 되는 주자학적 인간관, 세계관과 결별하여 주체적으로 살려는 의지를 보였다. 또 세상과의 불협화음을 감내하며 자신의 길을 당당하게 걸어갔다. 틀 속에 안주하려 하지 않고 틀을 벗어난 생각과 행동을 함으로써 그 시대의 고독한 창조자가 되었다. 그 모습은 현대 디지털 문명 세계에서 새로운 기술을 창조하는 창조적 소수와 겹쳐진다.

둘째로 조선의 마니아는 집 안에 틀어박혀 있지 않았다. 세상이 자기를 제대로 인정하지 않는다 할지라도 세상에 자기 존재를 드러내려 애썼다. 현대 한국의 마니아나 폐인들의 성향도 18세기의 마니아와 비슷한 측면이 있다. 이것은 흥미로운 비교거리이며, 일본의 마니아인 오타쿠가 보이는 행동방식과 비교할 때 적지 않은 차이가 있다.

셋째로 조선의 마니아는 세상에 대한 적대감을 드러내기는 하지만 대안으로 후원자와 동지를 규합하기에 애썼다. 그리하여 고독한 자신을 인정하고 이해하는 지식인들을 찾아 자신을 옹호할 논리를 제공받았다. 이들은 같은 생각을 가진 동지들과 어울려 활동하는 경향을 보였다.

넷째로 소수이기는 하지만 조선의 마니아들을 보호하고 지원한 존재들이 있었다. 18세기 마니아를 역사에 매몰시키지 않고 드러낸 지식인과 그들을 후원한 권력과 부를 소유한 패트런이다. 무엇보다 군주인 정조가 어느 분야에 실력을 갖추었다면 발굴하여 기용하려는 정책과 배려를 보였다는 점은 지금도 생각해볼 문제다. 정부나 기업의 역할이 사회 전반과 개인의 창조적 활동에 미치는 영향은 이렇게 역사적으로 입증된다.

안대회 충남 청양에서 태어났고, 연세대학교 국어국문학과와 같은 학교 대학원을 졸업했다. 문학박사이며, 명지대학교 국어국문학과 교수를 거쳐 지금은 성균관대학교 한문학과 교수이다. 정밀한 사유를 바탕으로 옛글을 고증, 해석함으로써 선인들의 삶을 풀어내는 작업에 매진하고 있다. 《고전 산문 산책》, 《조선을 사로잡은 꾼들》, 《선비답게 산다는 것》, 《정조의 비밀편지》, 《18세기 한국한시사 연구》 등을 썼고, 《연경, 담배의 모든 것》, 《산수간에 집을 짓고》, 《한서열전》, 《북학의》, 《궁핍한 날의 벗》 등을 옮겼다.

22

한국인의 본성

아이, 농촌, 생명 공동체

윤구병 철학자

◉ 아이들은 인류의 새 생명입니다. 기독교 경전인 《성경》에 따르면 생명은 곧 '하나님'의 다른 이름입니다. 다시 말해서 '생명'은 '하나'입니다. 모든 생명체는 이 하나에 참여하고 있다는 뜻에서, 또는 하나를 나누어가졌다는 뜻에서 하나님의 속성을 지니고 있습니다. 기독교에서 성자로 받드는 프란키스쿠스나 그 밖의 여러분이 지렁이도 풍뎅이도 하나님이 나투신 모습이라고 이야기하는 것도 이런 관점에서 보면 반드시 그릇된 생각으로만 보기 어렵습니다. 범신론은 유일신론에 맞서는 이단이 아니라는 뜻입니다.

생명은 하나

생명을 나누어가진 모든 생명체의 진화과정을 살펴보면 더 뚜렷해집니다. 모든 생명체가 단세포 생물에서 출발해서 거듭되는 세포분열을 통해 오늘 우리가 화석으로도 보고, 산 모습으로도 확인하는 다양한 종으로 지구상에 나타났다는 가설을 우리가 받아들인다면, 구더기 한 마리에도 '원생명'의 수십, 수백억 년의 긴 진화의 역사가 새겨져 있습니다. 따라서 역사 속의 하나님, 시간의 흐름을 타고 오늘에 이른 하나님이라고 볼 수 있습니다.

다 아시다시피 가장 작은 하나는 크기가 없습니다. 크기가 없는 것은 감각의 영역에서도, 사유의 영역에서도, 직관의 영역에서도 벗어납니다. 불교에서는 크기 없는 하나를 '무(無)'라고도 부르고 '공(空)'이라고도 부릅니다. 그것은 우리 감각의 한계이자 사유의 한계이고 직관의 한계이기도 합니다. 우리는 보통 이 한계를 '끝'이라고 부릅니다.('겉'이나 '갓'도 어원에서는 같습니다.)

가장 큰 하나도 마찬가지입니다. 이것도 크기가 없어서 모습도 냄새도 맛도 빛도 소리도 없고, 만질 수도 없습니다. 철학에서는 크기가 없는 가장 큰 하나를 '있음'이라고 하고, 크기가 없는 가장 작은 하나를 '없음'이라고 부릅니다. 보통은 '있는 것'과 '없는 것'으로 나누지요. 기독교에서 '유일신(唯一神)'으로 부르는 것을 우리말로 바꾸면 '하나로 있는 임'이라고 할 수 있겠지요.

이 하나인 생명을 부르는 이름은 시대마다 지역마다 종교마다 달랐습니다. 어느 시대 어느 곳에서 어떤 종교단체는 이 하나를 '브라만'이라고 부르고, 또 다른 시대 다른 곳에서는 '알라'라고 부르고, 어떤 이는 '무'라고 부르기도 하고, '환인'이라고 부르기도 하고, '유일신'이라고 부르기도 했습니다. 부르는 이름은 다 다르지만 그것이 '생명', '삶'을 가리키기는 마찬가지였습니다. 우리를 살리는 이, 우리 목숨을 이어주는 분이 우리 안에 있느냐 밖에 있느냐를 두고 긴 다툼이 있었지만, 어쨌거나 살아 있음과 떼어놓고 생명의 근원을 따짐은 부질없는 일입니다.

오롯이 사는 일, 오래오래 목숨을 이어가는 것, 모두 하나로 어울려 사는 생명 공동체의 끊임없는 지속이 모든 생명체의 꿈과 이상인 것은 틀림없습니다. 생명체는 모두 저마다 살아남기 위해서 혼신의 힘을 기울입니다. 그러나 어떤 생명체도 낱낱으로는 살아남을 수 없습니다. 모두 힘을 모아야 살 길이 열립니다. 왜냐하면 생명은 본디 하나이기 때문입니다. '단세포'로 상징되는 생명도 하나이고, '우루 생명' 또는 '온 생명'으로 지칭되는 생명도 하나입니다. 그리고 이 생명은 가장 작은 단위에서 가장 큰 단위까지 사슬과 고리를 이루고 하나의 흐름으로 이어져 있습니다. 산골짝 옹달샘에서 솟아오르는 물이 바다를 가득 채우고 출렁이는 물과 하나로 이어져 있음과 같습니다. 옹달샘 물과 바닷물은 하나입니다. 흐름이 끊어지면 옹달샘도 바다도 없습니다.

크게 보아 바람도 살아 있고, 물도 살아 있습니다. 바람이 우리 목을 통해서 들어오고 나가는 현상을 우리는 '들숨', '날숨'이라고 부르고, 그것을 합해서 '목숨', 곧 생명이라고 부릅니다. 이 세상에 바람 없이 살 수 있는 생명체는 없습니다. 몸 안팎에 물 없이 살아남을 수 있는 생명체도 없습니다. 바람은 옅어진 물이요, 물은 짙어진 바람이라고 보아도 됩니다. 햇살도 마찬가지고, 땅도 마찬가지입니다. 모두 생명계에 동참하고, 생명을 나누어가진 범생명계의 일원입니다.(옛사람들이 '지수화풍(地水火風)', '사대(四大)'로 불렀던 이 큰 생명의 형제들을 물질로 환원시킨 과학의 역사는 길지 않습니다.)

작게는 박테리아나 곰팡이 같은 미생물에서 크게는 하나님에 이르기까지, 어느 한 생명의 고리가 끊기거나 사라지면 생명계는 그만큼 생기를 잃습니다. 종의 다양성이 유지되고 확대되어야 한다는 말은 모든 생명체가 다른 생명체에게 생명력에 빚지고 있음을 나타내는 말입니다. 이 세상에 다른 생명체로부터 '생체보시'를 받지 않고 살아남을 수 있는 생명체는 없습니다. 그래서 저는 서로 삶의 힘을 북돋워주는 참된 만남은 밥통에서 이루어진다고 말합니다. 모든 생명체가 저마다 다른 형태로 지니고 있는 밥통(양), 곧 소화기관은 생명체의 몸 안에 차려진 밥상입니다. 이 안에서 생명체는 생명력으로 바뀌어 삶과 살림이 이루어집니다.

생명력의 흐름은 안팎 없이 꼰 한 쌍의 가닥으로 이루어져 있습니다. 말하자면 살아 있는 '뫼비우스의 띠'를 이룹니다. 이 안에서 어떤 가닥은 잦아듦으로, 또 한 가닥은 솟구침으로 드러나지만, 이 잦아듦과 솟구침은 둘이 아닙니다. 하나도 아닙니다. 그냥 '한 쌍'으로 부르는 게 좋겠지요. 왜냐하면 하나는 생각도 말도 닿을 수 없는, 따라서 입 밖에 말로 드러낼 수 없는 '언어도단'의 영역이니까요.

죽음을 부른 인간의 욕심

그런데 모든 생명체는 자체 생명력을 키워가려는, '솟구치려는' 경향을 지니고 있습니다. 더 큰 하나에 동참하려는 경향이지요.(단세포 생물이 세포분열을 통해서 다세포 생물, 복합세포 생물로 진화해온 까닭을 달리 설명하기는 쉽지 않습니다.) 이 경향을 베르그송 같은 '생철학자'는 '생기가 솟구침(élan vital)'이라고 합니다.(흔히 '생명의 도약', '삶의 도약'으로 번역되지요.) 열린, 확산의 길을 찾는 열린 누리(생명계)의 법칙을 근대 물리학자들은 '열역학 제2의 법칙', '엔트로피 증가의 법칙'으로 불렀습니다. 확산 에너지는 열역학 제2의 법칙을 따른다는 거지요. 그러나 하나로 뭉치는, 응집으로 향하는 닫힌 누리의 법칙은 열역학 제2의 법칙을 거스릅니다. 우리는 이것을 '엔트로피 감소의 법칙'으로 부르지요.

더 큰 하나를 지향하는 생명의 흐름은 한결같음에서 벗어나 서로 결이 다르고 마디가 다른 종과 종을 빚어냅니다. 생명계 흐름의 소용돌이 속에서 솟구친 이 별난 생명체 탄생의 역사는 여러모로 우리의 눈길을 끕니다. 가장 널리 알려진 신화이기도 하고, 그 신화가 어떻게 해석되느냐에 따라 인류의 운명에 대한 비관적이거나 낙관적인 전망이 엇갈리기 때문에 기독교 경전에 나타난 창세 신화와 예수의 삶을 먼저 훑어보기로 하지요.

《구약성경》에 적힌 창세 신화를 보면 하나님이 낙원에 생명의 나무를 심고 인류의 시조인 아담과 이브를 그 나무 그늘 아래서 살도록 특혜를 베풉니다. 그런데 그 나무에 열매가 하나 달려 있습니다. 영원히 살아남을 생명수에 열매가 달려 있다니요! 열매는 그 열매가 달린 나무의 죽음을 상징합니다. 그 나무가 죽어도 열매가 땅에 떨어서 새싹을 틔우고 뿌리내려 그 나무를 대신해서 새로운 그늘을 이룰 수 있다는, 개체 생명의 유한함과 종의 유지라는 생명계 일반의 생명 유지의 법칙이 전제되지 않고는 이해할 수 없는 현상입니다. 시간의 압력을 이겨내는 생명의 연속성과 영속성 보장이라는 장치를 그 자체가 생명인 하나님이 스스로 마련했다고 이해하거나 오해할 수밖에 없는 노릇입니다. 이것은 우선 '생명나무 열매'의 수수께끼로 부릅시다.

《신약성경》에 적힌 예수의 마지막 말은 수수께끼 하나를 더 보탭니다.

> "엘리 엘리 나마 사박타니.(하나님, 하나님 저를 버리십니까.)"

생명인 하나님이 제 자식을 버린다는 것은 제 목숨을 버린다는 말과 다르지 않을 듯한데, 이 세상에 가장 큰 생명력인 '사랑'이 없는 세상이 온다는 말인데, 우리는 이 말을 어떻게 이해 또는 오해해야 합니까?

이렇게 해석해야 할까요? '구약'을 '성서'로 받아들인 유대인들은 하나님의 천지창조 설화를 '사람의, 사람만으로, 사람만을 위한' 신화로 둔갑시키기 위해서 온 우주를 지구의 들러리로, 온 생명계를 사람의 들러리로 세웠습니다. 사람은 온 생명계를 약탈과 착취와 살육의 대상으로 삼아도 된다는 면책특권을 받은 존재로 여겨졌습니다. 낙원과 천국은 오롯이 사람만의 몫이었습니다.

사람 밖의 다른 생명체는 개체 단위로도 종 단위로도 어떻게 다루어도 된다는 특권이 사람에게 주어진 것입니다. 이런 인간 위주의 반생명적 이념은 자연스럽게 '인간의 아들' 예수에게 대물림되었습니다. 물론 예수가 사람 종자로 생명계의 일원이었으니 하나인 생명이 낳은 아들이요, 따라서 하나님의 아들인 것도 분명합니다. 마치 아메바나 곰팡이나 지렁이나 두더지가 생명체로서 하나님의 자식들인 것과 마찬가지로. 예수가 입으로 '아버지'를 부르는 것과 다람쥐가 꼬리로 하나님인 생명의 고마움을 나타내는 것과 무엇이 다른가요?

생명의 다른 이름이자 하나님의 생체보시라고 할 수 있는 사랑이 사람들끼리만 주고받는 뒷거래의 장물로 전락하는 꼴을 본 하나님은 예수를 십자가에 못 박는 상징적인 의식을 통해서 인간에 대한 특별대우를 거두어들이기로 했습니다. 예수의 목숨과 함께 사랑도 거두어들인 하나님이 인류에게 내린 저주는 '너희끼리 서로 빼앗고, 짓밟고, 싸우다가 한꺼번에 지구를 떠나라.'가 아니었을까요? 그리고 예수가 죽은 뒤 2,000년이 넘는 세월은 바로 인간 절멸의 프로그램이 현실화되는 과정이 아닐까요? 묵시록이나 잠언에 나오는 말들을 이렇게 해석해야 그 뜻이 제대로 드러나는 게 아닐까요?

달리 해석할 수도 있겠지요. 하나님이 생명나무의 열매를 도둑맞은 뒤에 개체로서나 종으로서 사람 종자가 살아남을 길은 그 열매의 힘으로 짝을 맞추어 배꼽 달린 아이들을 낳아 그 아이들에게 자기들 목숨을 이어가게 만드는 길밖에 없었습니다. 낙원에서 손발도 몸도 안 놀리고 게으름을 만끽하면서 빈둥거리던 부모와는 달리 아벨과 카인은 양떼를 몰거나 괭이로 밭을 일구어야 살아남을 수 있었습니다.

손발 놀리고 몸 놀려야 산다

수렵채취 경제시대를 지나 목축과 농경에 힘을 쏟아야 하는 시대에 접어들면서 사람들은 다른 생명체들을 기르고 돌보아야 살 수 있었습니다. 드디어 서로 돌보아야 살아남을 수 있는 상생의 시대가 열린 것입니다. 그런데 곧 부작용이 생기기 시작했습니다. 먹을 것이 넉넉해지고 여가시간이 늘어나면서 머리 굴리는 사람과 손발 놀리는 사람이, 다시 말해서 '정신노동'과 '육체노동'이 한 몸에 통일되는 것이 아니라 사람 단위로 갈라지는 '주인과 노예'의 시대가 열린 것이다. 머리 굴리는 사람들은 의식주 문제 해결에 필요한 생산지를 떠남과 동시에 다른 생명 공동체들과 상생하는 방법을 찾는 대신에 인간관계에서 생존에 필요한 것들을 얻어내는 약탈자, 기생자로 탈바꿈했습니다. 이런 사람만으로 이루어진 삶터를 우리는 '도시(polis, civitas)'라고 부릅니다. 예수가 살던 갈릴리 지방을 포함한 지중해 동쪽은 옛 그리스 식민도시로서, 세계

각지에서 모여든 장사꾼들이 '장삿속', 머리 굴리기로 생산자들을 등치는 곳이었다. 목수의 아들로 태어난 '사람의 아들' 예수는 이중의 착취와 억압 속에서 죽지 못하고 사는 불행한 사람들을 보았습니다. 이 불행한 이들의 등 뒤에는 제국주의 로마의 군대와 이 식민주의자들과 한통속이 되어 제 나라 사람들의 등골을 빼는 식민지 지배계급이 있었습니다.

예수는 사랑에서 사람들을 하나로 묶는 끈을 찾으려 했습니다. 사랑에서 하나님의 모습을 보았습니다. 그러나 그 사랑은 사람들끼리만 나눌 수 있는 것이었지, 구더기도 고슴도치도 강아지풀도 엉겅퀴도 송장벌레도 나눌 수 있는 것은 아니었습니다.

상생과 공존이 가능한 곳은 농촌에 국한되었습니다. 농촌은 다만 '인류의 생명 창고'일 뿐만 아니라, 균형 있는 신체노동과 정신노동이 가능해서 생산기술과 문화가 꽃피는 곳, 인간과 가축, 농작물과 과일나무가 서로 돕고 살 수 있는 곳이었습니다. 아직 생체 에너지만으로 의식주와 건강 유지에 필요한 모든 것을 빚어낼 수 있던 시대, 농촌에 전체 인류의 80~90퍼센트가 자리 잡고 살던 시대에는 정신노동과 신체노동의 불균형이 그렇게 심화되지는 않았습니다. 소돔과 고모라 같은 도시에서 사치와 방탕, 나태와 탐욕에 젖어 손발 놀리고 몸 놀리지 않고도 머리만 굴려 세 치의 혓바닥으로 주변 농경지에서 국내외 식민의 결과물들을 속임수와 약탈을 수단 삼아 살아가는 무리가 있었으나 육체노동과 정신노동의 비율은 10:1, 9:1의 균형이 유지되고 있었습니다. '십일조'의 형태로든 '정전법'의 형태로든 생산물의 일정 부분을 도시에 공급하고도 생산지 주민들은 그럭저럭 살아남을 수 있었습니다.

그러나 물질 에너지가 생체 에너지를 밀어내고 에너지의 주요 공급원으로 바뀌는 근대에 이르러 상황은 빠르게 악화되었습니다. 몸 놀리고 손발 놀려 의식주에 필요한 것들을 생산해내던 노동력이 빠르게 도시로 흡수되면서 인류의 생명 창고는 나날이 비어가고, 농촌은 노쇠해가는 노동력만으로 지탱되는 불모지로 바뀌게 되었습니다. 이 현상은 특정한 시대, 특정한 곳에서만 나타난 게 아니라 동시에 세계의 모든 곳에서 일반화되었습니다. 도시로 빨려 들어간 젊은 노동력은 '서비스산업'이라는 이름의 단순노동, 노예노동, 생산에 기울여지는 노동이 아니라 정신노동자를 참칭하는 자본가가 경영하는 근대 기업의 나사못으로 전락했습니다. 근대 인류는 물질 에너지와 기술과학의 힘으로 삶의 근본문제를 해결할 수 있다는 환상을 품었습니다. 이 환상은 머리 굴리기만 가르치도록 조율된 근대 교육의 이념과 그 이념에 세뇌된 교육공학자들에 의해서 널리 퍼져나갔습니다.

그 결과는 인류의 재난으로 드러났고, 이제 이 세상 누구도 인류의 지속가능한 미래에 대한 확신을 가질 수 없게 되었습니다. 상생의 기틀은 무너졌고, 인류는 자기 종족만이 아니라 생명계 전체의 삶, 곧 하나인 생명, 하나님의 목숨에까지 비수를 들이대는 모든 생명의 적이 되었습니다.

이대로 놓아두어서는 안 됩니다. 인류를 물질과학의 힘으로 쌓은 바벨탑, 인공낙원에서 몰아내고 지나치게 비대해진 두뇌를 퇴화시켜 생체 에너지에 바탕을 둔 생산활동을 하도록 몸과 손발의 움직임을 되살리거나, 더는 생태계를 교란시키지 못하도록 통째로 멸망시킬 수밖에 없습니다. 구더기만도, 지렁이만도, 이나 벼룩이나 빈대나 송충이만도 못하게 된 이 가증스러운 것들에 더는 희망을 걸 수 없습니다. '그래, 예수로 상징되는 인간들아, 나는 너희를 버리고 싶다.' 그러나 아직 늦지 않았습니다. 아직은 망설이고 있습니다. '농촌과 아이들을 되살릴 수 있다면, 창과 칼을 보습과 괭이로 다시 벼를 수 있다면, 핵을 비롯한 모든 대량살상 무기를 해체하고, 인류뿐만 아니라 생태계 전체를 사랑으로 보듬을 수 있다면 나는 앞으로도 너희 편에 서고 싶다.'

자, 오늘이 마지막 기회입니다. 우리에게 내일은 없습니다. 인류에게만 내일이 없을 뿐 아니라 우리가 아는 유일한, '고유명사이자 보통명사 가운데 가장 윗자리를 차지하고 있는 보통명사'인 하나님에게도 내일이 없습니다. 우리가 살아남을 유일한 길은 생명 공동체가 상생의 고리를 이루고 있는 마지막 의지처, 생명 창고인 농촌 공동체를 되살리는 길이고, 우리 아이들의 몸과 손발을 싱싱한 생체 에너지로 충전시켜 인류도 살고 다른 생명체들도 살리는 길입니다.

고유한 삶을 되찾자

여기에서 우리는 사랑과 생명이 하나인 온 누리, 대자대비의 불국토, '과민소국'으로 상징되는 마을 공동체에 대해서 더 깊이 들여다볼 필요가 있습니다. 이에 앞서 먼저 고유명사의 세계와 로마제국의 멸망, 뒤이어 예견되는 G20으로 상징되는 WTO체제의 붕괴에 대해서 이야기할 필요가 있겠군요.

다 아시다시피 모든 생명체는 고유명사의 세계를 이루고 있습니다.

우리가 눈, 코, 입, 귀, 살갗으로 부르는 다섯 감각기관, 곧 오관을 통해서 만나는 생명의 세계는 모두 고유명사의 세계입니다. 그리고 고유명사의 세계에서는 근대과학이 이원론이라는 작업가설을 내세워 '물질'과 '생명'으로 나누는 편의적 구분이 잘 통하지 않습니다.(저는 커다란 바위 위에 떨어진 솔씨가 처음에는 바위에 안겨 싹트고, 차츰 그 바위 위에 뿌리를 박고 자라면서 그 바위의 일부를 깨뜨려 생명으로 동화시키는 모습을 자주 보았습니다.) 우리가 오관을 통해서 받아들이는 것, 다시 말해서 오관에 '주어진 것(data)'[1]은 모두 고유명사의 특질을 지닙니다. 자갈 하나, 보리 한 알이 다 다릅니다. 우리가 속셈이 있어서 우리 머릿속에서 이것들을 헤아릴 필요가 있을 때, 이 고유명사를 이루는 개체들을 집단화하고, 이렇게 끌어 모으고 쌓아놓은 '여럿'을 같은 것끼리 가르고 골라 무더기를 짓습니다. 그렇게 해서 고유한 질이 빠지고 등질적인(그런 환상이나 착각을 심어주는) 것들로 바꾸어냅니다. 이렇게 고유명사에서 고유한 질을 빼내는 과정을 우리는 '추상화', '일반화'라고 부릅니다.

이 과정에서 우리의 감각도 무디어집니다. 고유명사의 특질을 이루는 고유성이 사라지면서 고유명사는 크게, 더 크게 무더기가 지어지면서 더 높은 추상화, 더 넓은 일반화 과정을 거칩니다. 그리고 그 과정에서 덩달아 그 추상명사, 일반명사와 이어지는 감각의 끈은 더 느슨해집니다. 곧 추상의 높이와 일반화의 테두리는 감각에 반비례합니다. 눈, 코, 입, 귀, 살갗에 '주어진 것'은 모두 느낌을 잃고 가슴과 마음을 떠나 머리로 머리로 올라가 '헤아려질 수 있는 것', '속셈'의 대상으로 바뀝

1 라틴어에서 나온 이 데이터는 '주어진 것(datum)'이라는 라틴어의 복수 형태입니다.

니다. 머리 좋은 사람들, 속셈이 빠른 사람들은 모든 살아 있는 것들이 서로 목숨을 주고받는 생태의 연결고리를 이루는 생명의 세계, 자연의 세계에서 멀어질 수밖에 없습니다.

모두가 몸을 써서 일하고, 손발 놀려 의식주에 필요한 것들을 다른 고유명사의 세계에서 얻어내고, 그만큼 되돌려주는 삶의 순환체계, 곧 생태계에서는 머리 써서 할 일이 그다지 많지 않습니다. 노자가 《도덕경》에서 보통 사람보다 열 곱절, 백 곱절 더 머리가 뛰어난 사람은 쓸모가 없고, 그 사람들이 지녔던 칼과 창을 모두 괭이와 보습으로 바꾸는 조그마한 마을 공동체, 생산 공동체, 상생하는 생명 공동체만이 사람이 사람답게 살 수 있는, 온전한 '살림'이 이루어지는 평화로운 삶터가 될 수 있다고 한 말은 곰곰이 되새겨보아야 합니다.

생명 공동체, 생태 공동체, 마을 공동체에서는 머리 쓸 일이 많지 않고, 더구나 '삶'과 '살림'의 중심축을 오랜 경험을 통해 가장 슬기로운 판단과 결정을 내릴 수 있는 '마을 어르신'들이 이루고 있기 때문에, 그리고 그분들의 삶의 지혜가 머리 쓰는 일을 대신하기 때문에 그 안에서 머리 좋은 젊은이는 소외감을 느낍니다. 또 많은 경우에 제 머리만 믿고 동네 어른들이 시키는 일을 고분고분 따르지 않는 젊은이들은 따돌림을 당하거나 심한 경우에는 마을에서 쫓겨나기도 합니다.

마을에서 벗어난 머리 좋은 사람들은 장돌뱅이로 나서서 상업에 종사하거나, 그 머리를 높이 사서 마을 공동체들을 노략질하려는 데 써먹으려는 지배자들의 손발이 됩니다. 역사를 돌이켜볼 때, 서양에서 가장 먼저 '철학적 사유'가 싹텄다는 이오니아 식민지 밀레토스는 장돌뱅이들의 도시였습니다. 그리고 이른바 '민주주의'가 가장 먼저 뿌리내렸다는 그리스의 아테네는 주변의 여러 지역을 총칼로 정복한 도시국가들의 중심 제국이었습니다.

도시에 새로 둥지를 튼 머리 좋은 젊은이들은 마을에서 태어나 자랄 때 몸에 익히고 마음에 담았던 것들이 살아가는 데 도움이 되는 게 아니라 도리어 얼른 벗어던져야 할 짐일 뿐이라는 것을 곧 깨우치게 됩니다. 멀리 인도에서부터 아시리아, 바빌로니아, 시라쿠사, 이집트에 이르기까지 저마다 다른 나라에서 흘러들어, 모시던 신이 다르고, 종교의식이 다르고, 금기사항이 다르고, 관습과 지켜야 할 법도가 다른 사람들이 모여서 사는 도시국가 안에서 민족신화나 종교에 바탕을 둔 세계관이나 가치관이나 도덕이 무슨 뜻이 있겠습니까? 도리어 사는 데 방해가 될 뿐이지요. 서양철학의 할아버지로 떠받들리는 탈레스는 유능한 장사꾼이기도 했습니다. 그 사람은 장사꾼답게 어떤 민족 전통을 지닌 사람도 그럴싸하게 여기거나 심드렁하게 받아들일 말을 합니다. '우주의 근원은 물이다.' 그 뒤로 '아니다, 불이다.', '아니다, 공기다.'…… 떠들면서 저마다 탈레스 뒤에 줄을 섭니다. 이런 말은 기독교의 야훼나 이슬람교의 알라와는 달리 어떤 정서적인 반응도 불러일으키지 않습니다. 그것은 인격신인 고유명사가 아니라 사람의 머리가 가공한 추상화된 실체이기 때문입니다.

도시내기들은 질을 양으로 바꾸고, 거래의 편의를 위해서 도량형을 통일시키고, 지구를 평면화해서 경도와 위도를 만들고, 자본주의경제가 전 세계를 상품시장으로 포괄하기 위해서 '기축통화'를 정하는…… 이런 모든 작업을 해내는 데 가장 유용한 머슴 노릇을 한 사람들이 있었습니다. 수학과 물리학에 밝은 사람들이었습니다. 인간이 만물의 척도가 되는 것만으로는 부족했습니다. 모든 사람이 수긍할 수 있는 척도가 따로 필요했습니다. 교환경제가 시작되면서 여러 단위 공동체에서 저마다 다른 방식으로 등질적인 상품의 선정 작업이 시작되고 교환비율이 정해졌지만, 궁극으로 WTO 같은 자본주의 상품시장의 세계체제가 이루어지기 위해서는 시간과 공간, 그리고 무게를 재는 세계적으로 등질화된 단위가 필요했습니다. 등질화된 평면에서 마찰률이 0일 때, 그 평면 위를 구르는 마찬가지로 마찰률이 0인 운동체는 영속적으로 운동하고, 그 평면 위에서 멈추어 있는 운동체는 영원히 움직이지 않는다는 '관성의 법칙'과 '중력의 법칙'은 뉴턴에 의해서 세워졌습니다. 실제로 이 우주 어느 곳에도 그런 평면, 그런 운동체나 정지체는 없습니다. 하루가 24시간으로 나누어지는 구체세계도 없습니다. 십진법도 마찬가지입니다. 미터법은 더 말할 나위도 없지요.

—

모순이 필요한 세상

이 우주에 등질적인 시간과 공간이 없다는 것, 삶이 중심 되는 경험세계에서는 감관에 주어지는 모든 것은 고유명사의 세계를 이루고 있다는 것은 세 살짜리 어린애도 압니다. 그러나 세계가 하나가 되기 위해서는, 하나의 상품시장으로 통합하기 위해서는 단계를 밟으면서 고도로 추상화된 '실체'들이 필요했고, 그 요구를 가장 먼저 충족시켜주는 것은 이른바 '수학'이었습니다. 등식관계가 무너지면 수학은 설 자리가 없습니다. A=B=C=D=E=F…… 같은 수식이 성립하기 위해서는 '모순 없는' 사고가 필요합니다.

운동은 모순에서 출발합니다. 영원한 운동은 영구적인 모순을 전제합니다. 그러나 뉴턴은 모순 없는 운동의 법칙을 만들어냅니다. 머릿속에서요. 그것은 정지된 운동, 공간화된 운동, 제적으로 환원되는 운동입니다. '날아가는 화살은 날지 않는다.'는 제논의 역설이 뉴턴의 머리를 통해서 걸러지면서 모순 없는 운동의 탈을 쓰고 현실화됩니다. 관성의 법칙 또는 타성의 법칙이 그것이지요. 뉴턴의 물리학 법칙은 양자역학의 새로운(?) 법칙에 의해서 조만간 무너지지만, 현실 세계에서는 아직도 완강하게 뿌리를 내리고 우리의 의식을 지배하고 있습니다. 모든 생명활동은 수치화된, 측정 가능하고 등식으로 이어지는 수치로 박제됩니다.

0과 1이라는 모순된 두 '실체'를 머릿속에서 교묘하게 비끄러매어 10진법이라는 마법의 수학체계를 만들어낸 위대한(?) 수학자들의 야바위도 눈여겨봄 직합니다. '있음(하나)'과 '없음(공)'이 추상명사의 맨 꼭대기에 자리 잡고 있다는 사실은 일찍부터 알려져 있었습니다. 오늘도 이 모순된 두 실체가 상호관계를 맺는다는 모순된 상황설정을 받아들여야 연산이 가능합니다. 다시 말해서 컴퓨터를 이용해서 우리가 얻어내는 모든 정보는 2진법에 바탕을 두고 있습니다. 우리는 이 사이버 공간이 현실 공간을 대체할 수 있다고 굳게 믿고 있습니다. 제가 어쭙잖게 이 글에서 십진법을 끌어대는 데에는 까닭이 있습니다. 우리 손가락이 열 개라는 것을 빼면, 십진법은 헤아림의 단위로는 편리한 구석보다 불편한 구석이 훨씬 더 많은 계산법입니다. 그런데도 십진법이 '치'나 '자', '인치'나 '피트'를 몰아내고 '미터법'이라는 또 하나의 조작된

단위측정법과 결합하여 온 세상을 지배하게 되는 데는 까닭이 있습니다. 도량형의 세계적 통일(획일화)을 위해서입니다. 런던과 파리, 워싱턴에 자리 잡은 자본주의 종주국의 우두머리들 사이에 벌어진 세계시장 쟁탈의 드잡이가 미터법 결정의 숨은 뒷이야기에 담겨 있다는 사실을 아는 사람이 몇이나 될까요?

겉으로는 제법 과학적인 '삼각측지법'이라는 정밀한 측정이 일정한 현실 거리(위도 몇 도에서 몇 도까지)를 쟀고, 그것이 바탕이 되어 1미터가 정해지고, 그것을 10으로 나누거나 10의 10의 10으로 곱해져서 센티미터, 킬로미터 따위가 나왔다고 합니다. 마찬가지로 온도가 4도인 물을 미터법이 적용된 용기에 담아서 그램을 정하고, 여기에서 밀리그램, 킬로그램 들이 나왔다고 합니다. 문제는 이것들의 쓸모입니다.

오랫동안 마을 공동체 사이에서, 나라 단위에서 쓰던 도량형은 그 마을이나 나라의 쓸모에 따라 저마다 다르게 정해졌고, 그 단위들은 훌륭한 기능을 했습니다. 그러나 세계시장을 하나로 만들어 불공정교환을 공정교환으로 치장해서 약탈과 착취를 일삼는 제국주의 세계체제를 관철시키려면 저마다 고유한 이 측정단위들을 폐기처분하는 게 무엇보다 시급한 일이었습니다. 그래서 도량형의 획일화, 한 단계 더 높은 추상화가 필요했던 것입니다.

생명의 젖줄, 자연

생명 공동체에서 이루어지는 살림인 자연경제에서는 자로 재거나 저울로 다는 것은 번거롭기만 할 뿐, 사는 데 크게 도움이 되지 않습니다. 저마다 다른 생명의 질적인 운동으로 가득 찬 자연은 측정을 거부합니다. 그리고 세계경제의 밑바탕을 이루고 있는 자연경제는 이 약탈적인 측정을 더는 감당할 힘이 없습니다.

생명 공동체에 젖줄을 대고 있는 자연경제가 무너지면 국가경제도 세계경제도 발붙일 곳이 없습니다. 세계 역사에서 모든 도시 문명이 차례로 멸망한 것은 그 문명들이 자신을 지탱하는 자연경제를 무너뜨린 데서 온 재앙 때문이었습니다. 그래도 그동안은 몰락한 도시의 폐허를 딛고 새로운 도시문명들이 발돋움할 숨통이 열려 있었습니다. 생체 에너지의 상호교환을 통해서 삶의 길을 찾은 농촌 공동체가 끊임없이 생명 공동체 안에서 자연의 아이들을 낳았고, 이 아이들이 목으로 들이쉬고 내쉬는 들숨, 날숨을 풀과 나무가 들이쉬고 받고, 목숨을 나누면서 유지될 수 있었기 때문이지요.

그러나 오늘날 거의 모든 에너지를 물질에서 얻고, 되갚을 줄 모르면서 자연에게서 일방적으로 목숨을 빼앗기만 하는 도시 사람들이 세계 인구의 대부분을 이루는 쪽으로 진행되고 있는 자본주의 시장경제체제에서는 인류 공동체도 생명 공동체도 더는 살아남을 길이 없습니다. '친환경적인 삶'을 코끝에 내걸어도 소용이 없습니다.

생태적인 삶, 물질 에너지에 기대는 비율을 최소화하고 생체 에너지와 생명 에너지에 동참하는 새로운 삶, 인류가 지구상에 나타난 뒤로 지난 200년을 뺀 나머지 기간 동안 거기에 의존하고 살아왔던 자연경제를 되살리는 '살림 경제'의 길을, 억압과 착취를 빼고 복원하려는 노력이 지금 당장 시작되지 않으면 실낱같은 희망도 없습니다. 이 죽음의 도시에서 벗어나고자 하지 않는 사람들은 스스로도 죽어가면서 다른 사람들 죽음으로 끌어들이는 자본 세상의 노예이자 앞잡이 노릇을 하고 있지 않은지 뒤돌아봄 직합니다.

윤구병 1943년 전남 함평에서 태어났다. 공부는 제법 했으나 말썽도 많이 부리는 학생이었고, 고등학교 2학년 때는 무전여행을 떠났다가 학교에서 쫓겨나기도 했다. 위로 형이 여덟 명 있었는데, 가장 큰 형의 이름은 일병이고, 아홉 번째 막내로 태어나 '구병'이 되었다고 한다. 서울대학교 철학과와 같은 학교 대학원을 졸업한 뒤 월간 '뿌리깊은 나무' 초대 편집장을 맡았고, 1981년에 충북대학교 철학과 교수가 되었다. 교수 생활을 하면서 1988년에 보리출판사, 1989년에는 한국철학사상연구회에 몸담았다. 정년이 보장되는 교수직을 15년 만에 그만두고, 1995년 전북 부안군 변산으로 농사지으러 들어갔다. 공동체야말로 우리 삶을 온전하게 지켜줄 울타리라고 여겼기 때문이다. 그이가 세운 변산공동체는 지금도 여전히 20여 가구 50여 명이 느슨한 지역 공동체 틀을 지키면서 논 2만 3,000제곱미터(7,000평)와 밭 2만 6,000제곱미터(8,000평) 안팎을 일구고 있다. 이 가운데 매 끼니 같이 밥 먹고, 경제적 문제를 함께 해결하는 '식구'는 스무 사람 남짓이다.

한국학의 즐거움

한국의 대표지식인 스물두 명이 말하는 한국, 한국인, 한국적인 것

지은이 | 주영하 외 지음

1판 1쇄 발행일 2011년 9월 5일
1판 3쇄 발행일 2016년 9월 5일

발행인 | 김학원
경영인 | 이상용
편집주간 | 김민기 위원석 황서현
기획 | 문성환 박상경 임은선 김보희 최윤영 조은화 전두현 최인영 이혜인 이보람
디자인 | 김태형 유주현 최우영 구현석 박인규
마케팅 | 이한주 김창규 이정인 함근아
저자 · 독자 서비스 | 조다영 윤경희 이현주(humanist@humanistbooks.com)
스캔 · 출력 | 이희수 com.
용지 | 화인페이퍼
인쇄 | 청아문화사
제본 | 정민문화사

발행처 | (주)휴머니스트 출판그룹
출판등록 | 제313-2007-000007호(2007년 1월 5일)
주소 | (03991) 서울시 마포구 동교로23길 76(연남동)
전화 | 02-335-4422 팩스 | 02-334-3427
홈페이지 | www.humanistbooks.com

ISBN 978-89-5862-415-8 03100

만든 사람들

기획 | 선완규 김서연
편집 | 김선경
디자인 | 민진기디자인
문의 | 전두현(jdh2001@humanistbooks.com)